부동산 프롭테크

문상덕

法 文 社

4차 산업혁명 시대에 접어들면서 좀처럼 변하지 않을 것 같았던 부동산산업에 조금씩 변화의 조짐들이 나타났다. 바로 프롭테크이다. 그런데 아직까지는 용어가 낯설다. 오히려 핀테크라는 용어가 더 친숙할지 모른다. 핀테크(FinTech)는 금융(Finance)과 기술(Technology)이 합쳐진 용어이다. 이를 풀이해 보면 핀테크는 모바일, 빅데이터, SNS 등 첨단 ICT 기술을 활용하여 기존의 금융서비스를 획기적으로 변화시키는 것을 상징한다. 마찬가지로 프롭테크(PropTech)는 부동산(Property)과 기술(Technology)이 합쳐진 용어이다. 그러므로 프롭테크는 기존 부동산산업에 첨단 ICT 기술을 활용하여 기존의 부동산 서비스를 획기적으로 변화시키는 것을 총칭한다. 직방이나 다방을 떠올리면 된다. 과거 프롭테크는 웹이나 앱을 통해 단순히 부동산 정보를 제공하거나 부동산 거래를 중개하는 수준이었다. 그런데 지금은 중개 및 임대 이외에 부동산 관리, 부동산 개발, 투자 및 자금조달 등 부동산 전반으로 프롭테크가 확산되고 있다. 이것이 프롭테크를 알아야 하는 이유이다. 특히 부동산에 관심 있는 사람은 프롭테크를 제대로 알아야 한다.

부동산산업은 산업 특성상 타 산업군에 비해 첨단 기술을 받아들이는 속도가 매우 느리다. 산업군 내에서 최하위 수준이다. **그런데 그런 부동산업계에서 프롭테크가 성장할 수 있었던 배경은 무엇일까?** 여러 견해가 있겠으나, 저자는 '부동산 성장기', '저금리', '기술력'을 그 배경의 키워드로 꼽는다. 지금은 고금리에 부동산 시장까지 얼어붙었지만 한때는 저금리 시대에 부동산 시장이 활황이었다. 거기에 4차 산업혁명의 물결이 거세게 몰아쳤다. 이때 프롭테크가 태동하기 시작했다. 아마도 오늘날과 같은 부동산 침체기와 고금리 시대였다면 프롭테크가 태동하기 어려웠을 것이다. 그렇게 태동한 프롭테크는 이후 10년 동안 황금기를 누렸다. 프롭테크 투자규모가 이를 반증한다. 전 세계적으로 프롭테크 투자규모는 2011년 약 6억 달러에서 2021년 204억 달러로 10년간 무려 34배

급성장했다. 이 기간 동안 프롭테크 기업들은 충분한 자금을 공급받으면서 성장할 수 있었다.

하지만 최근에 상황이 급변했다. 전 세계적으로 부동산 시장은 침체하고 고물가에 고금리로 프롭테크의 투자규모는 급감했다. 황금기가 끝나고 암흑기가 도래한 것이다. **이대로 프롭테크는 주저 않을 것인가?** 그렇지 않다. 왜냐하면 프롭테크가 태동한 또 하나의 배경인 4차 산업혁명의 핵심 기술은 여전히 모든 산업의 변화를 견인하고 있기 때문이다. 아무리 부동산산업이 로테크(low-tech) 라고 할지라도 4차 산업혁명의 거대한 물결을 피할 수 없다. 언젠가는 4차 산업 혁명의 거센 물결이 부동산산업의 판도를 뒤엎어 놓을 것이다. 그리고 누군가는 위기 속에서도 살아남아 그 역사적 소임을 수행할 것이다. **그렇다면 누가 그 역할을 수행할 것인가?** 본서는 프롭테크에 대한 전반적인 상황을 설명하면서 위기를 극복하고 프롭테크를 발전시킬 수 있는 메시지를 전달하고자 한다.

첫째, 프롭테크는 기술자 중심이 아닌 부동산 본업을 이해하는 사람이 주도해야 한다. 지금까지 프롭테크 창업자들의 면면을 보면 부동산을 본업으로 했던 사람보다는 대학이나 기업에서 해당 기술을 개발하거나 습득한 사람이 더 많다. 자금력이 풍부한 시절에는 그럴 수도 있겠지만 자금력이 부족한 시기에는 부동산을 이해하는 사람이 주도하는 것이 생존 가능성을 높인다.

둘째, 프롭테크는 기존 오프라인 사업자와 공생해야 한다. 온라인 사업에만 의존해서는 안되고 오프라인 사업을 병행하든가 아니면 기존에 오프라인에서 부동산업을 영위하는 사업자와 긴밀하게 협력해야 한다. 그래야 성공가능성을 높일 수 있다. 과거 부동산 시장이 성장하고 저금리인 시대에는 자금 확보가 용이했기 때문에 온라인 사업이 각광을 받을 수 있었다. 그런데 온라인 사업은 시스템 개발에 상당한 시간과 투자를 수반한다. 그러므로 지금과 같이 고금리 시대에 자금 확보가 어려운 상황에서는 온라인 사업에만 몰입하는 것은 위험천만하다. 어려운 시기에 그나마 버티는 프롭테크 기업들을 보면 온라인 서비스만

하는 것이 아니라 오프라인 서비스도 동시에 제공하는 경우가 많다. 이들은 오프라인 사업을 통해 자금력을 확보하면서 현재의 어려운 상황을 극복하고 있다. 반면 온라인에만 기반을 둔 프롭테크 기업들은 시간이 지날수록 어려움이 더 커지고 있다. 만약 오프라인 사업 기반이 없는 프롭테크 기업이라면 지금이라도 오프라인 기반을 가지고 있는 전통적인 부동산업을 영위하는 기업들과 과감하게 제휴하거나 합병을 모색할 필요가 있다.

셋째, 프롭테크는 민간에만 맡겨서는 성장하는데 한계가 있다. 민간에만 맡겨서는 안되고 정부의 적극적인 역할이 필요하다. 왜냐하면 부동산산업은 대표적인 규제산업이자 국가 발전에 근간이 되는 자원이기 때문이다. 만약 국가의 중요한 요지나 건물이 외국인 소유가 되는 경우를 상상해 보자. 물론 자본주의 사회에서 가능한 일이지만 국가적으로 볼 때 안타깝지 않은가? 그러므로 정부는 국가의 근간이 되는 부동산산업을 발전시킬 수 있는 프롭테크의 중요성을 인지해야 한다. 한편으론 시장경제의 원리에 따라 시장에 맡겨 두면 되지 않은가 하는 견해가 있을 수 있다. 그러나 그것은 부동산업에 대한 이해가 부족하기 때문에 가질 수 있는 착각이다. 정부의 입김 없이는 잘 안 움직이는 것이 부동산업계의 속성이다. 인허가 받을 때 도움이 되지 않으면 웬만해서는 새로운 기술을 도입하지 않는다. 반대로 인허가 받을 때 도움이 된다면 주저 없이 이를 도입한다. 우리는 이러한 부동산업의 속성을 이해하고 프롭테크 발전을 위해서 정부의 역할이 필요함을 제기해야 한다. 실제로 미국과 영국을 비롯한 선진국에서는 이러한 부동산업계의 속성을 이해하고 부동산 시장에 적극적으로 개입한다. 그러므로 우리나라에서도 프롭테크 활성화를 위해서는 민간에만 맡길 것이 아니라 정부가 적극적으로 개입해야 한다. 예를 들어 프롭테크 기술을 도입하여 신축하는 경우 용적률을 늘려준다거나, 프롭테크 기술을 사용하여 건물을 관리하는 경우 세제 혜택을 주는 것이다.

본서는 이런 맥락에서 부동산 프롭테크 전반에 대한 이해를 돕고 국내 프롭테크의 전망과 발전을 위한 통찰력을 키우는 데 도움이 되었으면 하는 바람으로 집필되었다. 프롭테크를 제대로 이해하기 위해서는 먼저 부동산 시장구조와 4차 산업혁명의 그간이 되는 ICT 기술에 대한 이해가 수반되어야 한다. 그러므로 본서에서는 프롭테크를 본격적으로 설명하기에 앞서 부동산 시장구조와 정보통신기술(ICT)에 대한 내용을 먼저 다룰 것이다. 본서의 구성은 다음과 같다. 1장에서는 '새로운 변화의 물결, 프롭테크의 등장'을 다룬다. 부동산산업은 왜 중요한지 그리고 그동안 부동산산업이 안고 있던 고질적인 문제는 무엇이지 그리고 그 문제를 해결하기 위해 프롭테크가 등장한 배경에 대해서 살펴본다. 2장에서는 '4차 산업혁명과 부동산산업의 변화'를 다룬다. 프롭테크의 기술적 배경인 4차 산업혁명을 소개하고 그 특징을 기존의 산업혁명과 비교해서 설명한다. 아울러 4차 산업혁명 시대에 부동산산업의 패러다임 변화를 '초연결', '초지능', '초융복합' 관점에서 조명한다. 3장에서는 '부동산산업 구조의 이해'를 다룬다. 부동산 개발, 부동산 금융, 부동산 자산관리 등 부동산산업 내에 어떠한 시장 참여자들이 있는지를 살펴보고 그들의 고민거리(Pain Point)를 통해 프롭테크의 사업기회를 엿본다. 4장에서는 '정보통신기술(ICT)의 이해'를 다룬다. 프롭테크는 부동산과 기술의 합성어이다. 그러므로 프롭테크를 제대로 이해하기 위해서는 부동산산업 구조에 대한 이해뿐만 아니라 정보통신기술에 대한 이해가 수반되어야 한다. 여기서는 정보통신기술의 기초적인 개념뿐만 아니라 인공지능, 빅데이터, 클라우드 등 최근 정보통신기술 동향까지 소개한다. 5장에서는 '부동산 프롭테크의 전개 과정'을 다룬다. 프롭테크의 탄생 배경과 정의 그리고 핵심 기술을 부동산 관점에서 소개한다. 그리고 프롭테크의 유형을 기존 연구결과를 토대로 분석하고 최적의 기준을 제시한다. 6장에서는 '해외 프롭테크의 동향'을 다룬다. 미국과 일본을 대상으로 프롭테크의 성장 배경과 대표적인 서비스를 소개한다. 7장에서는 '국내 프롭테크의 동향'을 다룬다. 국내 프롭테크의 현황과 국내 프롭테크 투자 동향을 한국프롭테크포럼의 자료를 인용하여 살펴본다. 그리고 주요 6대 프롭테크 영역별로 5개씩 서비스를 선정하여 총 30개 프롭테크 서비스를 소개한다. 마지막 8장은 맺음말로서 '프롭테크의 전망'을 다루고 프롭테크 발전을 위한 제언을 하면서 마무리한다.

끝으로 이 책이 나오기까지 많은 도움을 주신 분께 감사의 말씀을 드리고자 한다. 사실 이 책은 2023년 2학기 동국대학교 행정대학교 부동산학과에서 '부동산 프롭테크'라는 과목을 강의한 자료를 바탕으로 작성하였다. 이 자리를 빌려 본 강의를 맡겨주신 동국대학교 관계자분들과 수업에 열정적으로 참여해 주신 대학원생 그리고 흔쾌히 출판에 응해 주신 법문사 관계자분들께 감사의 인사를 드린다. 그리고 항상 믿고 격려를 아끼지 않은 가족들과 지인들에게도 고마운 마음을 표한다.

2024년 2월

문 상 덕

차 례

01

새로운 변화의
물결, 프롭테크의 등장

새로운 변화의
물결, 프롭테크의 등장

1 부동산산업의 중요성

부동산의 중요성은 날로 커지고 있다. 개인뿐만 아니라 기업과 정부 등 모든 경제 주체들이 부동산 시장의 추이에 촉각을 세운다. 그만큼 부동산은 오늘날을 살아가는 우리에게 너무나 중요한 경제적, 사회적 핵심 분야가 되었다. 왜 안 그렇겠는가? 개인에게는 삶의 터전인 동시에 가진 자산의 대부분을 차지하고, 기업에게는 생산 및 영업활동을 위한 터전인 동시에 기업 가치의 상당 부분을 차지하니 말이다. 부동산은 그 산업군에 속한 분야에만 영향을 미치는 것은 아니다. 대다수 타 산업의 성장, 고용 및 부가가치에도 지대한 영향을 미친다. 이렇다보니 정부도 그냥 시장에만 맡겨 놓을 수는 없는 지경이다. 부동산 시장의

그림 1-1 **부동산산업의 중요성**

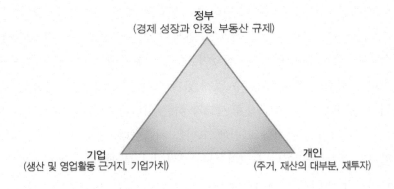

변동은 경제와 사회 전반에 지대한 영향을 미치기 때문이다. 정부는 시장 자율을 외치면서도 각종 규제와 정책을 통해 부동산 시장에 적극 개입한다. 그렇게 해도 좀처럼 뜻대로 움직이지 않는 것이 부동산 시장이다.

개인들에게 자신이 보유하고 있는 재산 중 가장 큰 비중을 차지하는 것이 무엇이냐고 물으면 대부분 부동산을 꼽는다. 실제로 금융투자협회가 2022년에 발표한 '주요국 가계자산 비교' 자료에 따르면 2021년 말 기준 한국의 가계 자산 중 부동산이 차지하는 비중은 64.4%로 비교 국가들 중 1위이다. 그러니 우리나라 사람들이 부동산 가격 변동에 민감하게 반응하는 것은 어쩌면 당연하다.

표 1-1 주요국 가계자산 구성 비교(2021년)

(단위: %)

구분	한국	미국	일본(2020)	영국	호주
비금융자산	64.4	28.5	37	46.2	61.2
금융자산	35.6	71.5	63	53.8	38.8

출처: 금융투자협회(2022). "2022 주요국 가계 금융자산 비교". 비금융자산의 대부분은 부동산으로 추정.

네이버, 다음 등 각종 포털에서 사람들이 가장 많이 본 경제 뉴스 상위권 리스트에는 여지없이 부동산 관련 기사가 들어 있다. 집값이 오르고 있다는 기사를 기다리는 사람은 물론이고, 혹시나 아파트 가격이 떨어지는 신호탄을 기다리는 사람도 적지 않다. 급매라도 나왔다는 소식을 접하면 사람들의 반응은 폭발적이다. 이래저래 부동산 정책이 나오면 그날은 부동산 기사가 순위표를 도배한다. 집이 있든 없든 모두 한 번 정도는 내게 미치는 영향은 없는지 기사를 세심하게 살핀다. 특히 2014년 이후 집값이 수억, 수십억 원씩 등락을 거듭하는 통에 누구라도 신경을 쓰지 않을 수 없게 됐다. 집을 팔고자 하는 사람은 지금 팔아야 될지 말지를 고민하고, 집을 사고자 하는 사람은 지금이 사야 하는 적기인지 좀 더 기다려야 되는지를 고민에 고민을 거듭한다. 상투 끝을 잡는 것은 아닌지 팔고자 하는 사람이나 사고자 하는 사람이나 불안하기는 매한가지다. 결국 고민만 하다가 이러지도 저러지도 못하는 사람이 태만이다. 용케 집을 산 사람은 내 재산이 어느 정도나 될까 하며 관련 기사를 보고 일희일비한다. 집을 샀더라도 빚이 있으면 혹시나 집값이 떨어져서 내가 산 가격 아래로 내려갈까 봐 전전긍긍한다. 사지 않은 사람은 집값이 상승한다는 기사를 보기라도 하면 좌절된 꿈에 가슴 시려하고, 반대로 집값이 떨어진다는 기사를 보면 '그래 맞아. 내가 현명한 선택을 했어.'라고 스스로 위로하며 자축한다. 이렇듯 집값을 둘러싼 사람들의 반응은 그야말로 천태만상이다.

어디 개인들만 그러한가?

기업들도 부동산에 열을 내는 것은 매한가지다. 업종별로 차이는 있겠지만 대부분의 기업들이 소유하고 있는 자산 중 가장 큰 비중은 사옥, 공장 등 부동산 자산이 차지한다. 부동산은 생산 및 영업활동에 반드시 필요한 기업 자산이며, 많은 자금이 소요되기 때문이다. 한때 우리는 기업이 부동산을 보유하는 것에 대하여 일부 대기업이 부동산 투기를 했던 과거를 회상하며 부정적 시선을 내비쳤다. 과거 기업 본연의 활동을 통해 기업 가치를 올리기 보다는 값싼 이자로 자금을 차입하여 부동산 투기를 통해 손쉽게 돈을 벌었던 사례가 많았기 때문이다. 하지만 오늘날 기업 경영에서는 부동산을 더 이상 투기의 대상으로만 볼 수 없다. 미국의 경우 오피스 빌딩을 포함한 상업용 부동산의 75%를 기업이 보유하고 있고, 부동산 가치 상승으로 주가가 상승한 사례도 종종 발생하고 있어 부동산이 기업 가치에 미치는 영향은 지대하다. 실제로 기업의 부동산이 기업 가치에 유의하게 영향을 미친다는 연구결과가 있다.[1] 또한 미국 경제지 『포춘지』에서 선정한 500대 대기업이 보유한 자산 중 부동산 자산이 차지하는 비중은 장부가 기준으로 대략 3분의 1이다.[2] 그동안 부동산 가치가 많이 상승한 걸 고려했을 때 실제 시장가치 기준으로 따지면 기업이 보유한 자산 중 부동산이 차지하는 비중은 3분의 1 이상이 될 것으로 추정하는 것은 그리 어렵지 않다. 경영자의 입장에서 보면 부동산은 해당 기업가치의 3분의 1 이상을 책임지

---

1) 강원철·고성수(2015), "기업부동산이 기업 가치에 미치는 영향", 상업교육연구, vol.29, no1, 한국상업교육학회, 191-214쪽.

2) 고성수(2011), "부동산이 기업 가치 차원을 바꾼다", 동아비즈니스리뷰(DBR), 90호. https://dbr.donga.com/article/view/1206/article_no/4506/ac/search

는 셈이다. 그러니 기업의 경영자가 부동산에 관심을 갖고 과학적이고 효율적으로 관리하는 것은 당연하다. 만일 보유한 부동산을 비효율적으로 운영하여 부동산 가치가 하락한다면 기업 가치가 떨어지고 주식도 저평가될 수밖에 없기 때문이다.

기업이 부동산 자산을 보유하는 것은 레버리지 효과 관점에서도 중요하다. 부동산 자산을 보유하면 레버리지 효과를 극대화해서 기업의 수익성을 제고할 수 있기 때문이다. 일반적으로 레버리지 효과라고 하면 자신의 자본금 이외에 타인이나 금융기관으로부터 차입금을 활용하여 이자지급 등의 금융비용을 지렛대 삼아 자기자본 수익의 변동성을 확대하는 금융 레버리지를 일컫는다. 즉 빌린 돈을 이용해 더 많은 이익을 창출하는 것이 금융 레버리지이다. 그런데 기업이 부동산 자산을 보유하면 금융 레버리지 이외에 운용 레버리지 효과를 추가적으로 얻을 수 있다. 운용 레버리지는 건물 및 설비 등 고정 자산으로부터 발생되는 감가상각비 등을 이용하여 추가적인 이익을 창출하는 효과이다. 기업이 부동산 자산을 보유할 때 대출 등 흔히 타인자본을 이용해 투자하는 것이 일반적이므로 금융 레버리지 효과와 운용 레버리지 효과를 동시에 누릴 수 있다.

또한 기업 입장에서는 기업 활동에 필요한 사용 공간을 확보하는 것이 무엇보다 중요하기 때문에 부동산에 관심을 가지는 것은 너무나 당연하다. 사무실과 공장을 어디에 두느냐에 따라 기업의 경쟁력이 달라질 수 있기 때문이다. 최근에는 사무실의 위치뿐만 아니라 내가 근무하는 오피스 빌딩이 친환경빌딩인지, ESG를 잘 준수하는 빌딩인지 하는 것도 오피스를 선택하는데 중요한 기준이 되고 있다. 실제로 외국에 본사를 둔 글로벌 기업들은 이러한 기준을 고려하여 국내 오피스를 선정하고 있다.

이렇듯 부동산은 기업의 입장에서도 매우 중요한 경영 자산이다. 그리고 실제로 부동산 보유를 사업에 잘 접목시켜 기업 가치를 향상시키는 기업들이 있다. 대표적인 기업이 맥도날드이다. 일반인들은 맥도날드를 햄버거를 파는 세계적인 프랜차이즈 기업 정도로만 알고 있을 것이다. 그러나 그것은 큰 착각이다. 사실 맥도날드는 부동산 기업이다. 겉보기에는 햄버거를 팔아 돈을 버는 것처럼 보이지만, 실상은 부동산 임대료로 더 많은 수입을 얻는다. 기존 프랜차이즈 회사가 장비나 식자재를 팔고 로열티를 받는 것과 달리, 맥도날드는 직접 소유한 건물에 가맹점을 입점시켜 임대료를 받는 방식으로 수익 모델을 만들었기 때문이다. 2018년 맥도날드는 500억 달러(약 56조 5,000억 원)가 넘는 부동산 자산을 소유하며 연 10억 달러에 가까운 임대료 매출을 올렸다. 맥도날드의 전 최고 재무 책임자 해리 소네본(Harry Sonneborn)은 "우리는 엄격히 따지면 요식업을 하는 게 아니다. 우리는 부동산 사업을 하고 있다. 우리가 햄버거를 판매하는 이유는 햄버거가 임대사업을 하기 위한 가장 좋은 미끼이기 때문이다."라고 말할 정도였다.[3]

적극적인 부동산 관리를 통해 기업 가치를 끌어 올리는 사례도 있다. 전 세계 2만 5천여 개가 넘는 매장을 보유한 세계 1위의 커피 프랜차이즈 스타벅스가 그 대표적인 예이다. 스타벅스 경영진은 맛있는 커피를 구하는데 모든 시간을 쏟지 않는다. 매장의 수익성은 커피 맛에만 달려 있다고 생각하지 않기 때문이다. 이 회사는 커피 외에도 적재적소에 지점 입지 선정과 적극적인 매장 관리를 통해 매출을 늘리면서 이를 통해 부동산 자산을 극대화해 기업 가치를 높이고 있다. 그 결과 스타벅스는 부동산 업계에서 귀한 손님이 되었다. 건물주 입장에서는 스타벅스가 고객을 유인하는 강력한 힘을 지닌 앵커 테넌트(anchor tenant)[4]인 것이다. 스타벅스가 들어서면 유동인구가 늘어나 일대 상권이 활성화되고, 건물 임대료와 자산 가치까지 올라가 업계에서는 '스타벅스 효과'라는 말까지 있을 정도다. 몇 년 전에는 스타벅스가 입점한 건물만을 모아 임대료 수익을 받는 '스타벅스 펀드'[5]도 나왔다.

비슷한 이유로 이마트나 홈플러스는 유통 기업인 동시에 부동산 기업이다. 삼성생명이나 교보생명 같은 보험회사들은 보험금으로 직접 부동산을 운용해 수익을 낸다. 같은 논리로 국내 부동산 시장에서 가장 큰 손은 운용자산 규모가 가장 큰 국민연금이다.[6] 닥스, 마에스트로, 해지스 등을 보유한 패션기업 LF는

---

3) 이상빈(2021), 『부동산의 미래: 프롭테크』, 샘앤파커스, 14쪽 참조.
4) 상가나 쇼핑몰에 고객을 끌어 모으는 핵심 점포를 뜻하는 말로, 키 테넌트(key tenant)라고도 한다.
5) 메테우스자산운용은 2019년도에 스타벅스 커피숍이 입점해 있는 꼬마빌딩만을 대상으로 투자하는 50억 원 규모의 펀드를 출시하였다. 매일경제, 2019.5.15., "스타벅스 품은 빌딩만 '찜' … 펀드로 건물주 되어볼까" https://www.mk.co.kr/news/economy/8815984
6) '23년 1Q 기준으로 국민연금의 부동산 투자규모는 48.5조 원이며, 전체 자산대비 부동산 투자 비중

2018년 부동산 금융 회사를 인수했다.[7] 심지어 숙박 예약으로 잘 알려진 야놀자 같은 스타트업도 자체 부동산 개발본부를 두고 부동산 입지 선정부터 시공까지 직접하고 있다. 구글이나 아마존 같은 세계적인 IT 기업들도 스마트홈이나 스마트시티 사업에 직간접적으로 참여하여 부동산산업에 뛰어들고 있다.

이렇듯 부동산은 개인이나 기업 그리고 정부 등 모든 경제 주체에게 중요하다. 부동산산업의 밸류체인을 구성하는 부동산 개발자, 건설업계, 중개업자, 투자자, 자산운영사 등 다양한 이해관계자들뿐만 아니라 주변 산업군의 기업에게 경제적 기회를 제공하고, 수익창출과 자본 형성을 위한 효과적인 플랫폼의 역할을 수행하고 있는 것이다.

2 부동산산업의 고질적 문제

요즘 우리는 디지털전환이라는 용어를 매일 같이 듣고 있다. 어려운 용어인데 어느덧 알 듯 모를 듯 익숙해져 있다. '디지털전환(Digital Transformation)'이라는 용어는 인터넷 혁명 시대라고 불리는 1990년대에 처음 등장하였다. 그때는 특정 분야의 전문가들의 입에나 오르내리는 정도였다. 그러나 이제는 웬만한 사람이면 그 용어를 안다. 정확하게는 아닐지라도 대략을 이해하고 있다. 디지털전환이라는 용어가 등장하기 이전에는 단순한 기술혁신이 주를 이루었다. 그러나 그 기술혁신은 관련된 특정 분야에만 한정적으로 적용되었다. 그런데 디지털전환은 단순 기술혁신과는 차원이 완전히 다르다. 특정 분야에만 한정적으로 적용되는 기술이 아니라 기존의 일하는 방식이나 사업모델을 완전히 바꾸는 광범위한 기술혁신을 의미한다. 디지털전환이라는 개념이 등장한 지 30여년 이 지나는 동안 모든 산업의 디지털화가 빠르게 이루어졌다. 우리는 이를 4차 산업혁명이라 부른다. 지난 30년 기간 동안 타 산업은 빠르게 디지털화가 이루어졌지만 부동산산업에서의 디지털전환 속도는 더디기만 했다. 한국산업기술평가관리

은 5.1%로 해마다 그 규모와 비중은 증가하고 있는 추세이다. 국민연금 홈페이지 참조.
7) 코람코자산신탁은 2018년 패션기업 LF에 50% 가량 되는 최대주주 지분을 매각하였으며, 코람코자산신탁이 수익성 개선에 주력하면서 LF그룹의 알짜기업으로 거듭나고 있다. 2023년 기준 LF의 코람코자산운용 지분율은 67%이다.

원(KIET)이 발표한 'IT 산업융합도'를 통해서 이를 확인할 수 있다. **IT 산업융합 도**는 산업 간 기술 융합의 유사성과 비즈니스모델 융합의 유사성을 측정한 값 이다. 1.0에 가까울수록 산업융합도가 높다는 의미다. 부동산산업의 IT 산업융 합도는 0.035점인데 전체 산업 평균인 0.090점에 크게 못 미치는 수치이다. 이 는 부동산산업이 다른 산업 대비 IT와의 기술 융합 정도나 비즈니스 모델 융합 정도가 낮은 수준이라는 것을 뜻한다.8) 이렇듯 부동산산업이 다른 산업군에 비 해 디지털화가 더디게 진행되었다.

그러나 최근 부동산산업에서도 변화의 속도가 빨라지고 있다. 그 변화의 물 결 속에 MZ 세대가 있다. MZ 세대는 다양한 분야에서 주 소비층으로 우뚝 서 고 있다. 부동산 시장도 예외가 아니다. 이 세대는 이미 어릴 적부터 초고속 인 터넷과 모바일 기기에 익숙한 일명 포노 사피엔스(Phono Sapiens)9)들이다. 이들 이 주 소비자층이 되었다는 것은 곧 제품이나 서비스를 이용하는 방식이 기존 의 것보다 더 빠르고 혁신적으로 바뀔 것이라는 의미와 같다. 부동산 시장도 이 런 흐름에 발맞춰 조금씩 변하고 있다. 집을 구하러 갈 때 무작정 부동산 중개 소로 직행하기보다는 인터넷이나 애플리케이션을 통해 주변 동네를 둘러보거나, 인근 물건 시세는 어떤지 먼저 확인하는 것이 당연해졌다. 아파트 단지나 동네 별로 리뷰가 달리고, 네이버나 다음 카페에는 부동산 임장 후기들이 여럿 올라 오기도 한다.

쉽고 간편한 것을 좋아하는 소비 트렌드의 변화가 부동산 시장에서도 먹힐 수 있었던 것은 **부동산 시장이 가진 4가지 고질적 문제**에 관한 답답함을 해소해 주고 있기 때문이다.10)

첫 번째 부동산 시장이 가진 고질적인 문제는 정보의 비대칭성이다. 정보의 비대칭성은 거래의 투명성을 낮추는 요인으로 작용한다. 투명성을 높이기 위해 서는 상호 간에 정보를 공개해야 한다. 그런데 여러분도 경험을 해 보았겠지만

---

8) 대신증권(2020), "프롭테크(Prop+Tech) 4.0시대: 부동산 산업, 새 옷을 입다", 9쪽.
9) 포노 사피엔스는 스마트폰(smartphone)과 호모 사피엔스(homo sapiens)의 합성어로 휴대폰을 신체의 일부처럼 사용하는 새로운 세대를 뜻한다. 영국의 경제주간지 「이코노미스트」가 '지혜가 있는 인간'이라는 의미의 호모 사피엔스에 빗대 포노 사피엔스(지혜가 있는 전화기)라고 부른 데서 나왔다. 네이버 지식백과 참조.
10) 이상빈(2021), 28-33쪽 참조.

과거 부동산 시장은 매우 보수적이었다. 좀처럼 정보를 공개하지 않는다. 중개인이 정보를 독점하고 필요에 따라 일부만 소비자에게 공유하고, 소비자는 그를 따라 이리저리 발품을 팔면서 제한된 정보만 가지고 결정을 해야 했다. 또 일선 부동산에서는 아직도 디지털 방식보다는 아날로그 방식으로 업무를 처리하는 데 더 익숙하다. MZ 세대가 변화의 중심에 있다고는 하지만 그들의 변화도 다른 분야에 비해 느린 편이다. 부동산 지식은 학교에서 가르쳐주지도 않고, 스스로 필요가 생기지 않는 한 접할 일이 드물다. 이렇듯 접근성이 낮고 정보를 얻기가 어렵다 보니 부동산을 처음 접하는 사람들은 거래 과정이 폐쇄적이고 투명하지 않아 어렵게 느낀다. 이러한 정보의 비대칭성은 지역 정보를 많이 아는 특정인들에게 매물 정보와 거래 정보를 통제할 수 있는 힘을 주었고, 부동산 시장의 가격구조를 왜곡시키는 부작용을 초래하였다.

유독 부동산 시장에서 정보의 비대칭성이 심각한 이유는 무엇일까? 그 이유에 대해서 대신증권은 [그림 1-2]와 같이 부동산산업의 6가지의 본질을 꼽고 있다.11) 우선 부동산은 고가의 자산이어서 온라인보다는 오프라인 거래를 선호한다. 아무리 온라인이 대세라 할지라도 여전히 발품 팔아 가며 내 눈으로 직접 확신해야 안심할 수 있다. 부동산은 자산별로 이질성이 높아 가치 산정이 쉽지 않다. 이러한 부동산의 자산특성으로 인해 정보의 비대칭성이 발생한다. 또한 부동산 거래는 주식시장과 같이 단일화된 중앙 거래소에서 이뤄지지 않기 때문에 정보 수집이 어렵고, 실시간 가격 포착 또한 용이하지 않다. 중앙 거래소가 없다보니 정보의 공개 범위가 낮고, 중개인의 정보 독점이 다른 시장에 비해 용이했다. 그리고 부동산 거래에 적용되는 법규가 복잡하고 다양하다는 점도 일반인이 중개인에게 의존하는 빌미를 제공하였다. 이와 더불어 부동산 거래와 관련된 제도는 국가별로 상이한 법률에 의거하고 있으며, 여기에 각국의 역사적, 문화적 관습까지 더해진다. 따라서 부동산 시장은 국지적 시장으로 예측이 어려운 불확실한 시장이다. 각국 정보의 칸막이식 규제가 강력하게 적용되는 산업이라는 점도 부동산산업이 IT 산업과의 융합도를 낮춘 요인으로 작용하였다.

---

11) 대신증권(2020), 11쪽 참조.

아이러니하게도 이러한 부동산산업에서의 정보의 비대칭성은 오히려 새로운 비즈니스모델을 태동시켰다. 특히 중개시장에서 공급자와 중개인의 정보 우위를 해소하고 수요자에게 대응한 수준의 정보를 제공하는 프롭테크 기업이 등장하였다. 바로 직방과 다방이 대표적인 기업이다.

두 번째 부동산 시장이 가지는 고질적인 문제는 거래 비용이 많이 든다는 것이다. 부동산을 사고 팔 때 경험이 있는 사람은 알겠지만 일단 자산의 규모가 크다 보니 거래를 하는데 목돈이 필요하다. 부동산 거래 대금, 각종 세금, 중개 수수료, 이행대행료, 이사비 등을 합치면 내 돈만 가지고는 턱없이 부족해 대출을 받아야 하는 경우가 다반사다. 그뿐만 아니라 보수·유지 비용도 많이 든다. 가령 수많은 사람이 오고 가는 빌딩은 전기, 수도, 가스, 인력 등 다양한 자원이 사용되는 일종의 플랫폼이다. 이를 좋은 상태로 유지하고 관리하려면 막대한 비용이 필요하다. 신축 건물들은 시스템 소프트웨어가 설치되어 있지만 오래된 건

그림 1-2 부동산산업의 6가지 본질에 기인한 '정보의 비대칭성'

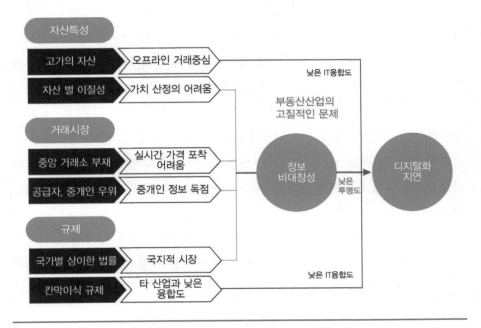

출처: 대신증권(2020), 11쪽.

물일수록 사람이 없는 곳에서도 냉난방이 돌아간다거나 관리인이 일일이 불을 켜고 꺼야 하는 등 불필요한 자원이 낭비되는 경우가 태반이다. 빌딩 내부에 자동 시스템을 도입하면 좋겠지만, 이를 도입하는 일 역시 쉬운 일은 아니다.

세 번째 부동산 시장이 가지는 고질적인 문제는 부동산 자산을 효율적이고 유동적으로 활용하기 어렵다는 것이다. 사람이라면 누구나 좋은 입지의 공간을 구하고 싶어 한다. 세를 내고 살아야 하는 입장에서 서울의 광화문, 종로, 을지로, 강남, 홍대 등 편의성 좋은 도심 건물들을 합리적인 가격에 이용하고 싶어 한다. 세를 주는 사람도 마찬가지다. 일정 기간 이상을 임대로 내놓으려고 하다 보니 세입자를 구하기가 쉽지 않고, 임대료를 확 내리기도 어렵다. 이럴 때 공간을 무작정 계속 비워두는 것보다 시간과 공간을 쪼개어 임대를 계속할 수 있다면 손해를 줄일 수 있다. 가령 식당 같은 경우 사람이 없을 때는 카페나 사무실로 사용할 수 있게 공간을 빌려준다면 사업을 유지하는데 더 유리할 것이다.

마지막 네 번째 부동산 시장이 가지는 고질적인 문제는 거래 과정이 매우 복잡하고 비효율적이라는 것이다. 원칙적으로 부동산 거래는 부동산 매도자와 매수자만 있으면 성립한다. 하지만 실제 거래하려고 하면 그렇지 않다. 부동산을 등록하려면 공인중개사는 물론, 등기를 처리하기 위해 법무 전문가가 필요하고, 세금 문제를 처리하려면 세무 전문가를 찾아야 한다. 또 거래할 때 충분한 자금이 없다면 은행이나 제 2금융권의 금융 담당자도 만나야 한다. 금융 담당자는 돈을 빌리는 사람이 갚을 능력이 있는지를 확인하기 위해 신용이나 담보를 평가하는데, 이 때문에 평가 담당자를 만나야 할 수도 있다. 정부 지원금을 얻으려면 정부 및 공공기관의 심사를 받아야 하고, 이때 갖춰야 하는 서류는 기하급수적으로 늘어날 수밖에 없다. 거래하려는 부동산의 규모가 크면 클수록 이러한 과정은 더 복잡하다.

다른 비즈니스에 비해 상대적으로 변화가 더디기는 하지만, 부동산 시장에도 분명 변화가 조금씩 일어나고 있다. 바로 부동산 시장의 4가지 고질적 문제점들을 해결하기 위해서 말이다.

3 프롭테크의 등장

변하지 않을 것 같았던 부동산 시장에 조금씩 변화의 조짐들이 나타났다. 과거 사람들이 집이나 가게를 알아보기 위해서는 주변의 부동산 중개인을 직접 방문해야만 했다. 부동산 중개인의 입에서 나오는 정보를 수집하기 위해서다. 그러나 어느 순간 사람들은 부동산 중개인을 찾기 전에 먼저 스마트폰이나 컴퓨터로 '로드뷰'를 보거나 애플리케이션 등을 이용해 주변 매물에 대한 충분한 정보를 파악한 후에 부동산 중개인을 찾아간다. 거의 부동산 중개인과 대등한 수준의 정보를 알고 간다. 또, 과거 맛집이 입점한 위치는 으레 도로가 주변이나 번화가에 위치한 것이 일반적이었다. 그러나 식도락 문화를 즐기는 사람들이 인터넷이나 SNS 등을 통해 골목길 맛집을 찾아가기 시작하면서 상권 입지에 대한 인식도 바뀌고 있다. 부동산을 직접 보유하지 않고도 수익을 내는 상품이 등장하기 시작했다. 리츠(Reits), P2P(Peer to Peer)[12] 상품들이 등장했고, 부동산 전자거래가 시작됐다. 더 나아가 블록체인 기술을 활용하여 부동산을 주식처럼 실시간으로 거래할 수 있는 상품까지 등장했다. 기존에 알고 있던 부동산 시장이 변화하고 있는 것이다. 이러한 부동산 시장에서 벌어지고 있는 거대한 4차 산업혁명의 물결을 우리는 **프롭테크**라 부른다.

프롭테크(PropTech)는 부동산(Property)과 기술(Technology)의 합성어이다. 기존 부동산산업에 첨단 ICT 기술을 접목하여 기존의 서비스나 비즈니스 모델을 완전히 새로운 혁신적인 서비스나 비즈니스 모델을 창출하는 것을 뜻한다. 프롭테크는 ICT 기술을 접목한 부동산 서비스 또는 이를 제공하는 기업 자체를 의미하기도 하지만, 본서에서는 프롭테크를 부동산 시행부터 시공, 금융, 분양, 임대, 관리, 중개, 구매, 리모델링 등 부동산산업 내 밸류체인(Value Chain)의 모든 분야에서 ICT 기술을 활용하여 기존의 부동산 서비스를 보다 효율적으로 개발하거나 개선할 수 있는 비즈니스로 통칭한다.

우리가 이미 일상에서 친숙하게 접하고 있는 네이버 부동산이나 직방, 다방,

---

12) P2P는 개인과 개인이 서로 직거래의 형태로 금전을 빌려주고 빌리는 것을 뜻하며, 최근 P2P 형태로 자금을 조달하여 부동산에 투자하여 그 수익을 배분하는 상품이 등장하였다.

호갱노노, 밸류맵, 디스코, 에어비앤비 등이 프롭테크에 속한다. 이제는 스마트 폰 앱이나 인터넷 웹 페이지를 통해 단순하게 부동산 매물 정보를 소개해주는 서비스를 넘어 빅데이터를 이용해 부동산 가격은 물론 주변 시설, 규제 정보, 과거 거래 실적 등을 한눈에 보여주는 서비스로 발전했다. 지금은 빅데이터와 인공지능을 이용한 부동산 가치 평가, 부동산 임대관리 플랫폼, 스마트홈·스마트빌딩 솔루션 등 부동산 밸류체인에서 제공되는 프롭테크의 서비스는 점점 더 다양화되고 있다.

국내 대표적 부동산 매물 중개 서비스 업체인 직방과 다방은 각각 3,000만 명, 1,800만 명 이상이 이용할 만큼 커졌다. 비어있는 집을 시간 단위로 쪼개 대여할 수 있게끔 해주는 플랫폼인 에어비앤비는 세계적인 기업으로 성장하였다. 카카오 개발자들이 모여 만든 아파트 매물 정보 전문 서비스 호갱노노는 아파트 가격은 물론 아파트 경사도, 일조량, 해당 지역 인구변동, 아파트 공급량 등 다양한 데이터를 지도에서 한눈에 볼 수 있게 해줘 아파트 수요자들에게 인기다. 호갱노노가 아파트를 대상으로 하는 서비스라면 최근 부동산 업계에서는 토지나 단독주택, 상업용 건물, 공장 등을 찾을 때 디스코와 밸류맵을 많이 이용한다. 두 서비스는 모두 부동산 공공데이터를 바탕으로 실거래가 정보를 제공하는데, 토지 정보나 건물 정보, 인근 개발 뉴스, 업종 현황 등을 기본적으로 제공한다.

이런 매물 중개 서비스를 제공하는 프롭테크 기업은 정보의 비대칭성을 비롯한 그동안 부동산 시장이 가지고 있던 고질적인 문제를 해소하고, 시장에 활력을 불어 넣어 보수적이고 IT에 둔감한 부동산 영역의 변화를 주도하고 있다. 프롭테크 기업들은 기술 수준과 시장 상황 간의 간격, 소비자 니즈와 시장 간의 간극을 기회 삼아 기존 부동산 시장의 문제를 정의하고 해결책을 내놓고 있는 것이다. 이렇듯 프롭테크는 얼마 전까지만 해도 부동산 중개 서비스의 영역에 한정되었으나, 최근 빅데이터, 사물인터넷, 인공지능, 가상현실(VR) 및 증강현실(AR) 같은 기술을 이용해 정보 비대칭성과 비효율적인 거래, 공실 문제 등을 해결하는 영역으로까지 확장하고 있다.

그뿐만 아니라 스마트빌딩 기술을 이용해 부동산 관리 비용을 줄이려는 시도도 늘고 있다. 스마트빌딩 기술은 사람들의 이동을 감지해 전력이나 냉난방 등의 자원을 효율적으로 사용하게 해준다. KT그룹의 종합부동산 계열사인 kt estate는 ICT 융합과 디지털전환(DX)을 기반으로 건물의 안전과 에너지를 원격에서 통합적으로 관리하는 스마트통합관제 플랫폼을 개발하여 신사업으로 추진하고 있다. KT는 4백여 개의 크고 작은 건물을 보유하고 있는데, KT 전체 건물을 분당 본사에 위치한 스마트통합관제센터에서 통합 관제하여 에너지 절감과 이중 안전 감시 등의 효과를 거두고 있다. 2년 동안 내부 빌딩을 순차적으로 스마트통합관제 플랫폼과 연동하고 안정화한 이후에, 2021년부터 상용화하여 현재 20여 개 대형 빌딩을 수주하여 운영하고 있다. SK텔레콤은 최근 서울 종로구 공평동 센트로폴리스 사무실 곳곳에 센서를 부탁해 공간의 온도와 밝기, 습도 등 모든 정보를 기록하고 그 데이터를 통해 최적의 업무 환경을 제공하는 스마트 오피스 시스템을 운영 중이다.

가상화폐에 적용되던 블록체인 기술을 이용해 적은 자본으로도 부동산을 거래할 수 있는 상품도 탄생했다. 증권형 토큰(STO, Security Token Offering)이나 부동산 전자증권이 그 예이다. 이 상품들은 부동산을 증권처럼 쪼개고 그 거래 내역을 블록체인 장부에 기록하고 그 장부를 여러 컴퓨터에 공유하여 안전하게 거래하도록 한다. 기본적으로 부동산 펀드나 부동산 투자회사(리츠)와 비슷하지만, 증권거래소와 같이 한 곳에서 거래가 이뤄지는 것이 아니라 여러 곳에 분산된 블록체인 장부에 거래가 기록한다는 것이 다르다. 이 분야에 대표적인 국내 프롭테크 기업은 카사 코리아(Kasa Korea)인데 블록체인 기술을 이용해 투자 장벽을 낮춰 소액으로도 부동산 투자를 가능하게 해 주고 있다. 부동산 펀드나 리츠는 자산 운용을 하고 투자자에게 수익을 배분하려면 그에 따른 인건비와 각종 사업비, 운영비 등을 지출해야 한다. 그리고 거래소 상장에 따른 부대 비용과 수수료가 발생한다. 카사 코리아는 거래 구조를 단순화해서 이런 비용을 효율화해 투자수익률(ROI)을 높이고, 중소형 건물에 5,000원부터 투자할 수 있는 플랫폼을 출시했다. 현재까지 역삼 런던빌과 역삼 한국기술센터를 공모 1년 내외에 매각해 누적 수익률이 10%를 넘기면서 시장의 주목을 받았다. 2024년 1월 기준으로 서초 지웰타워 등 5개소를 상장 중에 있다.

디지털화가 더디게 진행되고 있는 부동산산업 내에서 이러한 변화가 가능했던 이유는 무엇일까? [그림 1-3]에서 보듯이 부동산산업을 둘러싼 네 가지 환경이 변화했기 때문에 가능했다. 첫 번째 환경의 변화는 미국과 영국 정부의 '오픈 데이터 정책'이다. 기업들이 활용할 수 있는 정보의 범위가 획기적으로 증대하면서 미국과 영국을 중심으로 프롭테크가 급성장하였다. 두 번째의 환경 변화는 4차 산업혁명이 본격화되면서 빅데이터와 인공지능 기술을 손쉽게 활용할 수 있게 되었다는 점이다. 빅데이터와 인공지능 기술을 활용하여 엄청나게 늘어난 정보를 가공하여 이를 통해 의미 있는 서비스 제공이 가능해 진 것이다. 세 번째의 환경 변화는 소비와 거래의 주요한 채널로 '플랫폼'이 부상한 점이다. 온라인 마케팅 플랫폼이 일상화되면서 부동산 시장에도 플랫폼에 대한 소비자의 욕구가 증대하였다. 마지막으로 MZ 세대의 등장이다. 온라인 플랫폼 사용에 익숙한 이들이 부동산 플랫폼의 주요 고객으로 등장하면서 부동산 시장에서도 플랫폼이 주요한 채널로 성장하는 것이 가능했다.

그러나 산업계와 언론, 시장에서는 제법 프롭테크라는 단어를 통용하고 있지만 일반인들에게는 여전히 낯설다. 직방, 다방 등의 서비스를 사용하는 사람들조차도 이들 서비스가 프롭테크를 의미하는지 모르고 있다. 하지만 아이폰이

그림 1-3 부동산산업을 둘러싼 네 가지 환경의 변화

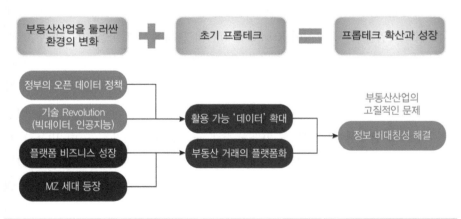

출처: 대신증권(2020), 15쪽 수정.

그러했듯 처음에는 낯설고, 기존의 피처폰이 훨씬 사용하기 편리했지만 시간이 지나면서 아이폰이 제공하는 혁신적인 서비스에 익숙해진 고객들은 더 이상 과거의 제품을 사용하지 않는다. 부동산 시장도 예외가 아닐 것이다. 과거 발품을 팔아야 알 수 있던 부동산 정보를 이제는 핸드폰과 인터넷을 통해서 얼마든지 전문가 수준으로 알 수 있는 시대가 왔다. 그 정보를 활용할 수 있는 사람과 그렇지 않은 사람은 이제 시장에서 확연한 차이를 보일 것이다. **이것이 바로 우리가 '프롭테크'를 알아야 하는 이유**다. 정확히 말하면 프롭테크가 바꿔 놓고 있는 부동산 시장의 흐름을 알아야 한다. 단순히 프롭테크가 무엇이고 어떤 부동산 기업이 어떤 기술로 혁신적인 서비스를 제공하고 있는지를 이해하는데 머물러서는 안 된다. 프롭테크가 미래의 부동산 시장 트렌드를 어떻게 바꾸어나가고 있는지, 그 변화하는 트렌드 안에서 어떤 기회를 얻을 수 있는지에 대한 통찰력을 키워야 한다.

최근 경기침체와 고금리 시대에 접어들면서 프롭테크 기업들이 고전을 면치 못하고 있다. 그럼에도 불구하고 프롭테크가 부동산 산업의 미래가 될 수 있을까? 물론이다. 프롭테크는 부동산 비즈니스를 더욱 세분화시키는 동시에 시장규모를 더욱 키워줄 것이다. 투자 먹거리가 늘어나는 것은 물론 부동산 시장이 가지고 있던 다양한 문제들을 해결하며 한층 더 시장을 발전시킬 것이다. 또 부동산 시장에서 그동안 소비자가 느끼는 불편함을 찾고 해결해 새로운 가치를 창출할 것이다. 바로 이 점이 부동산 시장에서 프롭테크의 활약이 기대되는 이유다.13)

---

13) 이상빈(2021), 38-39쪽 참조.

02

4차 산업혁명과
부동산산업의 변화

2 4차 산업혁명과 부동산산업의 변화

1 4차 산업혁명 시대의 도래

4차 산업혁명이란 용어는 2016년 세계경제포럼(World Economic Forum)에서 처음 등장한다. 이 포럼을 창립한 클라우스 슈밥(Klaus Schwab)이 『제4차 산업혁명』이라는 저서를 통해 소개하면서 일반인에게도 알려지기 시작했다. 4차 산업혁명은 컴퓨터와 인터넷 기반의 지식정보혁명을 뜻하는 3차 산업혁명의 토대 위에서 유비쿼터스 모바일 인터넷 환경과 더 작고 저렴한 센서, 인공지능과 기계학습 등의 지능과 정보를 융복합하면서 만들어내고 있는 혁신적 변화를 말한다. 4차 산업혁명은 단순히 기기와 시스템을 연결하고 스마트화하는데 그치지 않고 훨씬 넓은 범주까지 아우른다. 즉 4차 산업혁명은 물리적(physical), 생물학적(biological) 기존 영역의 경계가 사라지면서 단순한 기술 간의 물리적 교류의 수준을 넘어 화학적 융복합(Convergence)을 통해 전반적인 디지털전환(Digital Transformation)이 일어나는 지능정보기술 혁명을 의미한다.

[그림 2-1]은 지금까지 전개되어온 산업혁명의 발전과정을 도식화한 것이다. **1차 산업혁명**은 18세기 영국에서 발생한 방직기와 증기기관으로부터 비롯하였다. 방직기와 증기기관의 주 연료인 석탄을 나르기 위해 증기기관차를 개발하였고, 단단한 철로와 기계를 만들기 위해 제철 기술이 발달하였다. 증기기관의 힘으로 방직기가 예전과는 비교도 안 되게 많은 면직물을 만들어냈고, 생산이 활성화되었다. 그 영향이 전 세계로 퍼지는 데는 시간이 걸렸지만 1차 산업혁명 이후 세계는 대량생산이 가능해져 이전과는 전혀 다른 세상이 되었다. 이

후 19세기에 일어난 **2차 산업혁명**은 1차 산업혁명과 다른 가장 큰 특징으로 석탄을 사용하는 증기기관을 벗어나 석유와 전기 등 보다 진일보한 에너지원을 사용하였다는 점이다. 인류의 어둠을 밝히는 백열전등과 형광등을 발명하였고, 동력을 만들어내는 전기모터, 식량 생산을 획기적으로 늘린 화학비료, 인류의 이동 수단을 혁명적으로 바꾼 자동차와 비행기의 등장, 수많은 제품의 근간이 된 플라스틱 그리고 컨베이어 벨트 등을 모두 이 시기에 발명하였다.

현대 20세기 중반에 기술이 발전하면서 또 다시 큰 변화가 시작되었다. 1차, 2차 산업혁명으로 인해 세계는 대량생산과 대량소비의 사회로 완전히 변화하였다. 그러나 이러한 대량생산과 대량소비의 방식은 소비자들의 다양한 요구를 충족시키지 못하였다. 이에 따라 대량생산 방식에서 대량 맞춤 생산 방식으로 전환하기 시작하였다. 또한 컴퓨터, 인터넷, 휴대폰 등 정보통신기술의 발전으로 정보 처리와 통신 속도가 획기적으로 향상되었다. 기술 발전에 따른 정보화 사회의 출현으로 전 세계적으로 정보와 지식의 생산과 유통이 빠르게 증가하였으며, 온라인 상거래와 전자 결재가 가능해졌다. 이러한 **3차 산업혁명**의 발전은 새로운 산업 분야의 등장과 기존 산업구조의 변화를 촉진시켰다.

그러나 **4차 산업혁명**은 1차부터 3까지의 산업혁명과는 근본적으로 그 양상이 다르다. 그동안의 산업혁명이 특정 기술의 발명을 통해 특정 산업 분야에 영향을 미쳤다면, 4차 산업혁명은 특정 기술의 발명이 아닌 기술들 간의 융복합이 발생하며 전 산업 분야에 영향을 미치고 있다. 사물인터넷(IoT, Internet of Things)과 클라우드(Cloud) 등을 통해 인간과 인간, 사물과 사물, 인간과 사물을 상호 연결하고 빅데이터와 인공지능(AI) 등으로 보다 지능화된 사회로 변화시키고 있다.

4차 산업혁명은 21세기의 시작과 동시에 출현한 개념으로 기회와 위협이 동시에 존재한다. 단순한 기기들을 연결하는 개념을 넘어 기술 간의 융합으로 디지털 기술의 정교화와 통합화를 이루면서 여러 기기가 지능화되고 집약적으로 연결되는 문명사적 변화를 만들어내고 있다. 사물인터넷, 빅데이터, 클라우드, 인공지능 등이 다른 분야와 융합하여 완전히 다른 세계를 열고 있다.

인터넷의 등장으로 형성된 가상공간이 실제공간과 결합하여 사람과 사물 그리고 공간을 연결하고 또한 지능화되면서 변화를 가속시키고 있다. 사람 간의

그림 2-1 산업혁명의 발전과정

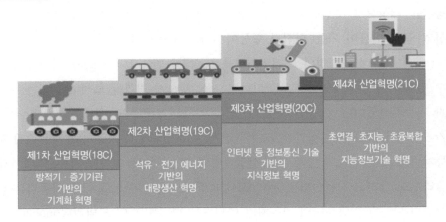

연결성 강화는 물론이고 앞으로 사람과 사물, 나아가 사물과 사물 간의 연결성 강화가 예견된다. 과거의 산업혁명은 기계가 인간의 육체노동을 대신하는 수준이었다면 4차 산업혁명은 인간의 지적 능력까지도 대체할 것으로 보인다. 반면, 플랫폼 효과로 소수에게 혜택과 가치가 집중되면서 불평등과 불균형을 심화시킨다는 우려의 목소리도 높다. 이 문제는 4차 산업혁명이 올바른 성과를 내기 위해서 해결해야 할 과제이다.

여러 기기가 지능화되고 만물이 연결되는 문명사적 변화로도 애기되는 4차 산업혁명은 삶, 사물, 공간에 대한 초연결(Hyper-Connection), 초지능(Hyper-Intelligence), 초융복합(Hyper-Convergence) 그리고 디지털전환(Digital Transformation)이 주요 키워드이다. **초연결**은 인간과 인간을 둘러싼 환경적 요소들이 시간과 공간이라는 물리적 제약을 넘어 새로운 가치를 창출할 수 있는 성장기회를 만들기 위해 상호 연결하는 활동을 말한다. **초지능**은 기계학습 알고리즘을 통해 대량의 자료와 상호 작용을 하면서 스스로 학습하는 컴퓨터 기술을 의미한다. **초융복합**은 서로 다른 경영과 기술을 결합하여 기술과 제품 그리고 서비스를 개발하여 새로운 분야로의 사업화 능력을 제고하는 활동이다. **디지털전환**은 전통적인 산업군에 기술을 적용하여 전통적인 사업 군을 디지털화시켜 새로운 산업으로 성장·발전시켜 나가는 것을 의미한다. **결국 사람과 사물 그리고 공간을 대상으로 초연결·초지능·초융복합 그리고 디지털전환을 통해 새로운 산업 군을 만들어 가는 혁신적 활동이 4차 산업혁명이다.**

한편, 4차 산업혁명의 프레임워크를 도식화하면 [그림 2-2]와 같이 표현할 수 있다. 4차 산업혁명이 본격화되면서 가장 빠르게 변화를 모색하고 있는 분야가 자동차산업이다. 그동안 자동차산업은 각각의 산업혁명 시대에 발맞추어 증기기관에서 가솔린, 디젤기관에 이어 전기, 수소연료전지 자동차와 자율주행 자동차 등으로 발전하고 있다. 4차 산업혁명의 핵심 개념들인 인공지능, 빅데이터, 클라우드 그리고 사물인터넷 등의 첨단 ICT 기술을 기반으로 이젠 자동차는 더 이상의 단순한 이동수단의 자동차가 아닌 지능형 서비스인 **모빌리티**(mobility)로 거듭 진화하고 있다. 2023년 초 라스베이거스에서 개최된 국제전자제품박람회 'CES 2023'은 마치 오토 쇼를 방불케 했다. 자동차는 이제 더 이상 그저 좋은 엔진, 멋진 외관 디자인에만 머물지 않는다. 모든 기술력이 응집된 마치 '움직이는 집'을 상상하게 하는 가구적인 느낌으로 변하고 있다.

의료산업, 교육산업, 농업, 금융업, 건설업 그리고 부동산업도 4차 산업혁명의 기술력을 접목하면서 변하고 있다. 이들 기존 산업들과 최신 ICT 기술을 접목하는 분야를 산업명의 영문 앞 글자와 기술의 영문 앞 글자를 따서 '○○＋테크(Tech)'로 부르고 있다.

의료산업에서는 생명공학과 첨단 ICT 기술을 접목하면서 모든 생명체의 구조를 분석하고 밝혀 생명 활동 자체를 산업기술로 응용하는 **바이오테크**(BioTech)가 급속도로 성장할 것으로 보인다. 또한 기업이나 의료 기관 등이 보유한 임상 데이터와 인공지능, 빅데이터 기술을 결합하여 개인 맞춤형 의료서비스 제공과 임상 의사결정 지원 등이 가능할 것으로 전망한다.

에듀테크(EduTech)는 교육(Education)과 기술(Technology)의 합성어로 산업통상자원부에서 내린 정의에 따르면 "교육 서비스업이 VR·AR, AI, 빅데이터 등 ICT 기술과 융합하여 기존과 다른 새로운 학습 경험을 제공하는 혁신 분야"이다. 에듀테크 시장은 연평균 15.52%씩 성장해 오는 2027년 약 800조 원에 이를 것으로 추정한다. 에듀테크는 조직원의 학습·개발부터 초·중·고교 학생들의 학습 지원, 대학생들의 취업과 경력 관리, 토플과 SAT 같은 각종 시험 준비까지 다양한 영역을 포함한다.

애그리테크(AgriTech)는 농업(Agriculture)와 기술(Technology)이 합쳐진 합성어로, 전통적인 농업에 AI, 빅데이터 분석 등 첨단 ICT 기술을 융합시켜 농산물 재배부터 생산, 유통, 관리까지 농업 혁신을 위한 일련의 기술 개발과 활동을 말한다. 대표적인 기술이 비교적 익숙한 '스마트팜'이다. 스마트팜은 용어 그대로 지능화된 농업 시스템을 말한다. 사물인터넷, 빅데이터, AI 등의 기술을 이용해 농작물의 재배와 생산, 유통 등 전 과정의 효율성과 편리성을 높여주고 있다.

핀테크(FinTech)는 금융(Finance)과 기술(Technology)의 합성어로 모바일, 빅데이터, SNS 등의 첨단 정보 기술을 기반으로 한 금융서비스 및 산업의 변화를 통칭한다. 모바일, SNS, 빅데이터 등 새로운 ICT 기술을 활용하여 기존 금융기법과 차별화된 금융서비스를 제공하고 있다. 대표적으로 모바일뱅킹과 앱카드 등이다. 비금융기업이 보유 기술을 활용하여 지급결제와 같은 혁신적 금융서비스를 제공하는 사례도 증가하고 있다. 대표적인 예가 삼성페이, 애플페이, 알리페이 등이다.

콘테크(ConTech)란 건설(Construction)과 기술(Technology)의 합성어로 가상현실(VR)·증강현실(AR)과 인공지능, 빅데이터, 사물인터넷, 드론 등 4차 산업의 첨단기술을 오프라인 건설 현장에 접목해 안전과 생산성을 높이는 각종 혁신 기술을 의미한다. 콘테크는 아직 우리에겐 낯설지만 해외에서는 스타트업을 중심으로 매우 가파른 성장세를 보이고 있다. 콘테크 스타트업은 건설 산업에서 전통적으로 이어져 온 사고에서 벗어나 새로운 문제 해결 방식을 도입하며 자신의 가치를 증명하고 있다.

프롭테크(PropTech)는 부동산(Property)과 기술(Technology)의 합성어이다. 기존 부동산산업에 첨단 ICT 기술을 접목하여 기존의 서비스나 비즈니스 모델을 완전히 새로운 혁신적인 서비스나 비즈니스 모델을 창출하는 것을 뜻한다.

이렇듯 4차 산업혁명은 그동안의 산업혁명이 특정 기술의 발명을 통해 특정 산업 분야에 영향을 미친 것과는 달리 기존 산업과 첨단 ICT 기술을 초연결화, 초지능화, 초융복합화 그리고 디지털전환하여 더 넓은 범위에 더 빠른 속도로

그림 2-2 4차 산업혁명의 프레임워크

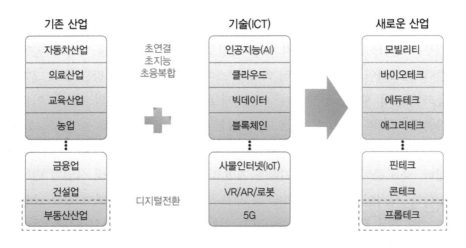

그림 2-3 프롭테크의 프레임워크

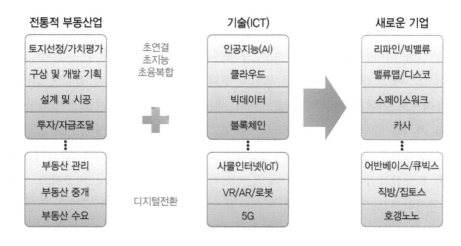

크게 영향을 미치고 있다.

지금까지 설명한 4차 산업혁명의 프레임워크를 프롭테크 분야에 적용하여 도식화하면 [그림 2-3]과 같이 표현할 수 있다. 그러므로 **본서에서는 프롭테크를 "전통적인 부동산 영역을 대상으로 초연결·초지능·초융복합 그리고 디지털전환을 통해 기존의 서비스를 획기적으로 개선한 새로운 서비스를 제공하거나 새로운 사업 모델을 창출하는 혁신적 활동"**으로 정의한다.

국내에서도 토지선정, 개발, 시공, 자금조달, 관리 및 중개 등의 전통적인 부동산업에 인공지능, 클라우드, 빅데이터 및 블록체인 등의 최신 ICT 기술을 접목하여 획기적이고 편리한 서비스를 제공하는 기업들이 탄생하고 있다. **리파인**은 2002년에 한국감정원에서 부동산 벤처로 기획하여 설립한 회사인데 빅데이터 분석 솔루션 기술을 접목하여 부동산, 금융 및 리스크 관리에 대한 제반 서비스를 제공하고 있다. 2015년에 설립한 **빅밸류**는 부동산 시장 정보 불균형을 해소하고 투명성을 제고하기 위해 부동산 빅데이터 시스템과 인공지능 알고리즘을 적용하여 국내 최초 비정형주택에 관한 자동평가시세를 제공하고 있다. 2015년에 설립한 **호갱노노**는 아파트 매물을 보는 사람들 사이에서는 인기가 높은 모바일 애플리케이션이다. 이 서비스는 단순히 아파트 가격이나 면적 등 기본적인 매물 정보만 제공하지 않는다. 아파트를 구하는 소비자가 궁금해 하는 거의 모든 정보를 담고 있다. 호갱노노가 아파트를 대상으로 하는 서비스라면 **디스코**(2016년 설립)와 **밸류맵**(2015년 설립)은 토지나 단독주택, 상업용 건물, 공장 등을 찾을 때 많이 이용한다. 이들 기업은 부동산 공공데이터를 바탕으로 실거래가 정보를 제공하는데, 토지 정보나 건물 정보, 인근 개발 뉴스, 업종 현황 등을 기본적으로 제공한다. **스페이스워크**는 인공지능과 빅데이터를 활용해 어떻게 토지 개발을 하면 좋을지 알려준다. 스페이스워크는 서울대 건축학과 출신의 건축가 조성현 대표가 2016년에 창업했으며, 현재는 중소형 규모 토지의 투자자를 주 대상으로 조건에 맞는 토지를 찾아주는 매물 서비스와 사업성을 예측하는 분석 서비스를 제공하고 있다. 2018년에 설립한 **카사**는 블록체인 기술을 활용한 한국 최초의 부동산 디지털 수익증권 거래소이다. 2019년 혁신금융 서비스로 지정되어 국내에서는 최초로 디지털 부동산의 수익증권 공모상장에 성공했다. **어반베이스**(2014년 설립)와 **큐픽스**(2015년 설립)는 VR과 AR 기술을 이용해 부동산의 내부 공간을 시각화해서 보여주는 서비스를 제공한다. 이 두 회사가 만들어내는 시각 자료 덕분에 사용자는 직접 부동산을 방문하지 않아도 집 안 곳곳을 둘러볼 수 있다. **직방**은 우리나라의 제1세대 프롭테크 스타트업이며, 기업가치가 1조원 이상인 스타트업에 해당하여 유니콘 기업의 반열에 올라섰다. 직방은 2010년에 설립하여 2012년부터 온라인 부동산 서비스를 시작했다. 직방은 부동산 중개 플랫폼의 고질적인 문제로 지적되어 왔던 허위매물 차단을 위해 검증 과정을 강화하여 허위매물에 대해 강경하게 대처함으로써 서비스 신뢰도를 꾸준히 높여왔으며 최근에는 완공 부동산의 유통뿐만 아니라 개발 및 운영까지 사업영역을 확장하고 있다. 2016년 시작된 **집토스**는 서울, 수원을 중심으로 직영과 가맹점 오프라인 서비스 네트워크를 확장 중으로 직영 부동산과 온라인 연계를 통해 고객 접근성 및 편의를 높이고 있다. 고객이 온라인 홈페이지나 앱을 통해 집토스가 수집해 놓은 매물을 확인한 뒤 방문 예약을 하고 집토스 직영과 가맹점 부동산에 방문하여 실제 매물을 확인하고 부동산 중개 계약을 진행한다. 이외에도 국내에는 많은 프롭테크 기업들이 있다. 국내 최대 프롭테크 단체인 한국프롭테크포럼의 회원사는 2018년 창립 당시 26개 사에 불과했으나, 2024년 1월 기준 390개 사로 크게 늘어났다.

2 부동산산업의 패러다임 변화

이번 절에서는 부동산산업의 변화 모습을 4차 산업혁명의 특징인 초연결, 초지능, 초융복합의 관점에서 살펴보고자 한다. 앞서 설명하였듯이 초연결은 인간과 인간을 둘러싼 환경적 요소들이 시간과 공간이라는 물리적 제약을 넘어 새로운 가치를 창출할 수 있는 성장기회를 만들기 위해 상호 연결하는 활동을 말한다. 초지능은 기계학습 알고리즘을 통해 대량의 자료와 상호 작용을 하면서 스스로 학습하는 컴퓨터 기술을 의미한다. 초융복합은 서로 다른 경영과 기술을 결합하여 기술과 제품 그리고 서비스를 개발하여 새로운 분야로의 사업화 능력을 제고하는 활동을 뜻한다. 아래에서는 4차 산업혁명 시대에 부동산업의 패러다임 변화를 초연결, 초지능, 초융복합의 관점에서 조명한다.

1) 초연결과 부동산산업

오늘날 사회를 초연결 사회로 표현한다. 초연결 사회는 일상생활에 정보통신기술이 깊숙이 들어오면서 모든 사물들이 거미줄처럼 인간과 연결되어 있는 사회를 일컫는다. 초연결 시대는 PC와 PC를 연결하는 '윈텔(윈도우와 인텔의 합성어) 시대'를 시작으로 PC와 PC를 넘어 '사람과 사람'을 연결하는 '모바일 시대'를 거쳐 이제는 사람과 사람, 사람과 사물, 사물과 사물을 연결하는 '초연결 시대'로 발전하였다. 초연결의 속도와 폭은 네트워크 기술이 와이파이·블루투스·GPS·4G·LTE-A 등을 거쳐 5세대 이동통신(5G)으로 진화하면서 더욱 가속화되었다.

인간과 인간을 둘러싼 환경적 요소들이 서로 연결되면서 시공간의 제약을 넘어 새로운 성장 기회 발굴과 가치 창출이 가능해졌다. 초연결을 통해 생산되는 방대한 양의 정보와 지식 등을 활용하여 기술, 제품, 서비스 등 산업 생태계 전 영역에서 다양한 플랫폼이 등장하고 있다.

초연결은 공유경제를 태동시키고 활성화시키는 데 있어서 핵심 동인이다. 소셜 네트워크 서비스(SNS)와 인터넷을 중심으로 하는 ICT 기술의 발전은 제품이나 서비스를 소유가 아니라 필요에 의해 서로 공유할 수 있다는 발상의 전환을 가져다주었고, 개인과 개인 간의 거래를 더 편리하게 만들며 공유경제의 활성화에 기여하고 있다.

초연결의 결과로 온라인과 오프라인 마켓이 결합하면서 나타나는 O2O(online to offline) 서비스 비즈니스 기반 시장의 성장세는 눈부시다. 한 보고서에 따르면 전 세계의 O2O 시장의 규모는 2014년 91.5억 달러에서 연평균 42.2% 성장하여 2022년에는 1,529.5억 달러에 이른 것으로 추정된다.[1] 국내의 O2O 시장도 괄목할만한 성장을 하고 있다. [그림 2-4]에서 보듯이 과학기술정보통신부의 '2021년 O2O 서비스 산업 시장 조사 결과보고서'에 따르면 2021년 기준 국내 O2O 서비스 비즈니스 기반 매출 규모는 5조 4,323억 원으로 2020년(3조

---

1) 이윤희(2016), "O2O서비스-생활서비스의 새로운 패러다임", KISTI 마켓 리포트, 4쪽 참조.

5,145억 원) 대비 54.6% 성장한 것으로 나타났다. 음식 배달 서비스를 포함하고 있는 운송 서비스 영역은 128.3%로 가장 크게 증가하였으며, 의료 및 보건 서

그림 2-4 국내 O2O 서비스 비즈니스 기반 매출 규모

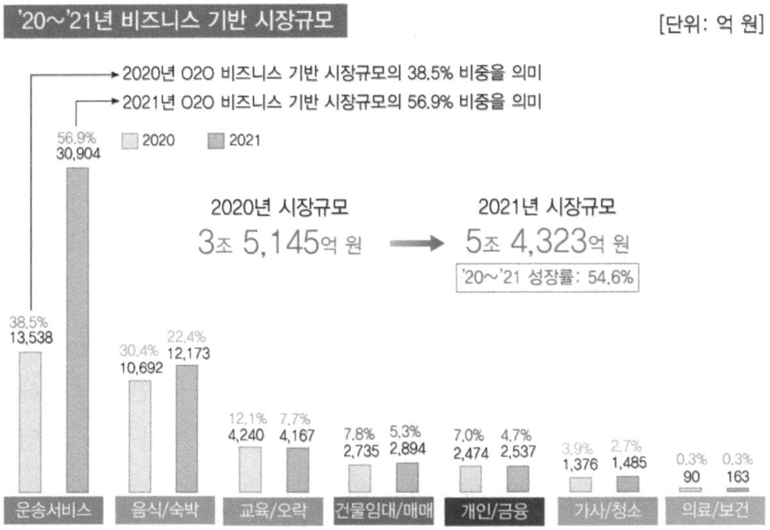

'20~'21년 비즈니스 기반 시장규모 [단위: 억 원]

2020년 O2O 비즈니스 기반 시장규모의 38.5% 비중을 의미
2021년 O2O 비즈니스 기반 시장규모의 56.9% 비중을 의미

2020년 시장규모 3조 5,145억 원 → 2021년 시장규모 5조 4,323억 원
'20~'21 성장률: 54.6%

구분	운송서비스	음식/숙박	교육/오락	건물임대/매매	개인/금융	가사/청소	의료/보건
2020	38.5% 13,538	30.4% 10,692	12.1% 4,240	7.8% 2,735	7.0% 2,474	3.9% 1,376	0.3% 90
2021	56.9% 30,904	22.4% 12,173	7.7% 4,167	5.3% 2,894	4.7% 2,537	2.7% 1,485	0.3% 163

'20~'21년 비즈니스 기반 시장규모 [단위: 억 원]

	대분류	비즈니스 매출액		'20~'21년 증감률
		2020	2021	
1	운송 서비스	13,538	30,904	128.3%
2	음식점 및 숙박 서비스	10,692	12,173	13.9%
3	오락, 스포츠, 문화 및 교육 서비스	4,240	4,167	△1.7%
4	건물 임대, 중개(매매) 및 유지보수	2,735	2,894	5.8%
5	개인 미용, 금융 및 보험, 기타 서비스	2,474	2,537	2.5%
6	세탁, 청소 및 가사 서비스	1,376	1,485	7.9%
7	의료 및 보건 서비스	90	163	81.1%
	합계	35,145	54,323	54.6%

출처: 과학기술정보통신부(2022), 『2021년 O2O 서비스 산업 시장 조사 결과보고서』, 4쪽.

비스영역은 81.1%로 그 뒤를 이었다. ①건물 임대, 중개(매매) 및 유지보수, ② 개인 미용, 금융 및 보험, 기타 서비스, ③세탁, 청소 및 가사 서비스 등의 영역은 각각 5.8%, 2.5%, 7.9% 성장으로 소폭 증가한 것으로 나타났다.

초연결을 비즈니스에 잘 활용한 대표적 기업은 아마존(Amazon)이다. 아마존은 1994년 시애틀에서 전자상거래를 기반으로 설립한 기업으로 세계 최초 최대의 인터넷 서점이자 종합쇼핑몰로 성장하였다. 지금은 도서를 비롯한 다양한 상품은 물론이고 전자책, 태블릿 PC 등을 제조 판매하고 기업형 클라우드 서비스까지 제공한다. 광범위한 데이터베이스 구축을 통한 유통과 재고비용 절감, 다양한 대 고객 서비스 시스템 구축 그리고 전 세계 웹사이트와 자사 사이트를 연결하는 치밀한 전략적 제휴를 아마존의 성장요인으로 꼽는다.

부동산산업에서도 중개, 금융, 컨설팅, 서비스 등 다양한 부동산 분야에서 초연결을 활용한 플랫폼 사업이 출현하고 있다. 2008년 창립한 **에어비앤비**(Airbnb)는 초연결을 활용한 숙박 공유 플랫폼 기업이다. 이 회사는 물품을 단순 소유 개념에서 벗어나 서로 대여해 주고 차용해 쓰는 협력 소비의 한 형태인 공유경제라는 새로운 글로벌 비즈니스의 트렌드를 만들어냈다. 오피스분야에서 공유 플랫폼 기업으로는 국내 **스파크플러스**와 같은 공유오피스가 대표적 사례이다. 공유오피스는 기본공간에 더하여 부가서비스를 제공하고 단기계약이 가능한 유연성, 각종 사무서비스를 제공하는 편리함과 새로운 환경을 제공한 것이 특징이다. 그리고 공간에 다양한 이벤트를 제공하여 멤버 간의 교류를 도와준다.

초연결을 활용하여 중개 플랫폼을 발전시켰다. 미국의 최대 주택 중개 법인인 **질로우**(Zillow)를 비롯하여 **오픈도어**(Opendoor), **레드핀**(Redfin) 등은 인공지능과 빅데이터 기술을 활용하여 자체적으로 개발한 '**아이바잉**(i-buying)' 서비스를 제공하였다. 아이바잉에서 아이(i)는 '즉석'을 의미하는 인스턴트(instant)의 약자이다. 즉 아이바잉은 '주택을 즉석에서 구입하는 방식'을 의미한다. 아이바잉 시스템은 '자금력이 있는 기업이 AI와 빅데이터를 활용하여 앱이나 홈페이지에 등록되어 있는 매도 물량 중에서 상품성 있는 주택을 즉석에서 구입한 뒤 수리와 리모델링 또는 재개발을 거쳐 주택 수요자에게 재판매하는 시스템'을 말한다. 이렇게 아이바잉을 통해 주택을 구입하고 재판매하는 회사를 아이바이어

(i-buyer)라고 부른다. 이들 기업은 중개사뿐만 아니라 집주인이 직접 매물과 임대물건을 등록할 수 있게 하고 있다. 또한 보유자, 판매자, 임대인, 중개사, 대부자, 토지주 그리고 감정평가사 등이 필요로 하는 정보를 온라인으로 제공한다. 국내에서 중개 플랫폼이 활성화되어 있고 업체들 간 경쟁도 치열하다. 직방과 다방을 비롯하여 빅밸류, 밸류맵, 디스코, 스페이스워크 등 다수의 중개 플랫폼이 경쟁하며 시장을 확대하고 있다.

반면 초연결의 확대는 기존 전통산업에게 위협이 되고 있다. 2016년에는 160년 전통의 미국 메이시스(Macy's) 백화점이 100여 개 이상 지점의 폐쇄를 결정했고 시어스(Sears) 백화점은 과거 몇 년 사이에 지점을 절반으로 줄였고, 2017년에는 70년 전통의 토이저러스(Toysrus)가 파산했다. 우리의 도심상권도 공실률이 증가하고 있으며 지속적으로 성장세를 보이던 대형몰과 마트 등이 매출에 직접적 영향을 받고 있다.[2]

이에 반해 온라인 시장은 온라인 배송을 위한 물류의 중요성이 부각되면서 점차 대형화되고 로봇, 사물인터넷 등의 ICT 기술을 접목하면서 첨단화하는 추세이다. 또한 배송 시간을 줄이기 위한 무한 경쟁을 시작하면서 물류 창고가 도심으로 진입하는 현상이 본격화되고 있다. 이렇듯 리테일 시장의 위기와 온라인 거래의 증가는 초연결 사회가 초래한 변화의 결과이다.

2) 초지능과 부동산산업

초지능은 현재의 인공지능이 스스로 능력을 개선해 모든 면에서 인간의 능력을 넘어서는 더 발달된 인공지능이 되는 상태를 뜻한다. 초지능은 모든 면에서 인간보다 똑똑한 인공지능이다. 초지능의 핵심 키워드는 인공지능과 사물인터넷이다. 사이버 세계와 물리적 세계를 네트워크로 연결하고 통합하면서 지능형 사이버물리시스템(CPS, cyber physical system)을 구축하고 경제 시스템과 산업구조를 바꾸며 최적화하는 수단으로 사용하고 있다. 사이버물리시스템은 '현실 세계와 컴퓨터 상의 사이버 세계를 사물인터넷, 클라우드 등의 기술을 통해

---

2) 이현석(2019), "4차 산업혁명과 부동산산업 변화", 부동산포커스, 제115호, 한국부동산원, 159쪽 참조.

연결하여 현실 세계의 정보를 사이버 세계로 실시간으로 전달하고, 이를 인공지능으로 분석하여 다시 현실 세계에 반영하는 양방향 시스템'을 말한다. 이러한 사이버물리시스템은 사물인터넷 등 네트워크에서 수집한 다양한 데이터를 실시간으로 처리하고 분석하여, 이를 바탕으로 도시문제를 해결하는 역할을 담당한다.

사이버물리시스템을 도시에 적용한 대표적 사례는 스마트도시이다. 스마트도시는 사물인터넷 등을 활용해 도시 내 기반시설들이 텔레커뮤니케이션(tele-communication)이 가능하도록 인간의 신경망처럼 구석구석 연결하여 도시를 플랫폼화한 개념이다. 효율적으로 운영하면서 시민에게 보다 안전하고 윤택한 삶을 제공하는 것을 목표로 한다. 즉 인공지능, 사물인터넷, 빅데이터 등 첨단 ICT 기술을 도시에 접목하여 도로, 항만, 수도, 전기, 학교 등의 기반시설을 효과적으로 관리하고 거기에서 수집된 공공데이터를 활용하여 교통, 에너지, 환경 등 다양한 도시문제를 해결한다. 미국의 콜럼버스나 시카고, 일본의 요코하마 등을 비롯하여 유수의 도시들이 스마트화를 추진 중이다. 우리도 한국토지주택공사가 신규 택지개발지구에 스마트도시 기능을 의무화하는 등 공공차원에서 노력을 기울이고 있다. 서울시는 스마트도시 구축을 위해 공간정보 플랫폼, IoT 도시데이터, 빅데이터, AI 등 기반을 마련하고 있으며, 이를 활용하여 스마트도시 서비스를 일부 제공 중이다.[3]

또 다른 사례는 스마트빌딩의 확대이다. 스마트빌딩은 냉난방 시스템, 조명 및 전기 시스템, 화재 감시 장치, 보안 설비 및 경비 등을 첨단 ICT 기술 적용하여 시스템적으로 통합적으로 관리하고 자동화하여 경제적이고 효율적인 생활환경과 안락한 삶을 제공해 주는 빌딩을 의미한다. 여기에 인공지능이 더해지면서 대표적인 초지능 사례로 발전하고 있다.

초지능화하면서 주목받는 것은 빅데이터 기술이다. 빅데이터 기술은 기존 자료보다 방대하고 기존의 방법으로는 수집, 저장, 분석이 어려운 비정형 자료까지 효과적으로 처리해 준다. 공공데이터 개방 이후 부동산 시장에서도 AI 솔루션과 빅데이터 기술을 활용하여 엄청난 양의 정형 및 비정형 자료를 토대로

---

3) 윤형미·이석민(2021), "스마트도시를 위한 사이버물리시스템 구축 및 활용", 2021년 한국산학기술학회 학술발표논문집, 946-948쪽.

중개, 감정평가와 같은 영역뿐만 아니라 빌딩 관리운용 분야에서 새로운 사업 모델이 활발히 전개되고 있다.

이와 같은 초지능화에 따라 도시 임대공간 시장도 영향을 받고 있다. 과거 뉴욕 맨해튼의 도심 업무공간은 FIRE(Finance, Insurance, Real Estate) 산업이 주도하였으나, 최근에는 [그림 2-5]에서 보듯이 TAMI(Technology, Advertising, Media and Information) 산업이 주도하고 있다. 이는 글로벌 최고 도심 핵심공간의 테넌트가 금융과 로펌 중심에서 기술과 정보 미디어 산업으로 바뀌고 있다는 것을 의미한다.

그림 2-5 뉴욕 맨해튼에서 TAMI 산업의 성장과 확대

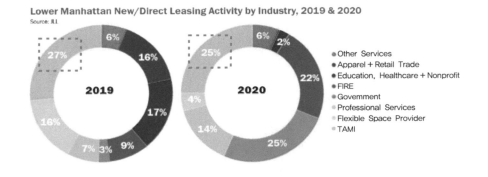

출처: Down Town Alliance(2021), "Lower Manhattan Real Estate Year in Review 2020," p.7.

3) 초융복합과 부동산산업

4차 산업혁명 시대에 빼놓을 수 없는 화두는 단연 융복합이다. 융복합 (convergence)은 융합과 복합의 합성어이다. 사전적으로 융합(fusion)은 '다른 종류의 것이 녹아서 서로 구별이 없게 하나로 합하여지거나 그렇게 만듦. 또는 그런 일'이라는 의미이고, 복합(complex)은 '두 가지 이상이 하나로 합침. 또는 두 가지 이상을 하나로 합침'을 뜻한다(네이버 사전). 융합은 물질, 개념 혹은 아이디어 등이 상호 용해와 융해를 거쳐 새로운 가치를 창조하는 화학적 결합의 의미가 강한 반면, 복합은 물리적 결합의 의미가 강하다. 이렇듯 융복합은 기존에

존재하던 여러 가지의 개념, 아이디어, 서비스를 화학적·물리적으로 합쳐서 전혀 새로운 가치를 창조하는 것을 의미한다.

'초연결', '초지능'과 더불어 '초융복합'를 기반으로 하는 4차 산업혁명은 모든 것을 상호 연결하고 보다 지능화된 사회로 탈바꿈시키고 있다. 첨단 ICT 기술의 진보는 경제, 사회, 문화 등 모든 분야를 융복합하여 더 빠른 속도로 각 분야에 많은 영향을 주고 있다. 산업에서는 플랫폼 비즈니스 모델을 도입하면서 기존에 품목별·업종별로 분리돼 있던 칸막이들을 하나둘씩 해체하고 있다.

부동산산업도 예외가 아니다. 예를 들어, 주거용 부동산은 인간의 가장 기본적인 생활을 영위하는 장소인데, 여기에 첨단 ICT 기술을 접목하면서 개인의 삶은 더 윤택하고 풍요로워지고 있다. 상업용 부동산은 산업의 활동을 전개하는 가장 기본적인 인프라인데, 여기에 첨단 ICT 기술을 접목하면서 기업의 생산성과 효율성은 증대하고 있다. 이렇듯 부동산산업은 4차 산업혁명 시대에 단순히 공간만을 제공하는 데 그치는 것이 아니라 그 공간에 담는 내용물, 역할, 방법에 따라 다양한 산업이 융복합화되면서 공간 플랫폼 산업으로 발전하고 있다.

한편, 부동산산업은 [그림 2-6]에서 보듯이 프로세스 측면의 수직적 기능과

그림 2-6 **부동산의 수평·수직적 기능 분류**

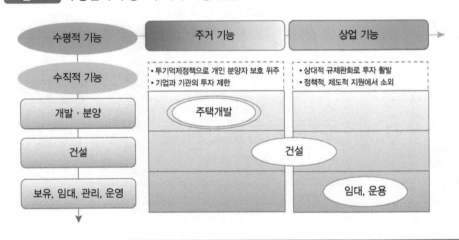

출처: 이현석(2016), 13쪽.

용도 측면의 수평적 기능으로 설명할 수 있다.[4] 수직적 기능은 개발·분양, 건설 그리고 보유·임대·관리·운용으로 나뉘고, 수평적 기능은 주거용과 상업용으로 나뉜다. 국내 부동산산업의 구조를 살펴보면 수직 기능은 개발·분양 위주로, 수평 기능은 아파트 위주로 성장한 기형적 구조를 지니고 있다. 수직적 기능 내에서는 개발·분양 위주로 성장하다보니 다른 영역들과의 복합된 서비스를 제공하는 데 한계가 있었다. 특히 개발이 끝나고 나면 건물의 관리·운영이 매우 중요함에도 불구하고 개발 과정에 운영이 연계되지 못해 준공 이후 건물 관리의 효율성이 떨어지는 것이 현실이다. 개발과 운영을 연계하여 건물을 설계하고 공사를 한다면 지금보다 훨씬 효율적인 건물을 만들 수 있는 것은 자명하다. 수평적 기능도 아파트 위주가 아닌 주거와 상업의 통합적 서비스가 요구된다. 4차 산업혁명의 융복합화는 그동안 부동산산업에 놓여있던 수평적·수직적 기능 사이의 높은 벽을 허무는 역할을 하고 있다.

그리고 융복합이라는 키워드를 중심으로 살펴보면 부동산산업의 융복합 유형은 [그림 2-7]에서 보듯이 부동산산업 내(within), 부동산산업 간(between) 그

그림 2-7 부동산산업 융복합 유형

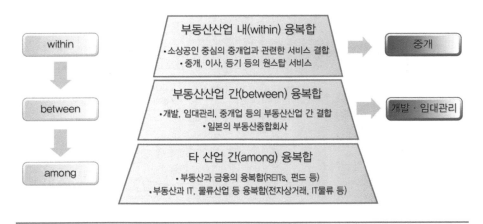

출처: 이현석(2016), 14쪽. 이현석(2019), 162쪽에서 재인용.

---

4) 이현석(2016), "부동산, 융복합 산업으로의 육성방향", 월간국토, 2016년 6월호, 국토연구원, 13쪽 참조.

리고 타 산업간(among) 융복합으로 나누어 설명할 수 있다.5)

부동산업 내 융복합은 기존의 주거 중심에서 비주거 즉 상업용과 업무용까지 수평적으로 확장하는 경우, 개발회사의 분양 중심에서 임대까지 수직적으로 영역을 확장하는 경우 등 수평 또는 수직의 어느 한 방향으로 사업 영역을 확장하는 것을 말한다.

부동산산업 간 융복합은 개발업, 운용관리업, 중개업 등 개별 사업을 영위하던 기업들이 수직·수평적 복합을 통해 합쳐져 시너지를 내는 방식을 뜻한다. 일본 종합부동산회사의 모델이 이에 해당한다. 즉 개발·건설·운영에 이르는 수직적 사업영역과 기존 중개나 감정에서 주거·상업·업무 등 수평적 기능의 통합을 통한 융복합을 말한다. 중개나 감정 등의 부동산 서비스 산업에서도 유사하게 수평·수직적으로 사업 영역을 연장하거나 확대할 경우 부동산산업 간 융복합으로 판단할 수 있다.

부동산산업 내와 부동산산업 간의 대표적 융복합 사례는 일본의 미쓰이와 같은 종합부동산회사다. 일본은 수직적 프로세스인 개발, 임대 그리고 운용과 수평적 기능인 주거, 상업, 업무 등을 상호 융복합하여 시너지를 창출하고 있다. 또한 개발업, 설계업, 운용업, 중개업 등도 복합하여 수행하고 있다. 즉 단일회사가 개발, 분양, 임대, 관리, 중개, 금융 등 부동산서비스를 일괄 제공한다. 자본이득을 추구하는 개발분양중심의 전방산업과 임대운용 등을 중시하는 후방산업이 통합되어 연계된 밸류체인을 형성한다. 우리도 2017년 「부동산서비스산업 진흥법」을 마련하고 부동산서비스의 인증제를 실시하면서 초석을 만들어가고 있다.

타 산업간 융복합은 [그림 2-8]에서 보듯이 금융과 ICT 등 전혀 다른 산업과 부동산산업이 융복합하면서 혁신을 창출해내는 행위를 말한다. 부동산과 금융이 융복합하여 리츠나 펀드, 혹은 부동산과 ICT가 화학적으로 결합하여 공유경제나 프롭테크와 같이 전혀 새로운 수요와 가치를 창출하는 혁신적 변화를 이끌어내는 것을 의미한다.

부동산 분야에서 타 산업과의 융복합 대표적 사례로는 리츠(REITs)를 기본으

---

5) 이하 내용은 이현석(2016), 12-16쪽 참조.

그림 2-8 **부동산산업과 타산업의 융복합**

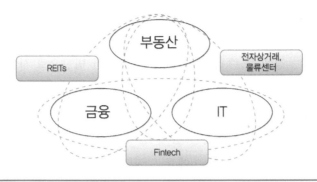

출처: 이현석(2016), 14쪽.

로 하는 종합부동산회사로서 미국 서부에서 주로 임대주택 관련 금융, 개발, 건설, 운용 등을 내부에서 수행하는 아발론(AVB, AvalonBay Communities)을 들 수 있다. 직원은 약 3,000명으로 운용 50%, 건설 30%, 개발 10%, 기타 10%의 비율을 보이며 직접 개발과 건설을 통한 노하우와 임대 운용을 통해 경쟁력을 확보하고 있다. 이외 타산업과의 융복합은 부동산, ICT 그리고 금융이 결합한 사례로 미국의 클라우드 플랫폼으로 리얼티모글(RealtyMogul)과 펀드라이즈(Fundrise LLC.) 등을 들 수 있다.[6]

　이제까지 우리는 4차 산업혁명과 부동산산업의 변화를 살펴보았다. 부동산산업의 패러다임 변화를 이끌고 있는 것은 두말할 것 없이 프롭테크이다. 프롭테크를 제대로 이해하기 위해서는 먼저 부동산 시장구조와 4차 산업혁명의 그 간이 되는 ICT 기술에 대한 이해를 수반하여야 한다. 그러므로 본서에서는 프롭테크를 본격적으로 설명하기에 앞서 3장에서는 부동산 시장구조를 설명하고, 4장에서는 정보통신기술(ICT)를 설명하고자 한다. 그런 다음 5장에서는 프롭테크의 전개 과정, 6장에서는 해외 프롭테크 동향, 7장에서는 국내 프롭테크 동향을 차례대로 설명할 것이다. 그리고 마지막 8장에서는 프롭테크의 전망을 다루고 프롭테크 발전을 위한 제언을 하면서 마무리한다.

---

6) 이현석(2019), 163쪽 참조.

03

부동산산업 구조의 이해

3

부동산산업 구조의 이해

프롭테크를 이해하기 위해서는 먼저 부동산산업의 하위 영역에 어떤 비즈니스가 있는지 그리고 그 시장구조와 시장 참여자들(Players)은 누구인지 부터 먼저 파악하는 것이 필요하다. [표 3-1]의 한국표준산업분류표에 따르면 부동산업은 크게 부동산 임대 공급업 및 부동산 관련 서비스업으로 나뉜다. 부동산업의 연간 매출액 규모(건설업 제외)는 통계청 자료에 따르면 2022년 기준으로 146조 원 규모이며, 이는 대한민국 국내총생산의 약 7%를 차지하는 수준이다.[1)]

그리고 **부동산 임대 및 공급업**은 다시 부동산 임대업과 부동산 개발 및 공급업으로 나뉘고, **부동산 관련 서비스업**은 부동산 관리업과 부동산 중개, 자문

표 3-1 한국표준산업분류 상 부동산업

대분류	중분류	소분류	세분류
부동산업	부동산 임대 및 공급업	부동산 임대업	주거용 건물 임대업 비주거용 건물 임대업 기타 부동산 임대업
		부동산 개발 및 공급업	주거용 건물 개발 및 공급업 비주거용 건물 개발 및 공급업 기타 부동산 개발 및 공급업
	부동산 관련 서비스업	부동산 관리업	주거용 부동산 관리업 비주거용 부동산 관리업
		부동산 중개, 자문 및 감정평가업	부동산 중개 및 대리업 부동산 투자 자문업 부동산 감정평가업

출처: 한국표준산업분류(2017년 개정).

1) 통계청, 한국통계월보(2023년 7월), 275쪽 참조.

및 감정평가업으로 나뉜다.

부동산 임대업은 말 그대로 부동산을 빌려주고 임대료를 받는 사업 유형이다. 이것은 다시 주택을 빌려주는 주거용 건물 임대업과 상가, 사무실, 공장 등을 빌려주는 비주거용 건물 임대업, 농지나 광산 등을 빌려주는 기타 부동산 임대업으로 세분된다. 통계청에 따르면 부동산 임대업 분야에서 연간 14조 원(2018년 기준) 정도의 매출액이 나오는데, 이는 2019년 한국 게임 산업 시장규모와 맞먹는다.

부동산 개발 및 공급업은 부동산 임대업과 마찬가지로 주거용과 비주거용, 기타 부동산으로 구분된다. 부동산 개발 업체들은 직접 땅을 사서 용도를 바꾸거나 건물을 올려 이를 분양·판매하는 방식으로 수익을 올린다. 이 업계는 매출액이 77조 원(2018년 기준) 이상으로 큰 시장인데, 그만큼 상대적으로 시장 진입 장벽도 높다.

부동산 관리업은 주거용 부동산 관리업과 비주거용 관리업으로 나뉜다. 여기에는 조경이나 청소, 도색은 물론이거니와 관리비 청산, 시설관리 등도 포함된다. 아파트에서 쉽게 볼 수 있는 관리사무소 운영 등이 이 범주에 해당한다. 부동산 관리업도 매출액이 25조 원(2018년 기준)이나 되는 큰 시장인데, 앞으로의 성장 가능성은 더 크다.

부동산 중개, 자문 및 감정평가업에서 일반인에게 가장 먼저 떠오르는 것이 아마 부동산 중개업일 것이다. 직거래가 드문 부동산 시장에서 좋은 공인중개사를 찾는 것이야말로 좋은 부동산을 찾는 필수 조건이기 때문이다. 그만큼 가장 활발하게, 가장 눈에 띄게 프롭테크 기업들이 생겨나는 분야이기도 하다. 대표적으로 직방과 다방, 네이버 부동산 등이 여기에 해당한다. 다만, 엄밀히 따지면 이들은 부동산 매물을 직접 중개하는 것이 아니라 중개사들의 매물을 광고해 주는 플랫폼이다. 매물 하나당 수천에서 수만 원의 광고비를 받는다.[2] 최근에는 부동산 매물을 직접 중개하는 서비스도 등장하고 있다.

한국표준산업분류표에서 부동산업에 속하지는 않지만, 건설업이나 건축업

---

2) 이상빈(2021), 48-53쪽 참조.

그리고 이와 관련된 설계 서비스업 등도 크게 보면 부동산업에 속한다고 볼 수 있다. 또 분양 대행이나 임대 대행 같은 부동산 서비스업, 소비자들에게 물건을 마케팅하는 광고 업종도 넓은 의미에서 부동산업에 넣을 수 있을 것이다. 따라서 본장에서는 프롭테크를 다루는 부동산산업 구조의 범위에 한국표준산업분류표 상의 부동산업뿐만 아니라 건설업, 건축업 그리고 분양 대행, 임대 대행까지 포함시키고자 한다. 아래에서는 위와 같은 광의 개념의 부동산산업 구조 하에서 활동하고 있는 주요 시장 참여자들의 역할을 분석해 보고 그들의 고민거리(Pain Point)를 통해 프롭테크의 기회를 엿보고자 한다.

1 부동산 개발3)

부동산 개발은 부동산의 꽃이라 불릴 만큼 부동산산업에서 차지하는 비중은 상당하다. 그리고 부동산 개발에 참여하는 이해관계자들은 매우 다양하다. 개발에 필요한 토지를 제공하는 토지주, 그 토지 위에 전체 개발 기획을 담당하는 시행사, 그 개발 기획을 바탕으로 설계하는 설계사, 설계된 대로 공사를 담당하는 시공사가 있다. 이뿐인가? 부동산 개발을 하려면 막대한 자금이 필요하다. 이러한 자금을 제공하는 대주단이 있고, 그 자금을 투명하게 관리하고 운영하는 신탁사도 있다. 그리고 건물의 마케팅과 분양을 담당하는 분양대행사도 있다. 여기서는 부동산 개발에 참여하는 다양한 이해관계자들의 주된 역할을 살펴보고 그 속에서 그들의 고민을 통해 프롭테크의 기회를 엿보고자 한다.

1) 토지주

토지주의 힘은 자기자본비율(equity)과 보유한 토지의 가치에 따라 정해진다. 자기자본비율은 토지를 취득하기 위해 실제로 토지주가 투입한 금액 비율을 의미한다. 대출 없이 토지를 보유하고 있는 토지주라면 스스로 상당한 힘이 있다

---

3) 코너스톤, "시행업계, 부동산 개발사업의 플레이어들" 참조. http://cnstproperty.com/posts/?q=YToxOntzOjEyOiJrZXl3b3JkX3R5cGUiO3M6MzoiYWxsIjt9&bmode=view&idx=12948752&t=board

고 생각할 수 있다. 그러나 그것은 착각이다. 극단적인 예를 들어 보자. 3,000평의 토지를 대출 없이 가지고 있는데 평당 100만 원의 가치라면 토지의 가치는 단 30억 원이다. 대충 면적으로만 보면 소규모 아파트 단지 정도는 개발할 수 있다. 하지만 아파트를 개발하려면 수천억 원이 필요한데 전체 사업비에 비해 토지의 가치는 몇 %에 불과하다. 그래서 그 토지주는 꿈만 꾸지 실제로 개발할 수 없다.

그래도 누군가 그 토지를 매입해 시행을 하는 경우 시행사는 보통 10%의 토지매매 계약금까지는 자기자본으로 치른다. 토지매매 계약을 체결했으니 시행사가 토지주이자 사업주가 된다. 그러나 실질적인 권한은 시행사에게 없다. 왜냐면 토지매입 잔금과 공사비, 판매비 등 모든 제반 비용은 프로젝트 파이낸싱(PF)을 통해 조달하기 때문이다. 행여 과욕을 부리다가 자금 줄인 이해관계자들과 충돌하기라도 하면 이해관계자들이 자신의 권한을 행사해서 시행사를 숨만 쉬는 상태로 만들 수 있다. 이런 유형의 사업은 남의 돈으로 하는 사업이기 때문에 시행사가 아닌 돈을 많이 투자한 사람이 실질적인 토지주이자 사업주인 셈이다.

반대로 토지주가 실세인 경우도 있다. 극단적인 예를 들어보자. 강남 초역세권 3,000평의 부지를 대출 없이 갖고 있다면 막강한 힘과 권위를 가진다. 평당 2억 원이라고 가정하면 토지의 가치는 6,000억 원이다. 이처럼 금싸라기 땅이라면 토지주는 속된 말로 가오를 잡아도 된다. 이 정도 토지를 보유한 사람이라면 토지의 매매가격이 사업비 총액을 훨씬 상회하기 때문이다. 이 경우에는 PF가 필요 없다. 그냥 필요한 만큼 아무 은행에 가서 토지담보대출 받아 충당하면 된다. 대주이고 신탁이고 뭐고 필요 없다. 이 정도가 되면 토지주가 모든 걸 지배한다.

2) 시행사

시행사는 부동산 개발사업에 있어서 일을 시작하고 끝낼 때까지 모든 일을 총괄하고 업무를 조율하며, 토지를 계약하고 돈을 빌려오며 건설회사와 도급계약을 하고 수분양자와 계약을 하는 그 모든 일의 당사자이다. 시행사의 가장 중요한 핵심은 가장 처음에 자본을 투입하고 가장 마지막에 자본을 회수한다는 점이다. 중간에 사업권을 매각하지 않는 한, 일을 처음 시작한 시행사는 가장 마지막에 가서야 본인들이 투입한 자금을 회수하는 것이 일반적이다. 시행사를 흔히 고위험 고수익(high risk-high return)이라고 하는 이유가 여기에 있다. 분양이 100% 된다고 하더라도 건물이 준공되어 마지막 잔금이 들어와야 시행사는 본인의 이익을 챙길 수 있다.

부동산 개발의 시행사를 이해하려면 기본적으로 시행 사업을 알아야 한다. 사업을 이해하는 가장 단순한 방법은 돈의 흐름을 읽는 것이다. 여기서는 가장 단순한 선분양 방식의 주택사업(아파트)을 가정해서 설명한다.

지출항목
1. 토지계약금 및 초기용역비
2. 토지 중도금과 잔금, 각종 사업비용
3. 공사비
4. 대출금 상환

수입항목
1. 대출금(담보대출, 브릿지론, PF)
2. 아파트 분양계약금
3. 아파트 분양 중도금
4. 아파트 분양 잔금
5. 근린생활시설 분양대금

가장 대표적인 수입과 지출 항목들을 나열하면 위와 같다. 각 항목들을 주의 깊게 살펴보면 각 지출항목과 수입항목은 서로 시차를 두고 발생함을 알 수 있다. 지출항목은 사업기간 전체에 걸쳐 어느 정도 일정한 간격으로 발생하는 반면, 수입은 사업기간의 후반부에 집중적으로 발생한다. 아파트 개발사업의 전체 기간을 5년이라고 가정해보자. 여기서 실제 공사기간은 대략 3년 정도이다. 앞에 2년은 토지를 확보하고 지자체의 인허가를 받아 사업계획승인(건축허가)을 받는 기간이다. 이 기간동안 위 지출항목의 1번과 2번이 발생한다. 지출 1번 항목은 시행사가 오롯이 시행사 본인의 자금(equity)으로 충당하며, 지출 항목 2번부터는 수입 항목 1번의 대출금으로 충당한다. 사업 방식에 따라 여러 가지 예외적인 경우가 있지만 간편한 설명을 위해 그런 건 논외로 한다. 지출항목 중 3번인 공사비는 수입항목 1번 중 PF를 통해 충당한다. 그리고 이때부터 분양수입금이 들어오기 시작한다. 수입 2~4번은 순차적으로 공사의 진행률(공정률)에 따라 들어온다. 보통 계약부터 잔금 사이에 4~5 차례에 걸쳐 전체 분양대금의 10%씩 나누어 납부하는 게 일반적이다. 이렇게 중도금이 사업비 계좌로 입금되면 이 돈을 공정률에 따라 공사업체에 공사대금으로 지불한다.

분양사업에서 분양대금의 총액은 적게 잡아도 수십억, 많게는 조 원 단위이다. 이렇기 때문에 모든 자금 집행은 신탁계좌[4]를 통해 입금하고 출금한다. 그리고 수백, 수천억 원을 빌려준 은행들은 대출약정서에 깨알 같은 조항들을 가득 써놓고 사업시행자의 자금을 관리한다. 대출기관들의 검토 없이 임의로 분양대금을 1원도 출금할 수 없다.

시행 사업의 가장 중요한 포인트는 현금흐름을 관리하는 것이다. 분양이 100% 다 되고 중도금과 잔금이 제때에 들어오더라도, 용역비 나가는 일정이나 재산세, 법인세 등 세금을 내야하는 시점에 당장 돈이 없다면 수백억 원의 이익을 눈앞에 두고 극단적으로 파산하는 일까지 생길 수 있다. 이런 상황에서도 대출기관은 본인의 대출금 회수를 최우선으로 한다. 대출금을 언제 어떻게 상환받을 수 있을지를 고민하며, 본인들의 대출금이 회수되기 전까지는 함부로 세금이나 각종 부담금조차 내지 못하게 하는 경우까지 있다. 그렇기 때문에 시행사는 사업매출에서 공사비를 주고, 대출금을 다 갚고, 내야할 세금과 부담금을 다 내고 혹여나 나올 소송이나 민원에 대비하는 예비비를 신탁계정에 남겨놓고 나서야 사업이익을 정산 받을 수밖에 없다. 이렇듯 사업이익은 아파트 준공이 마

---

4) 신탁계좌는 증권회사 등 신탁 설정자가 위탁자가 소유하고 있는 재산을 수탁해 관리·운용·처분하는 계좌이다. 신탁계정 안에 있는 자산을 운용해 나온 수익은 위탁자가 지정한 수익자에게 지급한다. 신탁계정 안에 있는 자산은 신탁법에 따라 보호되기 때문에 수익자가 최우선 권리를 가진다. 네이버 지식백과 참조.

무리되고 한참 뒤에야 발생한다. 물론 이렇게라도 되면 잘 된 케이스이다.[5]

3) 설계사

사업성 검토를 위해서 어떤 건물을 몇 평정도 지을 수 있는지 확인하는 것을 기본설계검토라고 한다. 기본설계검토를 통해 토지의 용도를 기준으로 건축 가능한 범주 안에서 최대 산출 가능한 면적을 산출하고 근린생활시설과 기타 상층부 건축물의 평당 가격을 면적에 산입해서 사업성을 계산한다. 이렇듯 시행사는 개괄적인 사업수지를 작성해 토지를 살 것인가 말 것인가, 이 땅을 개발할 것인가 말 것인가를 결정하기 위해서 설계사에게 기본설계검토를 의뢰한다. 기본설계검토를 통해 개발을 확정하면 그다음 단계로 실시설계도면을 작성한다. 그러면 시공사는 설계사가 작성한 실시설계도면대로 공사를 진행한다.

4) 대주단

시행사는 개발을 확정하면 사업비를 조달하기 위해서 금융권에서 대출을 받는다. 아직 건물이 지어지지 않은, 즉 담보가 미확정된 사업에서 나대지만 가지고 장래에 건물이 지어질 것을 확약해 미리 대출을 해주는 것이 프로젝트 파이낸싱(PF)이다. 이때 보통 시공사가 준공을 확약하여 보증을 서고, 이에 대해 대출을 해주는 주체를 대주(貸主)라고 한다. 조달금액의 규모가 커서 복수의 금융사가 선순위, 중순위, 후순위로 나누어 함께 사업비를 조달하게 되며 이들이 바로 대주단이 된다. 프로젝트를 담보로 돈을 빌려줬으니 이들이 실제 사업의 주인인 셈이다. 사업이 일정에 맞게 추진되지 않거나 분양률이 저조한 경우 이들의 원금 회수가 불확실해 질 수 있다. 그래서 대주단은 실질적인 사업의 주인으로서 프로젝트를 면밀히 살핀다. 사업이 실패하면 시행사는 투입한 자기자본에 대해서만 손실을 본다. 하지만 총 사업비의 80~90%를 조달한 대주단은 대출금을 회수하지 못할 수 있다. 대주가 선순위, 중순위, 후순위로 나뉘게 되면 채권을 회수하는 순서가 정해진다. 채권을 회수한다는 것은 사업이 안정적으로 진행

---

5) 북저널리즘, "부동산개발의 시작과 끝 '시행사'" 참조. https://www.bookjournalism.com/@knin21/1135

되어 들어오는 분양매출로 원금을 회수한다는 의미인데 선순위가 가장 먼저 회수하고, 그 다음 중순위, 후순위의 순서로 원금을 회수한다. 하지만 자금 투입은 거꾸로 진행된다. 후순위의 자금을 먼저 투입하고 중순위, 선순위의 순으로 비용을 집행한다. 그래서 금원을 가장 먼저 투입하지만 회수를 가장 나중에 하는 후순위가 금리와 취급 수수료가 가장 높다. 후순위 자금을 주로 운용하는 금융사는 '고위험 고수익'이므로 사업을 바라보는 예리한 통찰이 있어야 원금 손실의 위험이 줄어든다.

5) 신탁사

신탁사는 건축에 필요한 자금을 관리해주고 보증을 해주는 회사이며 시행사와 시공사의 자금 관리 문제를 해결해 주고 자금운용과정에 문제점은 없는지를 검토하고 조치 해주는 회사이다. 수백억 원에서 수천억 원의 사업비가 투입되는 부동산 개발사업에서 그 금원의 집행 및 정산, 계약금에서 잔금까지 수분양자들의 자금을 관리하는 역할을 한다. PF의 구조에 따라 신탁사의 역할과 권한은 다양해질 수 있지만 신탁(信託)이라는 단어에서 알 수 있듯이 신탁사는 대주단과 수분양자들의 자금을 안전하게 보호할 의무가 있다. 대주단에게 사업에 대한 자세한 설명과 위험성을 고지하고, 책임준공 확약을 하는 시공사에게 문제가 없는지를 파악하며, 시행사가 사업 수지상 신청한 필수사업비 외 시행사 운영비 및 판매비 기타 비용들의 적절성을 판단할 수 있어야 한다. 그리고 그러한 금원들을 집행할 때 시행사가 뒷주머니를 차는 것이 아닌지, 성공적인 사업의 진행을 위해 적확(的確)하게 집행하는 지를 관리할 의무가 있다. 이런 역할을 수행하기 때문에 신탁사는 신탁 수수료를 수취한다. 만일 신탁사가 책임준공 보증을 서고 사업을 진행한다면 신탁사의 지위는 단순 자금 관리 감독이 아니다. 이 경우 사업의 주인은 신탁사이다.

6) 시공사

시공사란 건설업 면허를 가지고 시행사에게 수주를 받아서 설계사가 설계한 도면대로 건축물을 그대로 건설하는 회사이다. 보통 시공사가 가지고 있는 아파트 브랜드나 설계 디자인을 사용하기 때문에 시행사 입장에서는 더 쉽고 리스크 없는 분양이 가능하다. 우리가 흔히 알고 있는 롯데건설, GS건설 등과 같은 기업이다. 특히 아파트 같은 경우에 자이, 롯데캐슬 등 브랜드 파워에 따라서 분양가격이 바뀔 정도로 선호도가 크기 때문에 시공사가 누구인지는 굉장히 중요하다.6)

시행사와 시공사는 보통 나눠지는데 모든 분양에서 시행과 시공을 다른 회사가 분리해서 맡는 것은 아니다. 기술력과 자금력이 있다면 시행과 시공을 함께 수행하는 것이 유리할 수 있다. 자체 공사와 분양을 통해서 더 많은 이익을 남길 수 있고 주변 타 아파트보다 저렴하게 판매하는 것이 가능하기 때문이다.

그렇다면 시행사와 시공사가 나누어지는 이유는 무엇일까? 대규모 공사를 진행할 때 대기업을 제외하고는 토지매입부터 건축, 입주자 모집 등의 모든 업무를 총괄하기에는 비용과 인력 측면에서 많은 문제가 발생한다. 그렇기 때문에 시행사와 시공사를 분리하여 사업을 하는 것이 일반적인 형태이다. 과거에는 주로 건설회사가 시행과 시공을 모두 하였다. 하지만 IMF 외환위기가 오면서 지금처럼 시행과 시공을 분리하였다. 시행과 시공을 같이 진행하다 보니 부채 등의 부담을 감당할 수 없어 사업을 총괄하는 시행사와 공사만을 진행하는 시공사로 역할을 분담하였다.7)

시공사는 부동산 개발사업에서 어쩌면 가장 중요한 이해관계자이다. 사업의 완성, 즉 준공을 보증하는 주체이기 때문에 회사채를 발행해서라도 사업을 완료시켜야 한다. 그래서 대주단이 시공사를 판단할 때 신용등급을 살피고 회사채를 발행할 수 있는 1군 시공사8)를 선호한다. 사업이 좌초할 위기에 빠졌을 때 1군 시공사만이 회사채를 발행해 사업을 끝까지 이끌어 갈 수 있다. 그렇게 건축물이 완공되어 등기할 수 있는 상황이 되어야 분양을 계속하든지, 경매를 하든지 해서 자금을 유동화시켜 대주단이 원금을 회수할 수 있기 때문이다. 그래서 시

---

6) 해시넷, "위키: 시공사" 참조. http://wiki.hash.kr/index.php/%EC%8B%9C%EA%B3%B5%EC%82%AC
7) 써니퍼니의 부동산 이야기, "시행사 vs. 시공사" 참조. https://justdim.tistory.com/1015
8) 통상 아파트 시공사 순위를 두고 1군 시공사, 2군 시공사 등으로 부르는 경우가 많다. 하지만 이를 정확히 나누는 기준은 없다. 과거에는 시공능력평가에서 1위~10위를 1군, 11위~20위를 2군 시공사로 지칭하기도 했었고, 도급 순위가 100위 이내를 1군 시공사, 101위부터 200위 이내를 2군 시공사로 지칭하기도 했었다.

공사들은 늘 견적을 여유있게 내는 습성이 있다. 공사기간도 몇 개월의 여유를 더 둔다. 시공사의 공사 견적은 도급계약을 체결하면 웬만해서 변동시킬 수 없고, 공사란 보통 2년에 걸쳐서 진행되므로 자재비, 인건비 등의 시세변동에 민감하다. 토목공사의 경우 물론 지반공사를 통해 사전조사를 하지만 막상 터파기 공사를 했더니 암반이 많이 나오면 공사기간도 길어지고 비용도 기하급수적으로 늘어나기 때문이다. 시행사 입장에서 사업수지상 가장 큰 비용은 늘 토지매입비와 공사비이다. 토지매입비는 토지매입 계약을 체결한 후에는 변동이 불가하므로 예상보다 공사비가 많이 나올 때가 문제다. 그러면 시행이익이 상당 부분 감소하기 때문이다. 그래서 늘 시공비 협상이 어렵다. 시공사가 정확한 견적을 내기 위해서는 실시설계도면이 있어야 하므로 설계를 빨리 마치고 설계변경을 자주 추진하지 않도록 사업기획 시 건축물의 모습을 상세하게 정리하는 것이 좋다. 만약 협상 과정에서 예상했던 것보다 공사비가 증가할 경우 자금 조달의 문제가 발생하는데 이때 대주단이 추가 비용을 빌려주지 않으면 해당 프로젝트는 사업 기간이 늘어나게 되고, 저축은행 등 제2금융권으로부터 브릿지론(bridge loan)이라는 단기 대출을 받아야 한다. 대출 기간이 짧아 금방 상환되는 브릿지론은 이자가 매우 비싸다. 그리고 무조건 PF가 일어나야 브릿지론을 상환받을 수 있다. 이 때문에 브릿지론 대출업자는 오로지 이 사업이 문제없이 PF가 일어날 것인가에만 촉각을 세운다.[9]

7) 분양대행사

분양대행사는 시행사와 계약을 통해 건축물의 판매 홍보를 위임받고 분양을 대행해 주는 회사이다. 구체적으로는 사업지 마케팅 분석부터 분양상담, 주택청약신청 접수, 분양 광고, 입주자 관리 등과 같은 업무를 위탁받아서 수행한다.

지금까지 부동산 개발에 참여하는 다양한 참여자들의 주된 역할을 살펴보았다. [표 3-2]는 부동산 개발 참여자들의 역할과 그들의 고민거리(Pain Point)를 정리한 것이다. 토지주는 개발 부지를 제공하는 역할을 담당하며, 경우에 따라

---

9) 코너스톤, 참조.

서는 토지주의 파워는 막강하다. 그들의 고민은 내 땅의 가치는 얼마인지 하는
것이고 최대한 많은 대가를 받는 것이다. 그동안 땅을 평가하는 역할은 주로 감
정평가사의 몫이었다. 그런데 공공데이터가 개방되면서 감정평가의 전문지식과
인공지능·빅데이터 등 ICT 기술이 융합하면서 플랫폼에서 가치를 산정해 주는
프롭테크 기업들이 등장하였다. 미국에서는 질로우(Zillow), 오픈도어(Opendoor),
레드핀(Redfin), 오퍼패드(Offerpad) 등이 국내에서는 디스코, 밸류맵, 빅밸류 등
이 이에 해당한다.

시행사는 처음부터 끝까지 개발 업무를 총괄한다. 그들의 고민은 개발할 부
지를 찾는 것과 과연 개발을 통해 수익을 남길 수 있을 것인가 하는 것이다. 그
리고 개발에는 장기간에 걸쳐 많은 자금이 필요하다. 원활한 자금 조달도 그들
의 고민거리이다. 이러한 문제를 프롭테크가 해결해 줄 수 있다면 시행사 입장
에서 얼마나 좋겠는가? 실제로 이러한 고민거리를 해결해 주는 프롭테크 기업이
등장하고 있다. 스페이스워크의 랜드북 플랫폼은 인공지능과 빅데이터를 활용
해 어떻게 토지 개발을 하면 좋을지 알려준다.

설계사는 기본설계와 실시설계를 담당한다. 설계사 입장에서는 이렇게도 설
계해 보고 저렇게도 설계해 볼 것이다. 그런데 이런 과정을 좀 더 손쉽게 할 수
있다면 얼마나 좋겠는가? 그리고 설계한 한 내용을 3D로 바로 확인할 수 있다
면 금상첨화일 것이다. 이런 서비스를 제공하는 프롭테크 기업들이 나타나고 있
다. 에디트콜렉티브는 건축법규 자동분석과 기획설계 솔루션을 제공하고 있다.

대주단은 개발에 소요되는 사업비를 대출해 주는 역할을 담당한다. 이들의
고민은 대출해 준 돈을 이자와 더불어 제 때에 회수할 수 있느냐 하는 것이다.
신탁사는 개발 자금을 안전하게 관리하고 보증하는 역할을 수행한다. 이들은 자
금이 적확하게 사용되는 지를 알아내는 것이다. 금융과 관련한 고민은 핀테크
영역에서 다뤄지고 있지만, 카사처럼 블록체인 기술을 활용하여 부동산을 주식
처럼 거래하는 플랫폼 서비스를 제공하는 프롭테크 기업도 있다.

시공사는 설계된 대로 건물을 사고없이 건설하는 것이다. 큰 건물의 경우 공
사 기간은 보통 몇 년이 소요된다. 그 기간 동안 건설자재의 가격과 수급 상황
이 어떻게 변동할 지를 정확히 예측한다는 것은 무척 어렵다. 그리고 중대재해

표 3-2 부동산 개발 참여자들의 역할과 고민거리

참여자	역할	고민거리(Pain Point)
① 토지주	• 개발 부지 제공, 토지주의 파원	• 내 땅의 가치는?
② 시행사	• 처음부터 끝까지 개발 업무 총괄	• 부지선정? 개발수익? 자금조달?
③ 설계사	• 기본설계, 실시설계	• 설계 시뮬레이션?
④ 대주단	• 사업비 대출(PF)	• 프로젝트 성공? 원금 회수?
⑤ 신탁사	• 개발 자금을 안전하게 관리, 보증	• 자금을 적확(的確)하게 사용?
⑥ 시공사	• 설계된 대로 건축물을 건설	• 건설 자재 수급? 준공?
⑦ 분양대행사	• 건축물의 판매 홍보, 분양 진해	• 분양률 향상?

법이 시행되고 있는 요즘은 특히 공사 기간 동안 사고가 나지 않을까 노심초사한다. 이러한 건설현장의 안전을 지키기 위한 프롭테크 기업들이 있다. 3D 가상현실 솔루션 기술을 보유한 큐픽스는 3D 디지털 트윈 기술을 활용해 부동산 가상 투어 서비스, 건설 현장 관리 서비스 등을 제공한다. 이밖에도 분양대행사는 건축물의 판매 홍보, 분양진행을 담당하는데, 분양률을 최대한 높이는 것이 그들의 고민거리다. 모델하우스에 모든 평형을 전시할 수는 없다. 최근에는 3D 기술을 활용하여 모델 하우스를 보완하여 3D 입체 시각물을 만드는 프롭테크가 등장하고 있다. 어반베이스는 이러한 서비스를 제공한다.

2 부동산 금융

부동산 금융에는 프로젝트 파이낸싱(PF), 리츠(REITs), 부동산펀드, 자산유동화증권(ABS) 등이 있다. 프로젝트 파이낸싱은 은행 등 금융기관이 사회간접자본 등 특정 사업의 사업성과 장래의 현금흐름을 보고 자금을 지원하는 금융기법이다. 리츠는 상법상 회사로서 주식발행을 통해 다수의 투자자들로부터 자금을 모아 상업시설 등 대규모 부동산 개발이나 매매, 임대 및 부동산 관련 증권에 투자하고 발생하는 수익을 투자자들에게 배당하는 금융상품이다. 부동산펀드는 2인 이상의 투자자들로부터 자금을 모아 전통적인 투자자산인 주식과 채권에서 벗어나 부동산 개발사업이나 수익성 있는 부동산 등에 투자하고 발생하는 수익

을 투자자들에게 배분하는 금융상품이다. 자산유동화증권은 부동산, 매출채권, 유가증권, 주택저당채권 등과 같이 유동성이 낮은 자산을 담보로 발행하는 증권이며, 담보자산의 종류에 따라 각각 다른 명칭을 부여한다. 담보자산이 주택저당채권이면 주택저당채권유동화증권(MBS), 채권이면 채권담보부증권(CBO), 은행 대출채권이면 대출담보부증권(CLO)이라 부른다.

1) 프로젝트 파이낸싱(PF, Project Financing)

사전적인 의미로는 '자금을 빌리는 사람의 신용도나 다른 담보 대신 사업계획 즉 프로젝트의 수익성을 보고 자금을 제공하는 금융기법'이다. 일반 기업금융과 비교해서 프로젝트 파이낸싱은 다음과 같은 특징이 있다.[10]

첫째, 제한적 소구 금융(limited-resource finance)이다. 이는 프로젝트가 실패하거나 중단되어 청산을 해야 할 경우에 그 부담을 프로젝트 사업주에게 청구하는 데 제한을 둔다는 말이다. 정의에 충실한 프로젝트 파이낸싱이라면 프로젝트의 현금흐름만이 담보의 대상이므로 사업주가 일체의 보증이나 담보 제공을 하지 않아도 된다. 이런 경우 프로젝트금융의 부채 상환의무가 없다.

둘째, 부외금융(off-balanced-sheet financing)이다. 이는 사업주가 프로젝트의 채권 상환 부담에서 벗어나 상환의무가 없으므로 프로젝트 파이낸싱으로 조달한 자금은 사업주의 부채로 인식되지 않는다는 것을 의미한다. 장부상 부채로 표시되지 않아 장부 외 금융이라는 의미로 부외금융이라고 부른다.

PF는 은행 등 금융기관이 대규모의 자금이 필요한 사회간접자본 등 특정사업에 흔히 사용되는 방식이며 선진국에서는 보편화된 금융기법이다. 국내에서는 주로 부동산을 대상으로 PF 대출이 일어난다. 국내 부동산 PF 대출은 시행사가 PF 대출을 받고 시공사가 지급 보증하는 형태가 가장 일반적이다. 즉 아파트, 주상복합, 상가 등을 지으면서 미래에 들어올 분양수익금을 바탕으로 금융사에서 돈을 대출 형태로 조달하는 방식이다. 이처럼 PF를 부동산 개발사업에 활용하기 시작한 것은 1990년대 후반 우리나라가 외환위기를 거친 이후부터다. 이전에는 건설회사가 대출을 일으켜 땅을 사고 분양을 책임지는 방식이 대부분

10) 김승희 외(2017), 『부동산학개론』, 이루, 451쪽 참조.

이었다. 당시에는 투자 리스크를 건설사가 짊어진 셈이다. 그러나 외환위기 이후에는 건설사가 시공만 담당하고 전문 시행사(Developer)가 용지매입 및 분양업무를 전담하는 방식으로 바뀌었다. 부동산 PF는 개발사업에서 발생할 현금흐름으로 용지비 및 공사비, 사업비 등의 소요자금을 충당한다.11)

그러나 프로젝트 파이낸싱의 이런 정의에도 불구하고 국내 프로젝트 파이낸싱은 그 이름만 차용했을 뿐 사실상 담보대출 또는 보증대출에 불과하다는 지적이 많다. 금융기관은 프로젝트의 현금흐름 대신 시공사의 보증에 대부분 의존하고 사업주도 선분양제도를 활용하여 건축비 등 개발비용을 확보할 수 있었기 때문이다. 2008년 금융위기 당시 프로젝트 파이낸싱을 활용한 다수의 사업장에서 부실이 발생해 저축은행 등이 도산하는 일들이 벌어졌는데, 이는 프로젝트의 현금흐름 분석을 소홀히 한 결과이다.12) 또한 한국의 PF 대출은 PF의 핵심적인 특징 중 하나인 제한적 소구 금융이 이뤄지지 않고 있다. 대주단들이 주로 책임준공 확약을 통해 금액의 한도를 정하지 않고 시공사에게 사실상 대출금 전액에 대한 연대보증을 요구하는 식으로 사업 위험을 전가하고 있다. 때문에 프로젝트의 사업성이 아니라, 시공사의 신용과 자산을 보고 대출을 결정하는 기업금융의 성격을 가지고 있으며, 진정한 PF라고 보기 어렵다.13)

PF 대출은 통산 부동산 개발사업의 인허가 작업이 종료된 후 착공이 들어가는 시점에 실행한다. 착공단계 이전까지는 토지의 매입자금을 확보하기 위한 대출이 실현되는데 이를 브릿지론(bridge loan)14)이라고 부른다. 따라서 국내의 프로젝트 파이낸싱은 착공시점에 기존 브릿지론을 상환하고 초기 공사비와 운영자금을 확보하기 위해 실행되는 특징이 있다.15)

---

11) 네이버 지식백과 참조. https://terms.naver.com/entry.naver?docId=3570577&cid=58781&categoryId=58781

12) 김승희 외(2017), 451쪽 참조.

13) 나무위키 참조. https://namu.wiki/w/%ED%94%84%EB%A1%9C%EC%A0%9D%ED%8A%B8%20%ED%8C%8C%EC%9D%B4%EB%82%B8%EC%8B%B1

14) 신용도가 낮은 시행사 등이 특정 부동산 개발사업장의 개발자금을 제2금융권에서 높은 이자를 내고 빌려 쓰다가 사업이 진행되면서 자산가치가 높아지고 사업성이 좋아져 리스크가 줄어들게 되면 제1금융권의 낮은 이자의 자금으로 전환하는데, 이 때 저축은행 등 제2금융권 차입금을 브릿지론이라 한다. 대개 단기 차입금으로 빌려 쓰는 수가 많다. 또한 부동산 PF대출은 공사착공 여부에 따라 공사착공 이전에 이루어지는 브릿지론과 공사착공 이후에 이루어지는 본PF로 구분하기도 한다. 네이버 지식백과, 브릿지론 참조.

프로젝트 파이낸싱은 왜 하는 걸까? 사업계획은 있는데 돈이 없을 때 기업이 이용할 수 있는 자금조달 방법이기 때문이다. 간단한 예로 여기 특정 프로젝트 사업을 진행하려는 건설사(혹은 Developer)가 있다고 하자. 그런데 사업에 투입할 자금이 부족하다. 담보를 맡겨서 대출을 받을 수 있는 토지나 건물과 같은 재산도 없다. 그렇다고 사업을 포기하기에는 너무 아깝다. 왜냐면 사업에 착수만 하면 높은 수익이 눈앞에 보이기 때문이다. 바로 이런 경우에 부동산 PF대출이 일어난다.

PF의 원리는 간단하다. 우선 기업이 특정 프로젝트 사업만을 전담하는 별도의 회사, 일명 특수목적법인(SPC, Special Purpose Company)을 설립한다. SPC는 사업계획을 세운 뒤 이 사업의 미래 수익성, SPC의 미래 현금창출 능력을 담보로 내세워 자본주(일반은행, 증권사, 국제금융기관)로부터 사업 자금을 모집한다. 자본주는 대주단이 된다. 대신 사업을 종료한 후 SPC는 자본주에게 투자 원금을 상환해야 한다. SPC에서 발생한 수익의 일부도 자본주와 나눠야 한다. 실체가 있는 자산을 담보로 돈을 빌리는 일반 기업금융과 달리 PF는 사업의 '미래가치'만으로 수천억 원의 자금을 모을 수 있다. 반면 투자를 집행하는 자본주 입장에선 불확실한 미래에 투자하는 셈이다. 사업이 계획대로 성공할지 아닐지 장담할 수 없어서다. 따라서 자본주는 사업개발계획의 수립단계부터 참여해 프로젝트의 수익성, SPC의 사업수행능력 등 광범위한 분야에 걸쳐 투자심사를 진행한다. 국내에서 주택·사회간접자본(SOC) 사업을 진행하는 건설사들이 주로 PF를 활용한다. 하지만 급격한 금리인상, 부동산 경기 위축, 레고랜드 발 자금경색 등으로 인해 최근에는 부동산 PF 시장이 크게 위축되어 있다.[16]

2) 리츠(REITs, Real Estate Investment Trusts; 부동산투자회사)

리츠란 「부동산투자회사법」 제2조제1호에 따라 '①다수의 투자자로부터 자금을 모아 ②부동산, 부동산 관련 증권 등에 투자, 운영하고 ③그 수익을 투자

---

15) 김승희 외(2017), 451쪽 참조.
16) 윤정희, "경제용어사전: 프로젝트 파이낸싱", 더스쿠프, 2023.01.02 참조. https://www.thescoop.co.kr/news/articleView.html?idxno=56362

자에게 돌려주는 간접투자기구이며 국토교통부장관의 설립인가를 받아 설립되는 상법상 주식회사'이다. 리츠는 그 자체로 간접투자상품이기도 하다. 리츠는 상법상의 주식회사로서 단순한 자금의 집합체가 아닌 자산운용의 기능을 수행하는 영속기업으로 이해하는 것이 합리적이다. 미국에서도 현대적인 리츠의 개념을 단순한 자금의 집합체인 펀드로 보지 않고 일종의 운영회사로 설명하고 있다.17) 「부동산투자회사법」에 따르면 리츠는 영업인가를 받거나 등록한 날로부터 2년 이내에 발행주식 총수의 30% 이상을 일반인에게 청약해야 한다. 리츠는 이렇게 일반 투자자로부터 조달한 자금과 총 자산의 70% 이상을 부동산에

표 3-3 **리츠의 종류별 비교**

구분	위탁관리리츠	기업구조조정리츠	자기관리리츠
설립주체	발기인(발기설립)		
투자대상	일반부동산/개발사업	기업구조조정용 부동산	일반부동산/개발사업
자산구성	부동산 70% 이상, 부동산관련 증권 및 현금 포함 80% 이상 (최저자본금 확보 이후 현금출자 가능)		
영업개시	국토교통부 영업인가 단, 사모리츠, 개발비중 30% 이하 시 등록으로 갈음 가능	국토교통부 영업인가 또는 등록 (금융위원회 사전협의)	국토교통부 영업인가 단, 사모리츠, 개발비중 30% 이하 시 등록으로 갈음 가능
감독	국토교통부, 금융위원회		
회사형태	명목회사 (SPC: AMC에 자산관리업무 위탁)		실체회사(상근 임·직원)
최저자본금	50억 원(설립시 3억 원)		70억 원(설립시 5억 원)
주식분산	1인당 50% 이내	제한 없음	1인당 50% 이내
주식공모	주식 총수의 30% 이상	의무 없음	주식 총수의 30% 이상
상장	요건 충족 시	의무 없음	요건 충족 시
자산운용전문인력	AMC(5인)에 위탁운용		5인(상근직 고용)
배당	90% 이상 의무배당		50% 이상 의무배당
처분제한	최소 1년 개발 후 분양 시 제한 없음	제한 없음	최소 1년 개발 후 분양 시 제한 없음
자금차입	자기자본의 2배 이내 (주총 특별 결의 시 10배 이내)		

출처: 한국리츠협회, 홈페이지 참조. https://www.kareit.or.kr/invest/page1_3.php

---

17) 김승희 외(2017), 475쪽 참조.

투자하고 운용해야 한다. 그리고 배당 가능한 이익의 90% 이상을 투자자에게 의무적으로 배당해야 한다. 또 리츠는 주식회사이기 때문에 「부동산투자회사법」에 정한 사항 외에는 대부분 상법을 적용받는다.

리츠는 1960년 미국에서 최초 도입된 이후, 2000년에는 유럽 및 아시아로 급속히 확산되었고, 우리나라에는 1997년 외환위기 이후 기업들의 보유 부동산 유동화를 통한 기업구조조정을 촉진하기 위하여 「부동산투자회사법」을 제정 (2001.5.7)하여 처음 도입되었다.

리츠에는 [표 3-3]에서 보는 바와 같이 위탁관리리츠, 기업구조조정리츠, 자기관리리츠 등 세 종류가 있다. 이 중에서 가장 많은 것이 위탁관리리츠이다.

위탁관리리츠는 회사 자체적으로 자산을 관리하지 않고 자산의 투자·운영을 자산관리회사(AMC)에 위탁하는 유형이다. 일반 부동산을 대상으로 투자하는 일반 리츠의 설립을 활성화하기 위해 새로이 명목회사 유형으로 도입하였다.

기업구조조정리츠는 구조조정대상 기업의 부동산이나 부동산관련 증권에 투자하고 그 수익을 투자들에게 배당의 형태로 배분하는 유형이다. 자산의 투자·운영은 자산관리회사에 위탁한다. 자기관리리츠와 위탁관리리츠는 주식분산과 주식공모에 대한 규제가 있는데 반해 기업구조조정리츠는 주식분산에 제한이 없으며 주식공모 요건도 적용받지 않는다.

자기관리리츠는 부동산 투자를 전문으로 영속적인 상법상의 주식회사로서, 자산운용 전문인력 5인 이상의 상근 임직원을 두어야 하며 일반투자자를 대상으로 공모 자금을 모아 부동산 실물·대출 등에 직접 투자한 후 그 수익을 배분하는 유형이다. 상근 임직원을 두고 있는 전형적인 회사 형태여서 '실체형 회사'라고 부르기도 한다.

이 중에서 개인 투자자가 주로 접하는 리츠는 위탁관리리츠와 자기관리리츠이다. 가장 큰 차이점은 의무배당의 비율이다. 위탁관리리츠는 90% 이상의 의무배당이 있고, 자기관리리츠의 의무배당은 50% 이상이다.

2023년 12월 말 기준으로 국내 운영 중인 리츠 개수는 370개이며, 위탁관리리츠는 352개, 자기관리리츠는 4개, 기업구조조정리츠는 14개이다. 운용 중인 리츠의 자산 규모는 93.9조 원이다. 국내 증시에 상장된 리츠는 이리츠코크렙,

이지스레지던스리츠, SK리츠 등 23개이다.[18]

3) 부동산펀드(Real Estate Fund)

부동산펀드는 「자본시장과 금융투자법에 관한 법률」(약칭: 자본시장법)을 적용받는데 펀드재산의 50%를 초과하여 부동산 및 부동산 관련 자산에 투자하는 펀드를 말한다. 설립을 위해서는 금융위원회 신고가 필요하다. 앞서 설명한 리츠가 국토교통부 장관의 설립인가를 필요로 했던 것과 대비된다. 부동산펀드는 부동산 외에 ①부동산을 기초자산으로 하는 파생상품, ②부동산 개발과 관련된 법인에 대한 대출, ③부동산의 개발, ④부동산의 관리 및 개량, ⑤부동산의 임대, ⑥부동산 관련 권리의 취득, ⑦부동산을 담보로 한 금전채권의 취득, ⑧부동산과 관련된 증권 등으로 재산을 운용할 수 있다. 부동산펀드는 운용형태에 따라 임대형, 대출형, 개발형, 경·공매형으로 구분된다. 부동산펀드는 투자신탁과 투자회사[19] 형태가 모두 가능하나 투자회사의 경우 「부동산투자회사법」에 의한 부동산투자회사(리츠)와 구분하기 위해 부동산에는 펀드 자산의 70% 미만만 투자할 수 있다.

부동산펀드가 리츠라고 생각하는 경우가 많이 있다. 리츠와 부동산펀드는 엄연히 다른 상품이다. 두 상품 모두 소액을 이용하여 부동산 간접 상품을 매입하여 부동산에 투자하는 원리는 동일하지만 리츠는 부동산투자회사의 주식회사 지분을 매입하는 것이며, 부동산펀드는 자산운용사가 만든 펀드에 직접 투자하여 수익 증권을 받고 자산운용사에서 운용한 수익금과 처분 시 이익을 배분받는 것이다. 리츠 투자자는 투자한 회사의 주가가 오르는 것이 중요하고, 부동산

---

18) 한국리츠협회 홈페이지(2024.1.26.), 참조. https://www.kareit.or.kr/reference/page1.php

19) 펀드는 법적 형태에 따라 투자신탁(Investment Trust)과 투자회사(Investment Company)로 구분된다. 투자신탁이란 투자자로부터 자금 등을 모은 자산운용회사(위탁자)가 수탁자인 신탁회사와 신탁계약을 체결함으로써 설정된다. 위탁자인 자산운용회사는 수탁자에게 자산보관 및 운용을 지시하고, 수탁자는 위탁자의 지시에 따라 그 재산을 운용하여 그에 따른 손익을 투자신탁의 투자자에게 귀속시킨다. 투자회사는 투자자들이 납입한 자금 등을 운용하여 그 수익을 주주에게 배분하는 것을 목적으로 설립된 상법상의 주식회사이다. 투자회사는 상근 임직원이 없는 Paper company로서 자산운용을 자산운용회사에, 자산의 보관·관리는 자산보관회사에, 투자회사의 운영에 관한 업무를 일반사무관리회사에 위탁하여야 한다. 네이버 지식백과 참조. https://terms.naver.com/entry.naver?docId=1987761&cid=42088&categoryId=42088

펀드 투자자는 매입한 빌딩이나 오피스의 가치와 임대수익률이 오르는 게 중요
하다. 현금 유동성에서도 차이가 있다. 리츠는 주식을 사고파는 것이기 때문에
원하는 시점에 매매가 가능하고 환매수수료도 없다. 반면, 부동산펀드는 부동산
을 편입해 매각하는 시점까지 오래 걸리고, 그에 따라 환매가 불가능하거나 가
능하더라도 환매수수료가 높다. 보통 만기 기간이 최소 3년에서 최대 7년 정도
로 폐쇄형 상품으로 출시되는 경우가 많다. 또 다른 차이점은 부동산펀드는 보
통 한 개의 펀드에 하나의 실물자산을 편입하는 반면, 리츠는 부동산회사에 투
자하는 것이므로 회사가 여러 개의 자산을 보유하는 경우가 일반적이므로 다양
한 자산에 분산투자하는 효과를 볼 수 있다. 이외 차이점은 리츠와 부동산펀드
를 비교한 [표 3-4]를 참조하기 바란다.

표 3-4 리츠 vs. 부동산펀드

구분	리츠(부동산투자회사)	부동산펀드
개요	• 돈을 모아서 일단 회사를 먼저 세우고 그 회사가 부동산 구매 • 회사 주식을 거래하는 방식으로 중간에 남에게 팔고 투자를 중지할 수 있음	• 투자자들이 돈 모아서 부동산 공동 구매 • 펀드는 투자자끼리 한꺼번에 하나의 건물에 투자하는 방식이라 중간에 팔 수 없음
근거법령	부동산투자회사법	자본시장과 금융투자법에 관한 법률
설립	국토교통부 인가	금융위원회 신고
형태	주식회사	신탁형/회사형
최소자본금	위탁관리/기업구조조정리츠: 50억원 자기관리리츠: 70억원	규제 없음
투자대상	• 자기관리리츠/위탁관리리츠 – 총자산 70% 이상 부동산 & 총자산의 80% 이상 부동산 및 부동산 관련유가증권 또는 현금	• 회사형 펀드 – 부동산 PF 대출 – 부동산 총 자산 50% 이상 70% 미만 – 부동산 신탁 수익권 • 신탁형 펀드 – 부동산 PF 대출 – 부동산 운용비율제한 없음 – 부동산 신탁 수익권
자금대여	불가	가능
개발사업	총 자산 30% 이내 가능	제한 없음

분산 투자 효과	지역별, 자산별로 분산투자 가능	거의 없음
유동성	매우 높음	매우 낮음
존속기간	영속형. 단, 사모리츠의 경우 펀드와 동일	일정기간(3~7년) 후 청산
세제혜택	90% 이상 배당 시 법인세 비과세 (자기관리리츠 제외)	90% 이상 배당 시 법인세 비과세

4) 자산유동화증권(ABS, Asset Backed Securities)

자산유동화증권은 기업 및 금융기관이 보유한 자산(Asset)을 기초(Backed)로 하여 발행하는 증권(Securities)을 말하는데, 자본시장에서 자금을 조달하는 방식 중 하나이다. 과거 자산담보부증권으로 불렸으나 1998년 9월 「자산유동화에 관한 법률」이 제정되면서 '자산유동화증권'이라는 용어를 사용하고 있다. 「자산유동화에 관한 법률」 제2조에서는 유동화 대상 자산을 '채권·부동산·기타의 재산권'으로 한정하고 있는데, 여기에는 대기업의 사옥뿐만 아니라 각종 대출채권도 포함한다. 즉, 자산유동화증권은 기업의 부동산, 매출채권 등을 비롯한 여러 가지 형태의 자산을 담보로 발행한 채권이다. 기업과 은행 입장에서는 자산유동화증권을 통해 조기에 매출채권이나 대출을 현금으로 회수할 수 있으므로 현금흐름이 좋아진다. 특히 여러 유형의 채권을 통합하여 자산유동화증권을 발행하는 것이 일반적인데, 이를 위해 일시적으로 특수목적회사인 유동화전문회사를 설립해서 기업이나 은행으로부터 자산을 사들이고 이를 담보로 자산유동화증권을 발행한다. 유동화전문회사는 목적을 달성하면 자동 소멸한다.

자산유동화증권은 보통 원리금 지급이 거의 확실한 선순위채권과 그렇지 않은 후순위채권으로 분리 발행한다. 금융시장이 발달한 선진국에서는 자산유동화증권을 상대적으로 안전성이 높으면서 적정한 수익률을 제공하는 금융상품으로 인식하고 있으며 발행규모도 해마다 증가하고 있다. 국내에서는 자산유동화증권을 1999년부터 발행하기 시작했으며, 금융·기업 구조조정과정에서 발생한 부실채권을 처리하는 방법으로 자주 활용하고 있다(네이버 지식백과).

3 부동산 자산관리

부동산을 개발하고 나면 부동산을 어떻게 관리하고 운영하는 지가 매우 중요하다. 부동산을 통해 자본수익을 창출하는 방법이 과거에는 부동산을 직접 사고파는 매매행위에 주로 의존하였다. 그러나 외환위기 이후 국내 부동산 시장을 개방하면서 자연스럽게 외국 투자자들의 요구에 부합하는 부동산관리의 전문화 기법을 선진국에서 도입하였다. 이후 부동산은 단순히 현재 상태로 매매 가능한 대상이라는 인식에서 벗어나, 전문화된 관리활동을 통해 가치를 증진시킨 후 매각해야 한다는 인식이 확산되었다. 즉 부동산 자산관리에 대한 인식 및 방법이 기존의 자본수익 중심에서 현재의 자산운용을 중시하는 운용수익 중심으로 변화하기 시작하였다.[20]

선진화 부동산관리 기법을 도입하면서 국내에서도 부동산 자산관리는 [그림 3-1]에서 보는 것처럼 AM, PM, LM, FM 등의 영역으로 세분화되었다. **AM 영역**은 건물의 소유주에 해당하며, 부동산의 매입, 매각, 신축자금조달, 자산평가, 리모델링 등 자산의 총괄관리자로서의 역할을 담당한다. AM 영역 업무를 수행하는 회사를 자산운용사(AM사)라고 부른다. **PM 영역**은 AM으로부터 고용되어 AM을 대신하여 건물의 임대차관리, 공실관리, 수지관리 등 자산의 가치를 향상시키는 역할을 수행한다. PM 영역 업무를 수행하는 회사를 자산관리사(PM사)라고 부른다. **LM 영역**은 상업용 건물의 임대차 마케팅을 담당한다. LM사는 AM사 또는 PM사와 전속 계약을 하거나 건별로 계약하여 성공 보수를 받는다. PM이 LM 역할을 동시에 수행하는 경우도 있다. LM 영역 업무를 수행하는 회사를 임대차 대행사(LM사)라고 부른다. **FM 영역**은 건물의 시설을 관리하는 역할을 담당한다. AM사가 PM과 FM을 각각 분리해서 계약을 맺기도 하지만 보통 PM사가 FM사를 하도사로 두고 있는 경우가 많아서 PM사와만 계약하는 경우가 일반적이다. FM 영역 업무를 수행하는 회사를 시설관리사(FM사)라고 부른다. 아래에서는 AM, PM, LM, FM 영역별로 각자의 역할을 살펴보고 업무를 수행하면서 겪는 그들의 고민거리(Pain Point)를 통해 관련 프롭테크의 기회를 엿보고자 한다.

---

20) 김승희 외(2017), 109쪽 참조.

그림 3-1 부동산 자산관리의 세부 영역

1) 자산운용사(AM사, Asset Management Company)

자산운용사(AM사)는 건물의 소유주로서 부동산의 매입, 매각, 신축자금조달, 자산평가 등 자금과 관련된 부분을 담당한다. 자산운용사는 단독주택 같은 자산보다는 오피스, 리테일 등의 복합시설처럼 다양한 형태의 부동산 자산들을 다수 보유한 상태에서 투자자산들을 전체적으로 관리한다. 자산의 총괄 관리자이며, 보유한 부동산 자산의 가치 증대를 계획하고 운용해 나가는 역할을 담당한다. 부동산 관리 영역 중 최상위 영역의 업무를 담당하는데, 보통 부동산펀드나 리츠 등 간접투자상품을 통해 투자자를 모집하여 해당 물건을 매입한 후, 자산운용을 통해 발생한 수익을 투자자에게 배당하는 업무를 수행한다. 또한 자산운영 전반에 대한 투자전략을 수립하고 자산의 매입, 매각, 운용 등 자본투자와 자산관리에 대한 의사결정을 한다. 또한 임대료 수준도 결정하고, 리모델링을 계획하여 진행하는 것도 자산운용사의 역할이다. 우량 테넌트를 유치해야 할 뿐만 아니라 공실이 발생하지 않도록 세심하게 살펴야 한다. 공실이 발생하면 수익에 지대한 영향을 주기 때문이다. 왜냐하면 자산운용사가 건물의 소유주이긴 하지만 그도 자기 돈만으로 건물을 매입한 것은 아니기 때문이다. 보통은 국민연금 등 공적자금과 은행 등 금융권으로부터 대다수의 자금을 끌어오고, 그들에게 우선주의 지위를 주고 일정기간 마다 약정된 수익을 배분해야 하기 때문이다. 대표적 국내 자산운용사로는 이지스자산운용, 코람코자산신탁, 마스턴투자운용, 미래에셋자산운용, 메리츠자산운용 등이 있다. 외국계 자산운용사로는 블랙스톤, 브룩필드, 켄달스퀘어 등이 있다.

2) 자산관리사(PM사, Property Management Company)

자산관리사(PM사)는 상업용 부동산의 임대차관리, 공실관리, 수지관리, 입주고객관리 등을 통하여 건물의 가치를 향상시키는 역할을 수행한다. 즉 임대차관리, 임대차 마케팅, 회계예산, 수입관리 및 창출을 위한 예산 수립 등 부동산 자산에 대한 효율적인 재무관리와 공실이 발생하지 않도록 하여 소유주의 수익을 극대화하는 업무를 수행한다. 관리하는 물건의 적정 임대료 및 관리비를 책정하고, '모든 임차인들의 계약기간, 보증금, 임대료 및 관리비, 계약만료 통지기간 등 임대와 관련된 핵심정보를 표로 작성한 보고서'인 렌트롤(Rent Roll)을 작성하여 건물주인 자산운용사(AM사)에게 보고하는 역할도 한다. 자산관리사(PM사)는 건물에 직접 상주하면서 일상적으로 발생하는 모든 관리 업무를 담당한다. 건물주인 자산운용사(AM사)의 업무를 지원하는 동시에 건물 시설관리사(FM사)를 관리하고 통제하고 건물운영현황에 대한 보고서를 작성하는 일도 자산관리사(PM사)의 역할이다. 이런 업무를 수행하는 사람을 시장에서는 피엠어(PM'er)라고 부른다. 대표적 국내 회사로는 삼성 에스원, 교보 리얼코, 한화63시티, LG계열 S&I코퍼레이션(옛 서브원), 메이트플러스, 신영에셋 등이 있다. 외국계 회사로는 씨비알이코리아, 쿠시먼앤웨이크필드코리아, 세빌스코리아, JLL 등이 있다.

3) 임대차대행사(LM사, Leasing Management Company)

임대차대행사(LM사)는 상업용 건물의 임대차 마케팅 업무를 담당한다. 고객이 누구냐에 따라 임차대행(TR, Tenant Representative)과 임대대행(LR, Landload Representative) 업무로 나뉜다. 임차대행은 임차인을 대행하여 신규/이전/통합

빌딩 물색 및 계약 체결을 완료하는 업무를 말한다. 후보 빌딩을 물색하여 고객에게 롱리스트(Long List), 숏리스트(Short List) 순으로 비교견적 빌딩을 제안해가며 현장투어, 조건협의, 최종계약까지 달성한다. 임대대행은 임대인을 대행하여 가망 임차인을 물색하고 계약을 완료하는 업무를 말한다. 대부분 자산관리사(PM사)는 LM 전담 조직을 두고 있다. 국내 대표적 회사로는 대기업 계열사 군으로 신영, 에스원, 현대 C&R, 한화63시티 등이 있으며, 그 외 알스퀘어, 리맥스, 에이커트리 등이 있다. 외국계 회사로는 세빌스코리아, 씨비알이코리아, 쿠시먼앤웨이크필드코리아 등이 있다.

4) 시설관리사(FM사, Facility Management Company)

시설관리사(FM사)는 건물의 시설을 관리하는 역할을 담당한다. 임차인들이 불편하지 않도록 건물의 냉난방을 위한 열원설비관리, 소방설비관리, 건축물관리, 미화관리, 주차관리, 승강기관리, 경비 및 안내, 조경 및 방역관리 등 전체적인 건물시설 운영과 유지보수 등을 수행한다. 이런 업무를 수행하는 사람을 시장에서 에프엠어(FM'er)라고 부른다. 국내 대표적인 시설관리사(FM사)는 PM 업무를 함께 겸하고 있는데, 대체로 대기업 계열사가 많다. 이는 대기업들이 자체적으로 많은 건물을 보유하고 있기 때문인 것으로 보인다. 삼성계열 에스원, LG계열 S&I코퍼레이션 등이 대표적 기업이다. 삼성 에스원은 '블루에셋'이라는 빌딩관리 브랜드를, LG S&I코퍼레이션은 '엣스퍼트'라는 건물관리 브랜드를 보유하고 있다. 이외에도 현대엔지니어링, 교보리얼코, 현대산업개발계열 아이서비스 등 다수의 회사가 있다.

4 부동산 수요

일반적으로 수요(demand)란 재화나 용역에 대한 구매 욕구를 의미한다. 그리고 수요자란 그러한 구매 욕구를 가진 사람을 의미한다. 그러나 부동산 수요는 단순한 구매 욕구뿐만 아니라 구매력, 즉 실제로 구입할 수 있는 경제적 능력을 갖춘 유효수요(effective demand)를 의미한다. 일반재화의 경우에는 경제적

규모가 작기 때문에 구매하고자 하는 욕구가 중요하지만 부동산의 경우에는 고가성으로 인해 실질적인 구매력을 뒷받침하는 수요, 즉 유효수요가 중요하다.[21] 그러므로 부동산 수요자란 부동산에 대한 구매 욕구뿐만 아니라 실제로 구입할 수 있는 경제적 능력을 가진 사람이라고 정의할 수 있다. 부동산 유형을 나누는 방법은 여러 기준에 따라 다르게 분류할 수 있겠으나, 부동산 수요의 목적이 주거용인지 상업용인지에 따라 크게 주거용 부동산과 상업용 부동산으로 나뉜다. 보통 주거용 부동산의 수요자는 개인이며, 상업용 부동산의 수요자는 기업이다. 그러므로 부동산의 수요자는 크게 개인 수요자와 기업 수요자로 구분할 수 있다. 개인 수요자는 주거 목적이나 투자목적으로 주택이나 상가를 거래 또는 임대차하며, 기업 수요자는 사업목적으로 상업용 건물을 거래 또는 임대차한다.

따라서 프롭테크 기업을 분석할 때 그 기업이 제공하는 서비스가 개인 수요자를 대상으로 하는지, 기업 수요자를 대상으로 하는 지를 구분할 필요가 있다. 실제로 미국은 프롭테크를 상업용 부동산(CREtech, Commercial Real Estate Tech)과 주거용 부동산(Residential Property Tech)으로 구분하고 있다.

5 부동산 중개

부동산 중개란 중개업자가 거래당사자 쌍방 사이에서 거래가 성립되도록 소개·알선하여 흥정을 붙이는 일이다. 실정법(공인중개사법 제2조)에서는 중개를 '중개대상물에 대하여 거래 당사자 간의 매매, 교환, 임대차 그 밖의 권리의 득실변경에 관한 행위를 알선하는 것'이라 정의하고 있다. 중개업자는 「공인중개사법」에 따라 서울특별시장·광역시장·도지사·특별자치도지사가 시행하는 자격시험에 합격하여 자격을 취득해야 영업을 할 수 있다. 사람들이 부동산을 직거래하지 않고 공인중개사를 통하는 이유는 단지 좋은 물건을 소개받기 위한 것이 아니다. 직거래를 했다가 문제가 생기면 낭패를 당할 수 있기 때문이다. 비용이 들더라도 공인중개사의 조력을 받는 편이 낫다. 공인중개사는 거래를 중

---

21) 김승희 외(2017), 289쪽 참조.

개하는 것 외에도 하자 없이 거래를 안전하게 마무리하도록 지원할 법적 의무가 있다. 만약 공인중개사의 과실로 거래가 무효 또는 취소되면 공인중개사는 그 손해를 배상할 책임이 있다. 이처럼 중개행위는 단순한 소개가 아니라 거래당사자들의 부동산 거래에 대한 법적인 지원활동을 포함한다. 거래란 매매, 임대차와 같이 권리의 득실변경에 관한 행위를 말한다. 따라서 부동산 중개를 좀 더 엄밀히 정의하면 '부동산 등 중개대상물에 대하여 매매 임대차 등 권리의 득실변경에 관한 행위를 알선 또는 지원하는 모든 활동'을 뜻한다(공인중개사법 제2조 제1호).

중개행위에는 거래당사자의 거래 알선, 지원하여주는 사실행위로서 광고, 중개계약 체결, 물건의 조사 확인, 거래계약 체결 등을 포함한다. 다만, 거래 대금의 지급, 건물의 명도, 등기서류의 인도행위 등은 거래계약의 이행행위이므로 중개행위에 해당하지 않는다.22)

부동산업에서 프롭테크가 가장 활성화되어 있는 분야가 바로 부동산 중개영역이다. 직방, 다방, 호갱노노 등이 이 영역의 대표적인 프롭테크 기업이다. 앞에서 언급하였듯이 부동산 시장의 가장 고질적인 문제인 정보의 비대칭성을 이들 프롭테크 기업들이 해소해 주고 있다. 그러나 프롭테크 기업들이 온라인상에서 중개서비스를 제공하는 것과 관련해서 최근 벌어지고 있는 공인중개사협회와의 갈등은 앞으로 해결해야 할 과제이다.

6 부동산 정책

부동산 정책이란 정부기관이 제반 부동산 문제를 해결 또는 개선하고 부동산과 인간과의 관계를 개선하기 위하여 만든 지침 또는 행동 방안을 의미한다.23) 즉, 부동산 정책이란 여러 가지 부동산 문제를 해결 또는 개선함으로써 부동산과 인간과의 관계를 개선하려는 공적 노력을 말하는데 요약해서 정의하

---

22) 네이버 블로그, "부동산 중개란" 참조. https://m.blog.naver.com/PostView.naver?isHttpsRedirect = true&blogId = lawyer793&logNo = 100186775087
23) 김대용(2013), "우리나라 부동산정책 변화에 대한 검토 및 시사점", 주택금융월보, 한국주택금융공사, 4쪽 참조.

면 부동산 정책은 정부기관이 특정한 목적을 달성하기 위하여 부동산 시장에 개입하는 행위를 말한다.24)

정부의 부동산 관련 정책은 수요 측면과 공급 측면의 대책으로 구분하며, 수요 측면의 대책은 다시 ①거래 규제(주택거래의 신고 및 허가 등), ②조세 부과(양도세, 종부세 강화 및 감면 등), ③주택금융 규제[DTI(총부채상환비율) 및 LTV(주택담보 인정비율) 규제, 서민주택자금 지원 등]로 구분한다. 공급 측면의 정책은 ① 대규모 주택공급계획(신도시, 대규모 임대주택 공급 등), ②재건축 관련 규제(용적률, 소형/임대주택 의무 건설비율 조정 등), ③분양가 상한제 또는 자유화, ④건설사에 대한 각종 지원책 등으로 구분한다.25)

부동산 정책은 기본적으로 부동산 시장의 변화에 따라 달라진다. 다시 말하면 경제정책과 같이 장래를 예측하고 정책을 추진하기보다는 시장이 변화하는 모습을 지켜보고 대응하는 정책을 추진하는 것이 일반적이다.26)

부동산산업은 대표적인 규제산업이다. 정부의 입김이 없이는 잘 안 움직이는 것이 부동산 업계의 속성이다. 당연히 프롭테크도 예외가 아니다. 자동차, 로봇 등 타 산업에서 전개되고 있는 4차 산업혁명의 물결은 정부의 적극적인 규제 완화 정책과 시장 활성화 정책에 힘입어 날로 발전하고 있다. 부동산산업은 타 산업군에 비해 4차 산업혁명의 전개 속도가 많이 더디다. 프롭테크가 시장에서 정착하고 부동산산업의 발전을 견인할 수 있도록 정부의 적극적인 정책적 지원이 요구된다.

지금까지 프롭테크를 본격적으로 다루기에 앞서 부동산산업의 하위 영역에 어떤 비즈니스가 있는지 그리고 그 시장구조와 시장 참여자들은 누구인지를 살펴보았다. 우리는 이를 통해 부동산산업 구조에는 다양한 이해관계자들이 참여하고 있음을 알게되었다. 부동산 개발에는 토지주, 시행사, 설계사, 시공사, 대주단, 신탁사 그리고 분양대행사 등이 참여하고 있으며, 부동산 금융에는 프로

---

24) 이윤상(2013), "부동산정책 변화과정과 향후 과제", 토지연구, 제14권 제2호, 한국토지공사, 4쪽 참조.
25) 송경희·이인혁(2009), "부동산 정책의 방향과 대응방안", 금융연구시리즈, 11호, 하나금융경영연구소, 20-21쪽 참조.
26) 이윤상(2013), 4쪽 참조.

젝트 파이낸싱(PF), 리츠(부동산투자회사), 부동산펀드, 자산유동화증권(ABS) 등이 있었다. 그리고 부동산 자산관리에는 자산운영사(AM사), 자산관리사(PM사), 임대차대행사(LM사), 시설관리사(FM사) 등이 있으며, 부동산 수요를 크게 주거용 부동산과 상업용 부동산으로 구분할 수 있었다. 또한 우리는 이들의 역할과 고민거리(Pain Point)를 살펴보면서 프롭테크의 기회를 엿볼 수 있었다. 다음 장에서는 프롭테크를 제대로 이해하기 위해서 프롭테크의 핵심 기반인 정보통신기술(ICT)에 대해서 살펴본다.

04

정보통신기술(ICT)의 이해

4 정보통신기술(ICT)의 이해

프롭테크를 제대로 이해하기 위해서는 프롭테크의 근간이 되는 정보통신기술(ICT)에 대한 이해가 선행되어야 한다. 왜냐하면 프롭테크는 4차 산업혁명의 첨단 ICT 기술을 활용하여 전통적인 부동산 시장이 가지고 있던 고질적인 문제를 해결하고 업무의 효율을 획기적으로 개선할 뿐만 아니라 새로운 비즈니스 모델을 창출하고 있기 때문이다. 그러므로 본장에서는 정보통신기술(ICT)의 개념과 기초를 다룬 후에 4차 산업혁명의 핵심기술인 인공지능, 클라우드, 빅데이터, 블록체인, 로봇 등을 차례로 설명한다.

1 정보통신기술(ICT)의 개념

1) 정보와 정보통신

우리가 일상적으로 사용하고 있는 정보라는 용어는 영어의 'information'을 우리말화한 것으로 국내에서는 1960년대 이후에야 본격적으로 사용하였으며, 서양에서도 이전 문헌에 거의 나타나지 않는 용어였다. 이후 정보를 무엇이라고 정의해야 하는지에 대한 시도가 있었으나, 여전히 정보를 포괄적으로 정의하는 것은 많은 어려움이 따른다. 왜냐하면 일반인이 통상적으로 사용하는 정보의 의미와 학술적으로 사용하는 정보의 의미가 다르고, 또 학문 분야별로도 자연계열이냐 인문계열이냐에 따라서 정보의 의미를 다르게 사용하고 있기 때문이다(네이버 지식백과). 그럼에도 불구하고 아래에서는 네이버 지식백과에 담긴 내용을 토대로 '정보와 정보통신'에 대한 개념 정리를 시도한다.

통상적으로 일반인과 언론홍보 분야에서는 정보를 '실정에 대하여 알고 있는 지식 또는 사실내용'이라는 개념으로 사용한다. 문헌정보학 분야에서는 정보를 '인간의 판단이나 행동에 필요한 지식'으로 이해한다. 반면, 전산학 분야에서는 정보를 '일정한 약속에 기초하여 인간이 문자 · 숫자 · 음성 · 화상 · 영상 등의 신호에 부여한 의미나 내용(예: bit)'으로 사용한다. 이렇듯 분야별로 정보에 대한 인식은 다르다.

그렇다면 정보를 학술적 전문용어로 사용하기 시작한 것은 언제부터일까? 정보를 학술적 전문용어로 처음 사용한 사람은 사회과학자가 아닌 1940년대 후반 통신기술자인 섀논(Shannon, C. E.)과 위버(Weaver, W.)이다. 이들은 신호(signal)를 전송하는 가장 적절한 방법을 개발하고 있었는데, 이때 전송되는 신호연속체를 정보(information)라고 보았다. 즉 이들은 "정보란 잡음(noise)이 배제된 신호(signal)"로 정의했다. 그들의 이론은 1949년 '커뮤니케이션의 수학이론'으로 명명되었으며, 뒤에 '정보이론(information theory)'으로 발전하였다.

이후 정보 개념이 확산되고 언론홍보와 결합하면서 사회과학 분야에서도 '정보홍수', '정보사태', '정보은행'과 같은 형태로 정보라는 용어를 사용하기 시작하였다. 그러면서 정보 개념은 다시 불명확해졌다. 이러한 상황에서 개인적, 사회적 차원에서 정보 개념을 정보학과 결합하려는 시도가 일어났다. 크게 두 가지 방향으로 전개되었다. 하나의 움직임은 일반인들의 인식변화에서 비롯되었다. 이들은 복잡화해지는 현실 상황을 인식할 때 메시지 그 자체 보다는 그 메시지에 담긴 내용에 대한 설명이나 해설을 원하였다. 이러한 움직임은 오늘날 주로 언론학이나 신문방송학에서 사용하는 정보 개념으로 발전하였다. 다른 하나의 움직임은 학자와 기술자들이 자신의 작업을 통해 축적한 지식을 추후에 다시 찾아서 사용하기가 쉽지 않다는 인식에서 비롯되었다. 즉 정보의 양이 폭발적으로 증대함에 따라 축적된 지식의 사용이 점점 어렵게 된 것이다. 이로 인하여 정보는 정보검색(information retrieval)이라는 새로운 실무영역과 연결되었다. 이후 사회과학적 정보 개념과 학술정보커뮤니케이션을 다루는 정보학이 결합하였다.

이렇듯 학문 분야마다 각자에게 유리하게 정보의 개념을 해석하고 있다. 정보의 개념을 단일적으로 명료하게 정의하려는 학문적 시도는 있었지만 오늘날 정보의 개념을 상황에 따라 이해해야 할 만큼 여전히 혼란스러운 것은 사실이다. 그럼에도 불구하고 본서에서는 기존 논의를 토대로 정보를 '최근 인공지능, 빅데이터 등 새로운 분야가 접목되면서 신호연속체를 의미하는 것뿐만 아니라 정보검색까지도 포함하여 보다 폭넓은 개념'으로 정의한다.

한편, 데이터(data)와 정보(information) 그리고 지식(knowledge)은 개념상 서로 어떻게 연관되어 있을까? 컴퓨터와 관련지어서 설명해 보면 데이터는 '컴퓨터가 처리할 수 있는 문자, 숫자, 소리, 그림 따위의 형태나 값'이다. 이에 반해 정보는 '데이터를 가공 처리해 특정 목적에 맞게 사용할 수 있게 한 것'이다. 그리고 지식은 '정보를 집적하고 체계화해 향후 일반적 상황에 사용할 수 있게 보편적인 체계를 갖춘 것'이다. 따라서 정보는 데이터를 기초로 만들어지고, 그렇게 만들어진 정보를 보고 어떠한 판단을 내릴 수 있는 지식이 만들어진다. 그러므로 데이터, 정보, 지식의 상관관계를 [그림 4-1]과 같이 표현할 수 있다.

그림 4-1 데이터, 정보, 지식의 상관관계

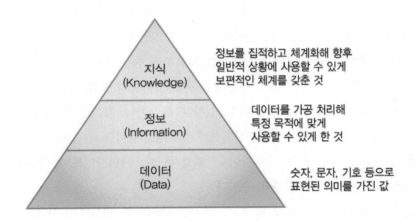

출처: 김석준(2019), 5쪽.

여기서 잠깐 우리나라의 정보통신 역사를 살펴보자. 정보통신은 앞에서 정의 내린 정보를 통신수단을 통하여 전달하는 것을 말한다. 최초로 전신이라는 통신수단에 의하여 문자, 수치 또는 데이터 등의 정보를 전달한 시기는 서울과 인천에 전기통신망이 가설된 1885년이다. 음성정보가 최초로 전달된 것은 서울~인천 간 전화가 개통된 1896년이다. 음성정보가 담긴 기록물이 우리나라에 등장한 것은 알렌이 원통형 유성기(축음기)를 들여온 1884년이며, 우리나라에 음악을 담은 음반이 최초로 보급된 것은 1908년이다(한국민족문화대백과사전).

카메라로 촬영한 화상정보가 국내에 도입된 시기는 고종의 초상사진을 촬영한 1884년이며, 필름에 의한 영상정보가 등장한 것은 처음으로 영화가 상영된 1903년이다. 우리나라에서 처음으로 컴퓨터에 의한 디지털 정보가 등장한 것은 1966년 간이인구센서스 처리 때이다. 이후 1982년 한국데이타통신(주)이 설립되면서 디지털 형태의 정보통신이 활성화되었다. 1982년 한국전기통신공사가 발족하여 사업 주체가 정부에서 공사로 바뀔 때까지는 국가독점 운영시대였고, 이후 1991년까지는 한국전기통신공사와 한국데이타통신(주)가 시장을 분할하는 독과점시대였으며, 1991년 8월 전기통신법과 전기통신사업법의 전면 개정을 통해 정보통신시장에 경쟁이 도입되었다(네이버 지식백과).

1991년 전면 개정된 「전기통신기본법」(법률 제4149호)과 「전기통신사업법」(법률 제4182호)에서는 이전에 공중전기통신사업자와 정보통신역무제공업자로 나누었던 전기통신사업을 기간통신사업자와 부가통신사업자로 개칭하였다. 기간통신사업자는 전국 규모의 통신설비를 보유하여 통신서비스를 제공하는 사업자이다. 통신회선설비의 임대가 가능하고 제공 서비스의 종류 및 지역적 제한이 없다. KT, SKT, LGU+가 기간통신사업자에 해당한다. 부가통신사업자는 기간통신사업자로부터 임차한 일반통신회선에 정보통신설비를 접속하여 전화 이외의 통신서비스를 제공하는 사업자이다. 포털사이트, 게임사이트 등 정보통신서비스 분야가 부가통신사업자에 속한다.

한편, 정보서비스의 제공 및 이용 관점에서 국내의 정보통신서비스를 구분하면 정보통신망서비스와 정보유통서비스로 나뉜다. 정보통신망서비스사업자는 정보통신망을 구축하여 회선이용료를 받는 사업자이다. 기간통신사업자가 여기에 해당한다. 정보유통서비스사업자는 정보통신망을 통하여 정보(콘텐츠)를 유통하는 사업자이다. 포털사업자가 여기에 해당한다.

2) 정보통신기술의 정의

정보통신기술이란 무엇일까? 정보통신기술은 정보를 효율적으로 개발, 저장, 처리하고 전달하는 기술이다. 정보통신기술을 흔히 ICT라고 부른다. 우리는 정보통신기술을 통해 빠르고 정확하게 정보를 교류하며, 이를 통해 삶의 각 영역에서 혁신적인 변화를 경험하고 있다. 정보통신기술(ICT, Information and Communication Technology)은 정보기술(IT, Information Technology)과 통신기술(CT, Communication Technology)의 합성어로, 정보기기의 운영과 관리에 필요한 소프트웨어 기술(IT)과 이들 기술을 이용한 정보 수집·생산·가공·보존·전달·활용하는 모든 방법(CT)을 의미한다. 이들 기술을 접목·응용한 디지털 기반의 새로운 형태의 제품이나 서비스들이 출시되고 있다. 컴퓨터 기술과 통신기술을 접목한 스마트폰과 태블릿PC 등의 스마트 기기, 소셜 네트워크 서비스나 클라우드 서비스 등의 웹 플랫폼과 네트워크 서비스 등이 정보통신기술의 대표적인 예이다(네이버 지식백과).

정보통신기술은 컴퓨터, 모바일 디바이스, 인터넷 등 다양한 기술들로 이루어져 있으며, 이를 통해 사람들은 소통과 정보 교류를 원활하게 할 수 있다. 예를 들어, 인터넷을 통해 세계 각지의 정보를 얻을 수 있고, 모바일 디바이스를 통해 언제 어디서든 소통할 수 있다. 정보통신기술은 우리 삶의 많은 영역에서 사용되며, 긍정적인 영향을 주고 있다. 정보통신기술의 장점은 매우 다양하며, 그중 가장 대표적인 장점은 다음과 같다. 첫째, **편리성**이다. 인터넷과 스마트폰 등의 정보통신기술은 우리 삶의 많은 부분에서 편리함을 제공한다. 예를 들어, 인터넷을 통해 쇼핑, 금융, 의료, 교육 등의 서비스를 이용할 수 있고, 스마트폰으로는 언제 어디서든 정보를 확인하고 소통할 수 있다. 둘째, **생산성** 향상이다. 정보통신기술은 업무 환경에서 생산성을 높이는 데 큰 도움이 된다. 예를 들어, 컴퓨터와 인터넷을 이용하여 문서를 작성, 편집, 공유하면 작업 시간이 줄고 협업이 용이해진다. 셋째, **경제성**이다. 정보통신기술은 기업이나 공공기관에서 비용을 절감하는 데도 큰 역할을 한다. 예를 들어, 물리적인 서버와 스토리지 장치 대신 클라우드 기술을 이용하면 유지보수 비용, 전기 요금, 공간 비용 등을 절감할 수 있다. 넷째, **지속가능성**이다. 정보통신기술은 기업이나 개인이 환경을 보호하고 지속 가능한 발전을 이룰 수 있도록 도와준다. 클라우드나 가상화 기술을 이용하면 데이터 센터를 구축하지 않아도 되어 에너지와 공간을 절약할 수 있으며, 원격 회의 시스템을 이용하면 교통 체증을 줄이고 대기 오염을 방지할 수 있다. 정보통신기술은 이와 같은 다양한 장점을 제공하여 우리의 삶과 사회, 경제의 발전에 큰 역할을 한다.[1]

3) 정보의 중요성

정보의 중요성은 아무리 강조해도 지나침이 없다. 정보를 어떻게 수집하고 활용하느냐에 따라서 인생을 쉽게 풀어나가느냐, 어렵게 풀어나가느냐가 정해진다. 아래에서는 정보의 역할, 정보의 중요성과 가치, 정보화시대의 특성 그리고 정보의 한계점에 대해서 살펴본다.[2]

(1) 정보의 역할

인간은 의도하든 의도하지 않든 간에 사회, 단체, 조직 및 가족으로부터 다양한 정보를 수집하고 전달하는 데 많은 시간을 할애한다. 또한 신문, 광고, 방송, 컴퓨터, 인터넷 등 다양한 매체를 통해 다양한 유형의 정보를 습득하고 때로는 공급자가 되기도 한다. 인간은 새로운 정보를 받아들이는 경우 그 정보와 기존에 자신이 보유한 정보를 결합하여 인식하지 못할 정도의 빠른 속도로 일시적인 이미지 및 패턴으로 사고를 한다. 이런 이미지와 패턴은 관찰, 형상화, 추상화, 패턴인식, 패턴형성, 유추, 몸으로 생각하기, 감정이입, 차원적 생각, 모형 만들기, 놀이, 변형, 통합 등의 다양한 사고과정과 사고도구를 통해 더 발전된 이미지 및 패턴을 만들어 낸다. 이렇게 만들어진 정보는 다시 다른 사람들에게 전달된다.

또한 정보를 해석되는 과정에서 감정이나 동기 등의 심적 활동 또는 직접적

---

1) 네이버 블로그, "정보통신기술이란 추천 다양한 정보들" 참조. https://blog.naver.com/itoeyqo145/223134164245

2) 네이버 블로그, "정보의 중요성, 가치 및 한계점" 참조. https://m.blog.naver.com/PostView.naver?isHttpsRedirect=true&blogId=lszeelee&logNo=110068819772

인 신체적 활동 등이 영향을 미친다. 이러한 영향들은 우리의 의식보다 더 빠른 속도로 정보처리과정에 영향을 미칠 수 있다. 정보처리과정에서 자신의 정보가 변형, 왜곡되거나 부분 수용될 수도 있으며 자신의 의식이 이를 수정, 보완할 수도 있다. 정보는 우리 사고 그 자체이면서 대화나 토론 등의 주요한 재료로 작용한다.

(2) 정보의 중요성과 가치

정보가 많으면 그만큼 선택의 폭이 넓어진다. 그만큼 정보는 우리가 살아가면서 매우 중요하고 반드시 필요한 것이다. 인류는 정보를 생산하고 활용하면서 발전할 수 있었다. 구석기와 신석기 시대엔 어디서 어떤 것을 수집해서 먹을 수 있는지, 어떤 사냥방법을 사용해야 하는지 그리고 청동기와 철기 시대엔 어떻게 해야 쇠를 더 단단하고 날카롭게 만들 수 있는지 등에 대한 정보를 생산하고 활용하였다. 오늘날에 와서는 정보가 금전, 권위 등보다 더 막대한 영향력을 미치기도 한다. 더욱이 인터넷, 모바일폰 등을 통해 언제 어디서나 원하는 정보를 손쉽게 얻을 수 있다. 그러나 정보의 양이 많아질수록 어떤 정보가 정확하고 확실한지를 판단하기가 더 힘들어지고 있다(예: 가짜 뉴스). 그렇기에 정보의 가치를 인정받기 위해서는 더 정확하고 확실해야 한다. 또한 그 정보를 빨리 검색해서 얻을 수 있어야 한다. 시간이 지나면 정보의 가치는 떨어지기 때문이다. 그러므로 인터넷 정보가 양적으로 팽창할수록 빠른 검색과 재조합 능력 그리고 검증이 정보의 보편적 가치를 담보하기 위한 중요한 요소로 자리 잡았다.

정보의 중요성을 강조한 명언들은 많이 있다. 대표적인 명언들을 소개하면, 김찬경은 "가장 값어치 있고 살아있는 정보는 내 발로 뛰어서 알아낸 것이라는 사실을 명심해야 한다. 정보는 자신이 직접 경험하거나 실제로 확인하고 확신을 갖기 전에는 이론에 불과하다." 앤디 그로브는 "가장 큰 정보는 가끔 무심코 주고받는 대화 속에 있다." 마이클 코다는 "게임에서 이기려면 최대한 많은 정보를 자신의 손에 넣고, 들어온 정보는 최대한 비밀로 지켜야 한다." 호리 코이치는 "경영에서 요구되는 것은 단순한 정보 수집력이 아니라 정보의 가공력, 조합력, 독해력이다. 그런 의식이 없다면 인간이 컴퓨터의 사고형식에 맞추어 생각하게 되는 어처구니없는 이야기가 되고 만다." 조기홍은 "무슨 일이든 관심이 없는 사람보다 관심이 있는 사람에게 정보는 보다 빠르게 전달된다." 김광규는 "문제해결에 있어 가장 중요한 것은 정보수집이다. 스펀지처럼 모든 정보들을 흡수하고 수집한 자료들을 근거로 소비자들의 성향을 분석하여 문제를 해결하려는 열정과 에너지, 호기심이 합쳐졌을 때 해결방안은 극대화된다." 하마구치 나오타는 "성공한 사람은 스스로 움직여 살아있는 정보를 잡고, 다음에 취할 행동이나 계획을 결정했다. 그러한 사례의 대표적인 경영자가 바로 소프트뱅크의 손정의 사장과 와타미의 와타미 미키 사장이다. 그들은 이렇게 말했다. '움직인 만큼 귀중한 정보가 들어오고, 따라서 성공 확률도 높아진다.' 가치 있는 정보를 남보다 일찍 쥐었기에 가치 있는 판단, 행동이 가능했다는 것이다. 좋은 정보를 얻기 위한 그들의 집념과 열의는 평범한 것이 아니었다. 그 집념과 열의가 결과적으로 좋은 정보를 손에 넣을 수 있게 하는 원동력이 되었다. 만일 성공하기 위한 정보를 원한다면 가장 먼저 해야 할 일은 좋은 정보를 얻겠다는 집념과 열정으로 철저하게 움직이는 것이다." 빌케이츠는 "움직인 만큼 귀중한 정보가 들어오고 성공확률도 높아진다." 짐파커는 "제대로 질문할 줄 아는 능력이야말로 정보를 수집하는 가장 중요한 기술이다."고 말하였다. 그외 다른 명언들도 많은데 [표 4-1]을 참조하기 바란다.

표 4-1 **정보의 중요성 관련 명언**

명언	사람
가장 값어치 있고 살아있는 정보는 내 발로 뛰어서 알아낸 것이라는 사실을 명심해야 한다. 정보는 자신이 직접 경험하거나 실제로 확인하고 확신을 갖기 전에는 이론에 불과하다.	김찬경
가장 큰 정보는 가끔 무심코 주고받는 대화 속에 있다.	앤디 그로브
게임에서 이기려면 최대한 많은 정보를 자신의 손에 넣고, 들어온 정보는 최대한 비밀로 지켜야 한다.	마이클 코다
경영에서 요구되는 것은 단순한 정보 수집력이 아니라 정보의 가공력, 조합력, 독해력이다. 그런 의식이 없다면 인간이 컴퓨터의 사고형식에 맞추어 생각하게 되는 어처구니없는 이야기가 되고 만다.	호리 코이치
구세대나 저항세력에게서 흘러나온 정보를 아무런 여과 없이 받아들이면 앞으로 세상은 점점 나빠진다고 착각하게 된다. 다른 사람의 생각을 자기 생각이라 착각하지 말라.	나카타니 아키히로

무슨 일이든 관심이 없는 사람보다 관심이 있는 사람에게 정보는 보다 빠르게 전달된다.	조기홍
문제해결에 있어 가장 중요한 것은 정보수집이다. 스펀지처럼 모든 정보들을 흡수하고 수집한 자료들을 근거로 소비자들의 성향을 분석하여 문제를 해결하려는 열정과 에너지, 호기심이 합쳐졌을 때 해결방안은 극대화된다.	김광규
성공한 사람은 스스로 움직여 살아있는 정보를 잡고, 다음에 취할 행동이나 계획을 결정했다. 그러한 사례의 대표적인 경영자가 바로 소프트뱅크의 손정의 사장과 와타미의 와타미 미키 사장이다. 그들은 이렇게 말했다. "움직인 만큼 귀중한 정보가 들어오고, 따라서 성공 확률도 높아진다." 가치있는 정보를 남보다 일찍 쥐었기에 가치 있는 판단, 행동이 가능했다는 것이다. 좋은 정보를 얻기 위한 그들의 집념과 열의는 평범한 것이 아니었다. 그 집념과 열의가 결과적으로 좋은 정보를 손에 넣을 수 있게 하는 원동력이 되었다. 만일 성공하기 위한 정보를 원한다면 가장 먼저 해야 할 일은 좋은 정보를 얻겠다는 집념과 열정으로 철저하게 움직이는 것이다.	하마구치 나오타
움직인 만큼 귀중한 정보가 들어오고 성공확률도 높아진다.	빌 케이츠
21세기는 정보의 홍수 속에서 살게 된다. 이 정보를 받아들이고 처리하는 능력이 없으면 자연도태된다. 세대가 다르다고 독자적인 문화를 형성하고 따로 따로 살 수 있는 것이 아니다. 차세대를 알고 그 문화를 이해할 정도의 정보는 있어야 살아남을 수 있다. 이러한 학습능력이야말로 생존능력이다. 그 방법은 배우는 것이다. 평생토록 새로운 정보에 귀를 기울여라. 그리고 적극적으로 배워라. 그것이 젊게 사는 지혜다.	송영목
정보가 많아질수록 그 의미는 적어진다.	보들레르
정보는 무서운 것이다. 사용방법에 따라 무기보다 더 강력한 파괴력을 갖는다. 더구나 무기처럼 육체를 상하게 하는 것이 아니라, 인간의 마음에 작용하여 그 마음에 용기를 주기도 하고 실망을 안겨주기도 한다. 인간은 정보를 아주 좋아한다. 본디 인간은 사회적 동물이며 집단을 형성하여 살기 때문에 정보는 필수불가결한 것이다. 따라서 인간이 이상할 정도로 정보에 흥미를 가지는 것도 당연한 일이다. 또 모든 정보를 곧이곧대로 받아들이면 대단히 위험하다. 주체성을 가지고 자기 판단으로 정보를 접하지 않으면 정보에 컨트롤당하고 만다. 발신자의 정보술에 조작당하지 않도록 그 위험성을 예리하게 분석할 필요가 있다.	안길환
정보란 모으는 것이 아니라 활용하는 것이다.	사와다 야스오
정보에도 두 가지 종류가 있다. 현재 시장의 사정이 이렇다는 것은 대단한 정보가 아니다. 중요한 것은 앞으로 이렇게 될 가능성이 높다는 것을 아는 것이다.	오카노 마사유키
정보화사회에서 세상의 흐름에 뒤처지지 않으려고 필사적으로 온갖 정보를 모으는 것은 난센스다. 정보를 모으는 것만으로는 의미가 없다. 먼저 자신에게 필요한 정보가 무엇인지 파악해 선별해서 습득하는 것이 중요하다.	기업가 대학
제대로 질문할 줄 아는 능력이야말로 정보를 수집하는 가장 중요한 기술이다.	짐 파커

출처: 라이브러리 브랜드, "정보의 중요성과 관련된 명언" 참조. https://creativestudio.kr/496

(3) 정보화시대의 특성

오늘날 정보화시대는 다매체(멀티미디어), 영상 매체 중심, 정보량의 무한대, 정보의 동시성, 무차별성 등의 특성을 지닌다. 정보화 시대는 텔레비전, 라디오, 책, 컴퓨터, 휴대폰, 위성 시스템 등 정보를 전달하는 매체가 다양하다. 정보화 시대에는 뭐니 뭐니 해도 영상 매체가 중심이다. 누구나 컴퓨터와 휴대폰을 이용하여 영상 정보를 얻고 또 전달하고 가공한다. 정보화 시대에는 정보량이 무한대이다. 하루만 지나도 새로운 정보가 홍수처럼 밀려온다. 정보화시대는 정보의 동시성을 지닌다. 즉 시공간을 초월해 정보를 즉각적으로 획득하고 전달할 수 있다. 네트워크만 연결되어 있으면 다른 나라의 사건을 우리나라에서 바로 알 수 있다. 마지막으로 정보화시대는 정보의 무차별성이라는 특성을 지닌다. 즉 정보는 사람에 따라 차별적으로 전달되는 것이 아니고, 모든 사람에게 동일하게 전달된다는 것이다. 그래서 문제가 되기도 한다.

(4) 정보의 한계점

정보화시대에 정보의 중요성과 가치가 커졌지만, 그 만큼 문제점도 적지 않다. 가짜 뉴스와 같은 거짓 정보와 보이스피싱과 같은 사기 정보에 노출돼 피해를 보는 사람이 적지 않다. 또한 사실에 가까운 정보일지라도 시간이 지나면서 그 가치도 변한다. 정보는 대부분 과거의 사실에 기반을 두고 있으나, 본질적으로 언젠가 뒤집힐 가능성을 안고 있기 때문이다. 지금은 앉은 자리에서 많은 일들을 할 수 있다. 바로 대중매체의 발달로 다채로운 정보 공여체가 있기 때문이다. 그러나 정보의 홍수 속에서 우리가 쉽게 접근할 수 있는 지식과 정보는 사실 껍데기만 가지고 있는 경우도 많다. 인터넷과 대중매체가 생성하는 정보 중에는 극히 주관적이고 검증되지 않는 내용이 많이 섞여 있기 때문이다. 우리는 이러한 점에 유의해서 정보를 취사선택할 수 있어야 한다. 정보라고 해서 다 유익한 것은 아니다. 잘못된 정보는 오히려 해롭다.

4) 정보보호의 중요성

정보의 홍수 속에 정보의 중요성만큼이나 정보보호의 중요성도 커지고 있다. 지식정보화사회로 가면서 사이버 공간에서의 활동량은 갈수록 증가하고 있다. 오프라인 세상에서 이루어졌던 많은 활동, 업무, 서비스들이 이제는 온라인에서도 얼마든지 가능하다. 회사의 많은 업무들이 인터넷을 이용해 이루어지고, 필요한 경우에는 재택근무도 가능하다. 심지어 오프라인 공간을 없애고 메타버스의 가상 오피스를 사용하는 회사가 등장하고 있다. 국가기관을 비롯해 은행, 증권, 교통, 신문 등 대부분의 공공서비스를 인터넷을 통해 이용할 수 있다.

인터넷 이용 시간이 많다는 것은 그 만큼 결과적으로 정보시스템 상의 정보에 크게 의존하고 있음을 의미한다. 그러므로 지식정보화사회로 발전할수록 정보보호의 중요성은 커진다. 정보시스템에 더 많이 의존할수록 정보시스템에 갑자기 오류가 발생하거나 사용하지 못하는 상황이 생기면 국가적으로 큰 재앙을 초래할 수도 있다. 지난 2003년 1월 25일의 인터넷 대란3)이 대표적 사례이다.

또한, 많은 정보가 체계적으로 잘 정리되어 있다는 것은 그만큼 활용 가치가 높다는 것을 의미하지만, 한편으론 그 정보가 노출된다면 더 많은 피해가 발생할 수 있다는 것을 의미한다. 바로 해커에 의한 피해이다. 만일 해커가 나의 이름으로 내 컴퓨터나 핸드폰에 로그인하면 나와 똑같은 수준으로 정보를 얻거나 활용할 수 있다. 송두리째 내가 해커에게 넘어가는 꼴이다. 회사도 마찬가지다. 회사의 시스템이 해커에 노출되어 중요한 자료들이 경쟁회사에 넘어간다면 그 회사는 막대한 피해를 입는다. 국가의 경우는 더 말할 것도 없다. 그래서 정보화시대에는 개인이나 기업, 조직, 국가 모두 정보보호에 더 많은 노력을 기울여야 한다. 4차 산업혁명 시대에 정보화 수준을 높여 경쟁력을 높이는 것도 중요하지만 이에 걸맞은 최고 수준의 정보보호 능력을 갖추는 것은 더 중요하다는 사실을 잊지 말아야 한다. 하루아침에 공든 탑이 무너질 수 있기 때문이다.

---

3) 1 · 25 인터넷 대란은 2003년 1월 25일, 대한민국 인터넷 망이 바이러스 공격을 당해 12시간 이상 마비된 사건이다. 마이크로소프트사의 SQL 서버의 허점을 이용하는 슬래머 웜이 이 사건을 일으켰다. 이 사건은 슬래머 웜에 감염된 PC들이 대량의 데이터를 생성해 KT 혜화전화국에 있는 DNS 서버에 트래픽을 집중시키면서 시작되었다. KT 혜화전화국이 공격에 의해 마비되자, 전국적인 트래픽이 다른 백본망으로 우회하기 시작했고, 다른 DNS 서버도 순차적으로 마비되어 갔다. 이전에도 해킹이나 바이러스 등으로 일부 사업자의 서비스가 중단되거나 특정 인터넷 사이트가 접속장애를 일으킨 적은 있었으나 국내 인터넷 서비스가 전면 중단된 것은 처음이었다.

2 정보통신기술의 기초

1) 아날로그와 디지털

아날로그(analogue)는 어떤 수치를 길이, 각도 또는 전류와 같이 외부적인 원인에 의해 연속적으로 변하는 물리량으로 나타내는 것을 일컫는다(위키백과). 자동차의 속도를 바늘의 각도로 표시해주는 속도 측정계, 수은주의 길이로 온도를 나타내는 온도계, 상대적으로 얕게 패이거나 깊게 패인 여러 홈들과 바늘의 마찰로 인해 녹음된 소리가 나오는 LP 음반 그리고 카세트테이프4)가 아날로그의 대표적 예다. 우리가 자연에서 얻는 신호는 대개 아날로그이다. 이를테면, 빛의 밝기, 소리의 높낮이나 크기, 바람의 세기 등이다. 아날로그 기술을 바탕으로 만들어져 인류의 실생활에서 사용되는 매체를 아날로그 매체라고 부른다. 아날로그 매체는 인류가 기술을 개발한 이래 한 세기가 넘는 기간 동안 인류의 삶에서 사용되고 있으나 대중적으로 사용된 시기는 2000년대까지였다. 1980년대부터 2000년대 중반까지 아날로그 매체는 인류의 삶에서 대중적으로 사용되며 높은 영향력을 자랑하였지만, 1990년대 중반부터 태동한 디지털 매체에 서서히 밀려 2000년대 후반기에 접어들면서 영향력이 떨어지며 쇠퇴하였다(위키백과).

디지털(digital)은 연속적 실수가 아닌, 특정한 최소 단위를 갖는 이산적인 수치인 0과 1을 이용하여 아날로그 정보를 처리하는 방법을 말한다(위키백과). 이 용어는 손가락을 뜻하는 라틴어 낱말인 디지트(digit)에서 나온 것으로 숫자를 세는데 쓰인다. 우리가 사용하고 있는 컴퓨터, 노트북에서는 모든 자료를 디지털 방식으로 처리한다. 문서와 통계 자료뿐만 아니라 음성 자료도, 영상 자료도 디지털로 처리한다. 디지털 자료는 아날로그 자료와 달리 복제, 삭제, 편집이 간편하다. 복사물과 원본과도 차이가 없다. 아날로그와 디지털을 이어주는 대표적

---

4) 카세트테이프에 음성정보를 어떻게 저장시킬까? 카세트테이프에 음성을 녹음시키고 재생시키는 것은 자성체가 가지고 있는 '잔류 자화 현상'을 이용한 것이다. 잔류 자화 현상이란 자석에 쇳조각을 접근시키면 나중에 영구 자석을 떼어 내도 쇳조각에 어느 정도 자기가 남아 있는 것을 볼 수 있는데 이것을 잔류 자화 현상이라 한다. 우리가 흔히 사용하는 카세트테이프에는 이산화제이철이나 이산화크롬 등의 강자성체(쉽게 자기의 성질이 사라지지 않는 성질) 분말을 입혀 만들게 되는데 이 테이프 위에 일종의 전자석인 카세트의 헤드가 음성 전류를 흘려 자기적인 정보를 입혀 음성신호를 기록하게 되는 것이다.

인 기계로는 코덱과 모뎀이 있다. 코덱과 모뎀에 대해서는 바로 뒤에서 자세히
다룬다.

1990년대에 PC가 처음 대중화되었으며 이를 기점으로 1990년대 중반부터
디지털 매체가 발달하기 시작하였다. 1997년 삐삐를 제치고 등장한 시티폰[5]은
이동통신업계가 급변하는 계기가 되었으며, 1999년 국민 PC가 첫 도입되면서
마침내 초고속인터넷 시대가 열리게 된다. 2000년대 폭발적인 인기를 끌었던
DVD와 디지털 카메라도 이 시기에 등장했지만, 1990년대에는 크게 대중적으로
사용되지 않았다.

스마트폰이 대중화되기 전인 2000년대까지 디지털 시장은 전자시장 별로 세
분화되어 나뉜 구조였다. 따라서 이 시기까지 디지털 시장에는 MP3[6], PMP[7],
PDA[8], 전자사전, 디지털 카메라 등이 각 시장에서 큰 인기를 끌며 사용되었다.
2000년대에 접어들며 시티폰은 피처폰[9]으로 대체되었고 피처폰은 세분화되어
있는 디지털 시장의 기능을 흡수하려 여러 시도를 했으나 완벽하게 성공하지는
못했다. 아날로그 매체는 2000년대가 지나가는 동안 디지털 기술로 대체되어

---

5) 1997년 출시된 발신전용 이동통신 전화. 시티폰은 대한민국에서의 서비스명이고, 유럽에서 개발했
을 때의 기술명은 CT-2이다. 원리는 집에서 쓰는 무선 전화기의 사용 범위를 공중전화망을 통해 확
장하는 개념에 가까웠다. 시티폰이라는 이름이 바로 CT-2의 CT에서 유래되었다. 다른 사람에게 전
화를 걸 수만 있고 받을 수는 없는 발신전용 기기였으므로 반대로 수신만 가능했던 무선호출기(삐
삐)와는 찰떡궁합이었다. 하지만 시티폰은 그 태생 단계에서부터 공중전화기를 휴대하는 방식이었
다. 수신율이 매우 좋지 않았기에 교통수단으로 이동 시 통화가 되지 않거나 중계기가 있는 공중전
화박스 근처가 아니면 통화 품질이 좋지 않았다. 이마저도 중계기에서 약 100m를 벗어나면 통화가
아예 되지 않는 제한된 이용 범위를 가졌다. 나무위키 참조. https://namu.wiki/w/%EC%8B%9C%
ED%8B%B0%ED%8F%B0
6) 이동하면서 파일 형식으로 저장된 음악을 즐기기 위해 만들어진 전자제품을 통칭하는 말. 2000년대
폭발적인 인기를 누렸던 전자기기였으며, 기존 소니의 워크맨 같은 휴대용 카세트 플레이어를 사장
시켜버린 주인공이다. 2010년대 스마트폰이 대중화된 이후에는 스마트폰이 MP3 플레이어의 기능을
겸하고 있다. 나무위키 참조. https://namu.wiki/w/MP3%20플레이어
7) 2002년부터 판매된 휴대용 동영상 플레이어(Portable Media Player)다. MP3 플레이어의 발전적인
형태로, 컬러 LCD 패널이 장착되어 있으며 동영상 파일을 재생할 수 있다. 나무위키 참조. https://
namu.wiki/w/MP3%20플레이어
8) Personal Digital Assistant(개인용 디지털 단말기). 터치스크린을 주 입력장치로 사용하는 한 손에
들어올 만큼 작고 가벼운 컴퓨터이다. 그래서 팜톱(Palmtop)이라고도 한다. 나무위키 참조. https://
namu.wiki/w/PDA
9) 2010년 하반기 이후로 스마트폰이 널리 퍼지면서, 스마트폰이 아닌 옛날 휴대 전화를 가리켜 스마
트폰과 구별할 목적으로 널리 쓰이기 시작한 용어다. 직역하면 기능형 전화기이다. 나무위키 참조.
https://ko.wikipedia.org/wiki/%ED%94%BC%EC%B2%98%ED%8F%B0

조금씩 사양길을 걸었지만 완전히 몰락하진 않고 2000년대 후반까지 디지털 기술과 공존했다.

2007년, Apple의 아이폰 출시를 시작으로 2010년대 스마트폰이 대중화되면서 디지털 시장은 엄청난 격변을 맞는다. 수많은 분야로 세분화되어 있던 디지털 전자시장의 기능이 작은 모바일 기기 하나에 전부 들어가면서 스마트폰은 디지털 기술의 집합체로 여겨졌다. 결국 기존에 존재하던 전자시장은 스마트폰에 흡수되어 완전 소멸하였으며 기존 PC 시장도 큰 타격을 받았다.

아날로그 매체 역시 스마트폰의 대중화 이후 인류의 삶에서 자취를 감췄다. 기존의 디지털 시장마저도 스마트폰으로 위협받고 있는 상황에서 이미 밀리고 있던 아날로그 매체가 설 자리가 없었고, 기술의 발달로 복잡하고 손이 많이 가는 비디오테이프 등의 아날로그 방식을 더 이상 대중들이 이용할 필요를 느끼지 못했기 때문이다. 스마트폰이 디지털 매체의 선두주자로 자리 잡은 지 10년이 넘은 2020년대에도 다양한 미래 디지털 기술 개발이 진행되고 있으며 스마트폰 역시 초기 버전과는 극명한 차이를 보일 정도로 눈부시게 발전하였다.

2) 코덱과 모뎀

코덱은 컴퓨터, 휴대전화, 태블릿 등 단말기 내에서 음성 또는 영상의 신호를 디지털로 변화하는 코더(coder)와 그 반대로 변화시켜 주는 디코더(decoder)의 기능을 함께 갖춘 기술을 말한다. 반면, 모뎀은 단말기의 데이터를 통신시설을 통하여 전송할 때 전송되는 신호를 바꾸는 단말기의 주변 장치를 말한다.

예를 들어 일상적으로 사용하는 휴대전화는 음성통화를 위해 크게 두 가지 기능을 수행한다. 수신과 송신이다. 송신은 내 음성을 상대방으로 전달하는 것이고, 수신은 상대방으로부터 전달되어 온 신호를 그 사람의 음성으로 다시 바꾸는 것이다. 송수신하기 위해서는 전선 또는 전파에 내 음성을 적절히 변형해 실어 보내는 기능과 받은 신호를 다시 음성으로 바꾸는 기능이 필요하다. 그 기능을 담당하는 휴대전화의 부품 또는 소프트웨어가 코덱과 모뎀이다.

코덱(CODEC, Coding and Decoding)은 음성(아날로그)을 휴대전화에서 사용할 수 있는 형태(디지털)로 바꾸거나 수신해 온 정보(디지털)를 음성(아날로그)으로 바꿔서 들려주는 기능을 담당한다. 송신 시 휴대전화 내에서 음성을 전자신호(디지털)로 바꾸는 기능을 코딩(coding)이라 하고, 수신 시 휴대전화 내에서 전자신호(디지털)를 음성으로 다시 돌려놓는 기능을 디코딩(decoding)이라 하는데, 이 두 기능을 가지고 있는 장치 또는 소프트웨어가 코덱이다.

이렇게 휴대전화 내에서 음성이 전자신호(디지털)로 변환되고 나면 이를 통신회선 또는 전파에 실어 보내야 하는데, 그러기 위해서는 전파신호로 변환이 필요한데 이러한 과정이 변조(Modulation)이다. 반대로, 통신회선 또는 전파를 통해 수신한 정보를 다시 전자신호(디지털)로 바꾸는 과정이 복조(Demodulation)이다. 이 변복조를 담당하는 휴대전화의 부품이 모뎀(MODEM, Modulation and Demodulation)이다. 모뎀의 속도는 bps로 나타내는데, 이는 초당 비트 수를 의미한다. 모뎀은 방식에 따라 동기식 모뎀과 비동기식 모뎀으로 나뉘는데 동기식은 데이터를 송수신할 때 양쪽의 모뎀을 일정한 속도로 동기화시키는 방식이며, 비동기식은 시작 비트(start bit)와 정지 비트(stop bit)[10]를 가지고 있어 동기식보

그림 4-2 코덱과 모뎀의 작동 순서

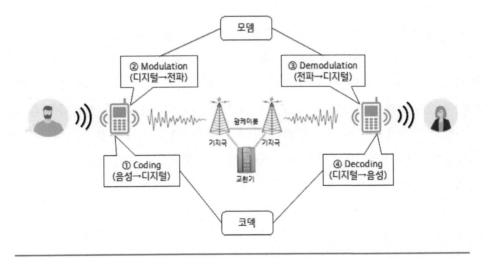

---

10) 비동기식 데이터 전송에서 데이터 전송의 시작과 끝을 알려주기 위하여 데이터 비트 전후에 각각 삽입되는 비트(bit)를 말한다.

다는 조금 더 느린 편이다. 컴퓨터통신에서 사용하는 모뎀은 대부분이 비동기식 모뎀이다(네이버 지식백과).

지금까지 설명한 내용을 알기 쉽게 도식화한 것이 [그림 4-2]이다. [그림 4-2]에서 음성신호를 코덱을 통해 디지털로 바꾸고 모뎀에서 디지털신호를 전파신호로 바꾸게 되면 이제 휴대전화에서는 안테나를 통해 전파신호를 발사한다. 발사된 전파신호는 기지국에 도달함으로써 통신이 시작된다. 기지국에서는 전파신호를 기지국용 모뎀을 통해 다시 디지털신호로 바꾼다. 이후 디지털신호는 네트워크 구간을 지나 상대방 휴대전화가 있는 기지국까지 도달하면 그 기지국의 모뎀을 통해 다시 변조되어 전파신호로 바뀌게 되고, 전파신호는 상대방 휴대전화의 모뎀을 통해 복조되어 디지털신호로 다시 바뀌고, 바뀐 디지털신호는 코덱을 통해 디코딩된 다음 스피커를 통해 음성으로 상대방에게 전달된다.

3) 교환기와 교환망

여러 단말기 간에 통신을 할 수 있게 해 주는 장치를 교환기(exchange 또는 switch)라고 하고, 교환기가 여럿 있을 때 이를 연결시켜 주는 것을 교환망(switching network)이라 한다.

교환기가 여러 개 있고, 통신을 하려는 사람이 많아지면 교환망도 복잡해진다. 이 경우 어떤 한 명이 다른 누군가와 통화를 원하면 그 사람까지 연결되는 경로를 찾아서 연결시켜 줘야 한다. 전화기와 전화기 또는 전화기와 교환기 사이를 연결시켜 주는 역할은 교환기가 하지만, 어떻게 연결해야 하는지에 대한 정해진 방법이 있어야 서로 연결을 할 수 있다. 그래서 전체의 경로를 설정하고 대상이 되는 전화기의 위치를 파악하는 방법이 필요하다. 전통적인 전화통신망에서는 계위별 교환망과 전화번호체계를 사용한다.

먼저 계위별 교환망을 설명하면, 교환망은 얼마나 넓은 지역을 담당하는가에 따라 국제교환기, 광역교환기, 로컬교환기 등으로 나뉜다. 국제교환기는 우리나라에서 외국으로 나가는 통신이나 외국에서 우리나라로 들어오는 통신을 위해 사용한다. 국제교환기에는 광역교환기들이 묶여 있지만 고객의 전화가 직접 연결되어 있지는 않다. 광역교환기는 로컬교환기들을 망으로 묶고 있으며 이것도 고객 전화기와 직접 연결되어 있지 않다. 고객의 전화기는 로컬 교환기와 연결되어 있다. 그리고 로컬교환기는 다른 로컬교환기에 묶여 있는 전화기와의 통화를 제공하기 위해서 상위 단계의 교환기인 광역교환기와 연결되어 있다. 이렇게 교환망은 계층으로 구축되어 있다.[11]

[그림 4-3]은 지금까지 설명한 교환망의 구성을 개략적으로 도식화한 것이다. 그림에서 전화기 1은 로컬교환기 A, 전화기 2와 3은 로컬교환기 B, 전화기 4와 5는 로컬교환기 C 그리고 전화기 6은 로컬교환기 D에 각각 연결되어 있다. 전화기 1과 전화기 3이 통신을 하려면 로컬교환기 A와 로컬교환기 B를 거쳐야 한다. 그런데 전화기 1과 전화기 6이 통신을 하려면 광역교환기를 반드시 거쳐야 한다.

그림 4-3 **교환망의 구성**

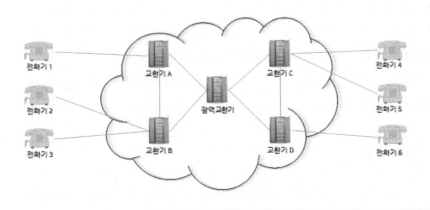

한편, 전화번호는 해당 전화기가 어느 교환기에 연결되어 있는지를 식별하는 역할을 담당한다. 따라서 전화번호는 계층별 교환망에서 내가 누구인지 밝히는 이름인 동시에 어떤 교환기들을 타고 내려가면 만날 수 있는 것인지를 표시하는 주소 역할을 한다. 주소가 주소체계를 가지고 있듯이, 전화번호가 주소 역할을 하려면 국제적으로 합의된 전화번호체계를 가지고 있어야 한다. 예를 들어

11) 김석준(2019), 42쪽 참조.

+82-2-123-4567과 같은 형태이다. 여기서 +라는 것은 국가번호의 시작을 의미하고, 82는 한국의 식별번호이다(미국은 1, 일본은 81, 중국은 86 등). 외국에서 이 번호로 통화 요청이 들어오면 맨 처음 신호인 +를 보고 국제전화로 식별하고, +뒤의 숫자 82에 해당하는 우리나라의 국제교환기로 신호를 보낸다. 우리나라의 국제교환기는 그 다음 단계의 숫자를 본다. 국제교환기는 2라는 숫자를 보고 그에 해당하는 서울의 광역교환기로 신호를 보낸다. 서울의 광역교환기는 그다음 숫자 123을 확인하고 이에 해당하는 로컬교환기로 신호를 보낸다. 그러면 해당 로컬교환기는 그 다음 숫자 4567을 확인하고 그 번호에 해당하는 전화기의 위치를 찾아서 통화를 연결시킨다.

여기서 잠깐! 그런데 우리는 서울로 전화할 때 2가 아니라 왜 02를 누르는 걸까? 0을 붙이는 이유는 교환기가 국제전화가 아니라 국내전화라는 것을 식별하기 위해서다. 즉 0은 국내에서만 붙이는 기호라고 생각하면 된다. 처음 시작하는 신호가 +면 국제전화, 0이면 국내전화라고 교환기는 인식한다. 이동전화인 010도 마찬가지다. 해외에서 국내 이동전화에 전화를 하려면 +82-10-1234-5678과 같이 0을 빼고 전화를 걸어야 한다.[12]

이동통신의 경우에도 위와 같은 과정과 유사하나, 이동통신은 휴대전화의 위치가 수시로 바뀌므로, 별도의 휴대전화 위치등록을 관리하는 데이터베이스

그림 4-4 전화번호의 의미

■ 전화번호는 해당 단말기가 어느 교환기에 연결되어 있는지를 식별하는 역할을 담당
  - 전화번호는 국제적으로 합의된 방식으로 표시한다.
  - 예를 들어, 전화번호 +82-2-123-4567의 의미는 아래와 같다.
    ① + : 국가번호의 시작을 의미
    ② 82 : 한국의 식별번호(미국은 1, 일본은 81, 중국은 86)
    ③ 2 : 서울 광역교환기
       ※ 처음 시작하는 기호가 +면 국제전화, 0이면 국내전화라고 생각하면 된다.
    ④ 123 : 로컬교환기
    ⑤ 4567 : 단말기 번호

---

12) 김석준(2019), 44-45쪽 참조.

가 있어야 한다. 또한 인터넷 주소도 개념적으로는 전화번호와 거의 유사하다. 표시하는 방법이 IP 프로토콜을 사용한다는 것과 도메인과 IP 주소라는 이원화된 방식을 쓴다는 것에서 차이가 날 뿐이다. 그러므로 전화번호체계를 잘 이해하고 있으면 인터넷주소체계를 이해하는데 많은 도움이 된다. [그림 4-4]는 지금까지 설명한 전화번호의 의미를 정리한 것이다.

4) 회선교환방식과 패킷교환방식

회선교환방식(circuit switching)은 여러 가지 속도의 데이터통신 회선을 시분할 다중 교환13)으로 통신 단말 상호 간의 통신 때마다 회선을 설정하는 방식이고, 패킷교환방식(packet switching)은 단말에서의 메시지를 교환기에 축적시킨 후 데이터 블록으로 분할하여 수신인 주소, 통신번호 등의 헤더(header)정보를 추가한 패킷으로 편집하여 출회선(出回線)을 선택하여 다음의 교환기 또는 단말로 전송하는 방식이다(네이버 지식백과).

음성전화만을 전달하던 집 전화나 시티폰 시대에는 계위별 교환망의 구조로 통신의 경로를 미리 설정하였다. 하나의 발신 단말기부터 어떤 경로를 통해 수신 단말기까지 도달할 것인지를 미리 지정하고, 그 정해진 경로 상의 통신망 자원을 예약해 놓는다. 일단 경로가 설정되면 사용 여부와 상관없이 그 경로에 설정되어 있지 않은 타 통신은 그 회선을 쓰지 못한다. 즉 정해진 사용자 간 통화가 아니면 회선을 사용하지 않고 비워 놓는다. 이러한 방식이 회선교환방식이다. 회선교환방식을 사용하게 되면 미리 설정된 회선을 사용하므로 간섭에 의해 중간에 통화가 끊어질 우려도 없으며 일정한 음성품질을 유지하면서 통화를 할수 있다. 이렇듯 회선교환방식은 음성에 적합하다. [그림 4-5]는 지금까지 설명한 회선교환방식의 통신망 경로 설정을 도식화한 것이다. 그림에서 전화기 1에서 전화기 4로 통화하는 것을 상정하였다. 그림에서 보듯이 전화기 1이 전화를 하면 음성 신호는 이미 설정된 교환기 A, 광역교환기, 교환기 C의 경로를 따라

---

13) 다중화(Multiplexing)는 하나의 통신회선을 통하여 여러 개의 독립된 신호를 전송하는 방식을 말한다. 다중화에는 주파수 대역으로 구별하여 다중화를 행하는 주파수 분할 다중방식(FDM)과 고주파 펄스에 의해 각각의 신호를 일정 간격으로 표준화하여 이를 정해진 시간축 상에 순서적으로 배열하여 전송하는 시분할 다중방식(TDM)이 있다(네이버 지식백과).

그림 4-5 회선교환방식의 통신망 경로 설정

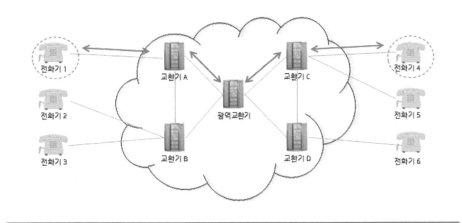

전화기 4에 전달된다.

그러나 데이터를 사용한다고 하면 회선교환방식은 매우 비효율적이다. 예를 들어 내가 인터넷 검색을 하는 상황을 설정해 보자. 어떤 내용을 찾기 위해 검색엔진을 클릭하고 검색어를 입력한다. 그리고 검색된 사이트 중 하나에 접속한다. 그리고 접속한 사이트에서 필요한 내용을 찬찬히 읽는다. 이때 통신망을 사용한 시간은 검색엔진에서 검색어를 입력할 때, 검색된 정보를 전달할 때, 그중 한 사이트에 접속할 때, 그 사이트 전체 데이터를 보내올 때이다. 검색한 사이트에 접속하고 나서 필요한 자료를 읽는 동안에는 통신망을 사용하지 않는다. 만약 내가 사용하는 통신망이 회선교환방식이라면 내가 자료를 읽는 동안 통신망을 사용하지 않는데도 타 통신이 그 통신망을 사용할 수 없다. 이것은 매우 비효율적이다.

이러한 문제점 때문에 데이터 통신은 패킷교환방식을 사용한다. 패킷교환방식은 두 단말기 사이에 일정한 경로를 미리 설정하는 회선교환방식과는 달리 사전에 경로를 설정하지 않는다. 대신 보내야 되는 정보를 패킷이라고 하는 작은 단위로 쪼갠다. 각 패킷은 그 상황에서 가장 효율적인 경로에 따라 최종 목적지까지 보내진다. 즉 미리 정해진 길 없이 현재의 상황에서 최적의 경로를 따라 최종 목적지까지 패킷들을 전송한다. 이때 쪼개진 패킷들은 서로 다른 경로를 따라 전송되기도 한다. 과거 교환기에는 이러한 기능이 제공되지 않아서 라우터(Router)14)라고 하는 별도의 데이터 전용 장비를 이용하여 패킷교환방식을 제공하였다. 최근에는 패킷방식을 전송하는 패킷교환기를 개발하여 사용하고 있다.

이러한 패킷방식은 회선방식과는 다른 특징을 가진다. 처음 보낸 것이 꼭 첫 번째로 도착한다는 보장이 없다. 왜냐하면 패킷마다 다른 경로를 따라 전송될 수 있기 때문이다. 따라서 최종 목적지에 도착한 패킷을 받은 순서대로 정리해 데이터로 사용하면 오류가 생길 수 있다. 순서가 흐트러질 수 있는 것이다. 그러므로 패킷방식은 회선방식에는 불필요한 몇 가지 추가 정보가 필요하다. 패킷은 정해진 길이 없기 때문에 어디서 어디로 가는지를 식별할 수 있는 정보를 가지고 있어야 한다. 또한 패킷 간의 순서를 식별할 수 있는 정보도 가지고 있어야 한다. 이러한 추가정보를 헤더(header)라고 한다. 그래서 우리가 보내는 패킷에는 원래 보내려는 정보 이외에 추가 정보가 함께 들어 있다. 필요한 추가 정보를 원래 보내려는 정보의 앞뒤에 붙여 새로운 형태의 데이터를 만드는 과정을 인캡슐레이션(encapsulation)이라고 한다. 인캡슐레이션을 하게 되면 원래 내가 보내려는 정보보다 더 큰 사이즈의 패킷이 만들어진다. 따라서 전송하는 양은 패킷방식이 회선방식보다 크다. [그림 4-6]은 지금까지 설명한 패킷교환방식의 전송을 도식화한 것이다. 그림에서 단말기 1에서 단말기 4로 데이터를 전송하는 것을 상정해 보자. 단말기 1이 데이터를 전송하면 데이터는 패킷1과 패킷2로 분할된다. 현재의 통신망 상태를 고려해서 패킷1은 교환기 A, 교환기 C를 거쳐 단말기 4로 전송된다. 패킷2는 교환기 A, 교환기 B, 교환기 D, 교환기 C를 거쳐 단말기 4로 전송된다. 단말기 4에서 패킷1과 패킷2는 합쳐져서 다시 원래의 데이터로 생성된다.

최근에는 음성전화조차도 패킷방식을 사용하고 있다. 패킷방식으로 인터넷

---

14) 라우터는 여러 개의 네트워크 사이에서 적절한 통신이 이뤄질 수 있도록 길 안내자의 역할까지 하는 장비를 말한다. 집에서 인터넷 TV를 신청하면 공유기를 설치하는데, 이 공유기가 라우터의 역할을 한다(네이버 지식백과).

패킷교환방식의 전송

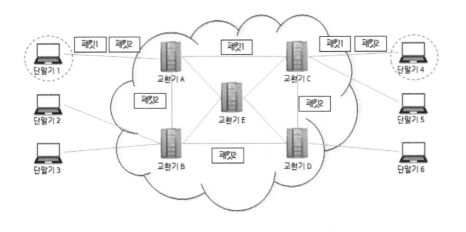

을 경유해서 음성을 송수신하여 통상의 전화처럼 이용하는 방식을 VoIP(Voice on IP)라 한다. 얼마 전까지만 하더라도 나쁜 음질로 인해 VoIP 서비스를 잘 사용하지 않았다. 그러나 기술의 발달로 품질이 많이 개선되면서 카카오톡 등을 통해 음성통화나 영상통화를 시도하는 사람들이 많이 증가하고 있다.

또한 4세대 이동통신인 LTE부터는 기존 교환기를 없애고 음성, 영상, 데이터 등 모든 통신을 인터넷 프로토콜(IP) 기반으로 만들었다. 이러한 서비스를 All-IP 서비스라고 한다. 모든 정보를 패킷으로 만들어 사용한다는 의미다. 이제 통신망은 회선방식에서 패킷방식으로 전환하고 있고, 적용되는 기술도 점차 발전하고 있다. 따라서 앞으로 통신망의 기본은 '전송데이터(또는 아날로그 정보)를 0과 1만으로 표시한 디지털 정보로 전환한 후에 패킷이라는 작은 단위로 쪼갠 다음 이를 라우터 장비를 통해 전송하는 것'이라고 이해하면 된다.[15]

5) 전파와 주파수

이동통신은 유선통신과 달리 전파를 이용한다. **전파**(電波, Radio waves)는 전자기파의 일종으로 적외선보다 파장이 긴 것을 말한다.[16] 전파는 라디오파라고

---

15) 김석준(2019), 46-51쪽 참조.

불리기도 하는데, 파장이 대략 1mm부터 100km사이에 있고, 주파수로는 3KHz부터 3THz까지의 전자기파이다. 전파는 공기 중에서도 빛의 속도로 퍼지므로 외국에서도 바로 옆에 있는 것처럼 바로 통신이 가능하다. 이러한 성질을 이용하여 전파는 주로 라디오 · 지상파 텔레비전 · 레이다 등에서 신호와 정보를 보내는 수단으로 사용된다. 전파는 파장에 따라 초저주파 · 초장파 · 장파 · 중파 · 단파 · 초단파 · 극초단파 등으로 나뉜다. 전파는 물결처럼 출렁거리며 앞으로 뻗어 나가는데 이때 한번 출렁거리는 길이를 파장이라고 한다. [그림 4-7]에서 보듯이 마루와 마루 사이의 거리가 파장이다.

그림 4-7 **전파의 파장**

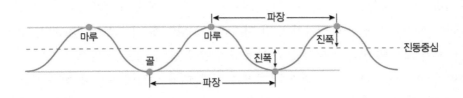

각각의 전파는 파장에 따라 퍼져 나가는 방법과 도달범위 등에서 차이가 있기 때문에, 그 특성에 따라 고유한 용도로 쓰인다. 파장은 도중에 산과 건물 등의 장애물이 있을수록 방해를 받아 수신이 약해지는데, 파장이 짧을수록 방해를 더 많이 받는다. 때문에, 파장이 긴 전파는 장애물 뒤쪽에도 도달할 수 있기 때문에 장애물이 많은 곳에서 사용하기에 적합하고, 파장이 짧은 전파는 장애물 뒤쪽까지 도달하지 못하기 때문에 장애물이 많은 곳에서 사용하기에 부적합하다(위키백과). 전파는 보이지 않지만 어디든지 도달한다. 예를 들어 유리창을 통과하기도 하고, 콘크리트 벽을 통과해서 들어가기도 한다. 물론 사물에 부딪혀

---

16) 전자기파(electromagnetic wave)는 전기장과 자기장의 진동양상이 공간에서 진행하는 파동이다. 인간이 오래전부터 알고 있던 볼 수 있는 빛, 곧 가시광선은 전자기파이다. 뿐만 아니라 눈에 보이지 않는 빛인 자외선과 적외선도 전자기파이고, 통신에 사용하는 전파, 방사선으로 알려진 엑스선, 감마선도 모두 전자기파이다. 이러한 전자기파는 파장 또는 주파수에 따라 구분할 수 있다. 네이버 지식백과 참조.

반사되어 들어가는 경우도 있다. 전파를 이용한 이동통신이 어디서나 사용 가능한 이유가 여기에 있다. 하지만 사용되는 주파수가 저대역인지 고대역인지 하는 주파수 특성과 지나가는 경로에 장애물이 있는지의 여부에 따라 전파가 잘 전달되는 정도가 달라진다. 따라서 제공하려는 서비스가 무엇이냐에 따라 사용하는 주파수 대역이 결정된다.

주파수(Radio Frequency)는 전파의 떨림을 말한다. 즉 단위 시간(보통 1초) 당 동일한 상태가 반복되는 횟수이다. 1초 동안 몇 번 진동하는지를 표시하는 단위는 Hz(헤르츠)이다. 100Hz면 1초에 100번 진동한다는 것을 의미한다. 파장이 길고 진동횟수가 적을수록 저대역 주파수, 반대로 파장이 짧고 진동횟수가 많을수록 고대역 주파수이다. 우리가 귀로 들을 수 있는 가청영역이 20~20,000Hz 대역이다. 하지만 통신은 이렇게 낮은 주파수 대역을 사용할 수 없다. 왜냐하면 주파수 대역이 낮을수록 전파가 멀리 퍼지면서 모양(파형)이 흐트러지기 때문이다. 신호를 보내도 받는 측에서 무슨 내용인지 알아 볼 수 없는 모양으로 도달한다. 따라서 통신에 사용하는 주파수 대역은 일정 대역 이상이 되어야 한다.

전 세계 주파수 대역을 어떻게 쓸 것인가에 대한 분배는 세계무선통신주관청회의(WARC, World Administrative Radio Conference)가 결정한다. 우리나라도 이 회의에 참석해 주파수 사용을 논의한다. 그리고 국내에서 주파수 대역 사용 허가는 법에 따라 정부가 진행한다. 몇 년간 사용 허가를 줄지, 그 주파수 대역으로 어떤 서비스를 제공할지를 정부가 결정하고, 입찰을 통해 통신사업자들에게 해당 주파수 대역을 배분한다. 현재 우리나라에서 사용하고 있는 이동통신의 주파수 대역은 다양하다. 800MHz 대역과 1.8GHz 대역, 2.1GHz 대역[17] 등을 사용하고 있으며, 5G를 위해 3.5GHz 대역의 주파수를 경매로 할당하였다. 주파수는 국가자원이기 때문에 일정 기간 동안 지정된 서비스를 제공할 수 있는 사용권만 할당한다. 일정 기간이 지나면 재사용 권한을 승인 받거나 주파수를 반납해야 한다. 재사용 권한을 받을 때 역시 주파수 획득에 대한 대가를 지불해야 한다. 그리고 사용권을 받은 이후에도 실제 사용에 대한 주파수 사용료를 정

---

17) 1MHz=1,000,000Hz, 1GHz=1,000MHz.

부에 지급해야 한다. 즉 이동통신 시스템이 사용하는 주파수 이용료 이외에도 휴대전화당 주파수 이용료를 납부해야 된다. 휴대전화의 주파수 이용료는 고객이 내는 요금에 포함되어 있으며 이를 모아서 통신사업자가 정부에 대납한다. [그림 4-8]은 2023년 6월 현재 국내 이동통신 사업자에게 할당된 주파수 현황을 보여준다. 국내 이동통신 사업자에게 할당된 주파수는 800MHz~900MHz 대역, 1.8MHz 대역, 2.1GHz~2.6GHz 대역 그리고 3.5GHz 대역이다. 이동통신 사업자에게 할당된 주파수 총량은 SKT는 255MHz, KT는 215MHz, LGU+는 200MHz 등 총 670MHz이다. 2018년에 5G 용도로 28MHz 대역을 이동통신 3사에 배분하였으나, 2012년 12월에 이동통신 3사 모두 주파수 할당 조건인 기지국 구축 의무를 이행하지 않아서 정부는 해당 주파수 할당을 취소하였다. 그

그림 4-8 이동통신 사업자 주파수 할당현황

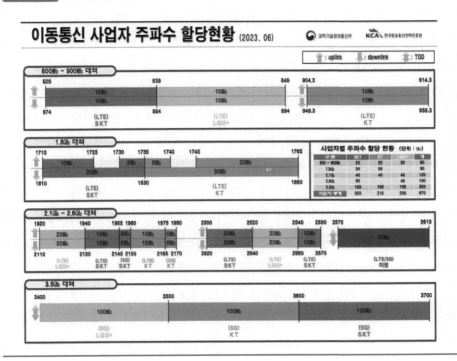

출처: 과학기술정보통신부.

리고 현재 새로운 기간통신사업자에게 그 주파수 대역을 할당하는 절차를 진행하고 있다.

이동통신사업자들은 주파수 경매에 들어가기 전에 그 주파수를 사용해 제공하고자 하는 서비스의 성격을 정하고, 주파수 확보 이후에 얻을 수 있는 수익을 계산해 주파수 가치를 산정한다. 이후 경매에 의해 수익을 얻을 수 있는 수준의 경매가격을 써 낸다. 낮은 가격으로 주파수를 확보했다면 향후 그 주파수를 사용해서 벌어들일 수익 대비 비용이 적게 들어가므로 이윤이 커진다. 하지만 만일 가치를 잘못 계산해서 너무 비싼 값으로 주파수를 할당받으면 미래 수익이 줄어든다. 이러한 이유 때문에 통신사업자들은 주파수 경매에 촉각을 세운다.

사업자는 주파수 대역을 신청할 때 주파수 대역에 따른 전파의 특성을 고려해 할당받고자 한다. 예를 들어 전파의 특성으로 회절성(回折性, diffraction)이 있는데, 낮은 주파수 대역일수록 회절성이 높다. 회절성은 중간에 장애물이 있어도 파동이 좁은 틈을 통과하여 그 뒤편까지 전달되는 성질을 말한다. 즉 회절성이 좋으면 장애물을 넘어 멀리까지 전달되고, 좋지 않으면 장애물에 막혀 더 이상 전달되지 못한다. 낮은 주파수 대역일수록 회절성이 좋고, 높은 주파수 대역일수록 회절성이 좋지 않다. 따라서 낮은 주파수 대역의 전파를 사용하는 이동통신서비스가 지하실이나 높은 건물이 많은 지역에서 더 유리하다. 또한 같은 세기의 전파를 발사해도 낮은 주파수 대역의 전파가 더 멀리까지 잘 펴져 나간다. 반면, 높은 주파수 대역의 전파는 회절성이 낮은 대신 전파의 흐트러짐이 적다. 또한 더 빠른 속도로 데이터 전송이 가능하다. 고속도로로 비유하면 높은 주파수 대역일수록 차선의 폭이 넓어서 차량 소통이 원활하다는 것을 말한다.[18] 이동통신 3사에 할당된 800MHz~900MHz 대역, 1.8MHz 대역, 2.1GHz~2.6GHz 대역, 3.5GHz 대역을 비교하자면 저대역일수록 더 넓은 기지국 커버지리를 가지고, 고대역일수록 더 고속의 데이터 전송이 가능하다. 따라서 2G, 3G, 4G, 5G 등 이동통신서비스가 고도화될수록 사용하는 주파수 대역은 점차 고대역으로 옮겨간다. 그러므로 음성전화가 주된 서비스이던 2G 시절에는 800MHz

---

18) 김석준(2019), 63-66쪽 참조.

대역이 황금 주파수 대역이었다. 800MHz의 주파수는 회절성이 뛰어나서 더 적은 기지국으로 더 많은 지역을 커버할 수 있었고, 지하 등에서 통화가 잘 터졌다. 그러다가 3G WCDMA 시대에는 전 세계적으로 공통 대역이었던 2.1GHz 대역이 황금 주파수로 떠올랐다. 그리고 초고속·초저지연·초연결을 중시하는 5G 시절에는 3.5GHz가 황금 주파수 대역이 되었다. 이처럼 황금주파수 대역은 제공하는 서비스가 고도화될수록 점차 고대역 주파수 대역쪽으로 옮겨간다.

6) 셀룰러 시스템

이동통신은 유선통신과는 다른 특성을 지닌다. 유선통신은 고정된 단말기와 통신회선이 연결되어 있고, 그 연결된 회선은 시스템의 세팅을 다시 하지 않는 한 바뀌지 않는다. 하지만 이동통신은 이동하면서 통신하기 때문에 이동단말기는 미리 지정된 통신장비와 연결되지 않고, 계속 이동하기 때문에 이동단말기와 연결하는 기지국을 그때마다 바꾸어 주어야 한다. 이러한 특성을 지원해 주기 위해 이동통신에서는 셀룰러 시스템(Cellular System)을 도입했다. 셀룰러 시스템은 기지국이 소출력 안테나를 통해 셀(Cell)이라 불리는 13~20km 반경의 무선 구역만을 담당함으로써 일정한 거리를 두고 같은 주파수를 재사용할 수 있게 해 주는 통신 방식이다. 다시 말해 셀룰러 시스템은 한정된 주파수 자원을 효율적으로 활용하기 위해 고안한 이동통신시스템이다.

이동통신서비스는 아날로그 방식이든 디지털 방식이든 모두 셀룰러 시스템을 사용한다. 이런 이유로 서비스 초기에는 모바일폰이라는 이름보다는 셀룰러폰이라는 이름을 더 많이 사용하였다. 셀룰러 시스템의 구성은 일반공중통신망과 이동통신망 간의 교환을 담당하는 무선 교환국, 셀이라 불리는 일정한 범위의 무선 구역, 무선 구역에서 무선 교환국과 사용자 단말기 상호 간의 송수신 기능을 담당하는 기지국 그리고 이동단말기로 이루어져있다(네이버 지식백과).

셀룰러 시스템은 [그림 4-9]에서 보듯이 서비스 대상이 되는 전체 지역을 마치 피부 세포처럼 작은 영역으로 나눈다. 이때 나누어진 영역을 셀(Cell)이라고 한다. 각 셀의 중심에는 기지국이 설치되어 해당 셀 내의 이동통신 단말을 이동통신망과 접속하도록 해준다. 또한 기지국이 관리하는 서비스 품질을 강화

그림 4-9 셀룰러 시스템의 기본 개념도

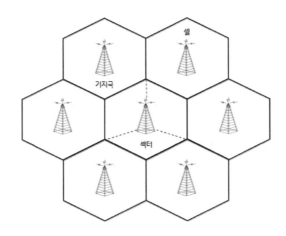

하기 위해 셀을 안테나의 방향성을 조절하여 여러 개의 섹터로 분할하여 송수신 신호를 처리한다. 일반적으로 하나의 셀을 120도씩 분할하여 세 개의 섹터로 운영한다. 셀을 섹터로 나누는 이유는 섹터별로 다른 가입자 군을 수용하여 시스템적으로 수용 가입자 수를 증가시키는 효과를 얻기 위함이다(네이버 지식백과).

  하나의 기지국이 커버하는 영역을 셀 커버지리(Cell Coverage)라고 한다. 셀의 커버리지는 기지국에서 송신하는 전파의 세기에 의해 결정된다. 기지국 안테나에서 발송한 전파의 세기에 의해 전파는 일정 거리를 날아간다. 이때의 전파가 최대로 도달되는 범위가 셀 커버리지다. 커버리지가 넓어지면 커버리지 내에 있는 휴대전화의 수가 많아진다. 셀 기지국에서 동시에 사용할 수 있는 휴대전화의 수가 일정하다면, 전체 지역의 관점에서는 각 셀별 사용할 수 있는 휴대전화의 수를 모두 더한 것이 전체 지역에서 동시에 사용할 수 있는 최대 휴대전화의 수가 된다. 이것이 셀룰러 시스템의 전체 용량이다. 만약 약한 전파를 사용해 기지국의 셀 커버리지를 작게 하면 그만큼 기지국 수가 늘어나기 때문에 전체 시스템의 용량이 커진다. 하지만 총 기지국의 수가 늘어난 만큼 투자비가 증가한다. 그렇다고 셀 커버리지가 좁을 때 많은 수의 기지국을 만들지 않는다면 통신이 되지 않는 음영 지역이 늘어나 이동통신 서비스의 품질이 떨어진다. 따라서 통신사 입장에서는 최적의 셀 커버리지를 설계하는 것이 매우 중요하다.

셀룰러 방식 이전에는 광역 방식을 사용하였다. 광역 방식은 전체 서비스 지역을 하나의 기지국에서 담당하는 일종의 단일 셀 시스템이다. 광역 방식은 기지국과 멀리 떨어진 변두리에서 기지국으로 송신하려면 이동 단말기의 전력이 세야 하지만, 셀룰러 시스템은 여러 셀로 나누어져 있어서 상대적으로 기지국과 거리가 짧아서 송신에 필요한 하는 전력이 줄어들고 배터리 수명도 길어지는 장점이 있다. 광역 방식은 하나의 기지국으로 전체 지역에서 제한된 수의 무선채널을 사용하여 송수신하며, 서비스 범위는 기지국 안테나의 성능에 따라 결정된다. 또한 광역 방식은 한 채널이 사용 중인 경우 그 채널은 동일한 서비스 지역 내에서 중복해서 사용할 수 없으므로 가입자 수용 능력은 그 셀에 할당된 무선채널 수가 된다. 그러나 셀룰러 시스템에서는 전체 무선채널의 일부분을 사용하므로 무선채널은 인접 채널의 간섭으로 영향을 받지 않는 다른 셀에서 재사용할 수 있다. 따라서 셀의 크기를 줄임으로써 한정된 주파수 자원을 이용하여 시스템의 수용능력을 향상시킬 수 있다.

그러나 셀룰러 시스템은 특정 지역에 사람이 많이 몰리는 경우 통화 연결에 문제가 발생한다. 서울 광화문광장에 엄청나게 많은 인파가 모이는 때가 있다. 이런 때에는 아주 좁은 지역 내에서도 휴대전화 수가 너무 많기 때문에 통신이 잘 되지 않는다. 그리고 인적이 드문 외곽 지역에 가면 휴대전화의 배터리가 빨리 소모되는 현상이 나타날 때도 있다. 휴대전화와 기지국의 거리가 멀면 휴대전화에서 기지국까지 더 강한 전파를 송신해야 하므로 더 많은 전원이 소모된다. 이렇게 모든 지역이 기지국의 커버리지에 포함되도록 하면서도 최소의 기지국을 설치하도록 설계하는 것이 이동통신 회사의 기술이며 이러한 기술을 셀 플래닝(Cell Planning)이라고 한다. 우리나라 이동통신은 세계적으로 품질이 좋다고 알려져 있다. 많은 기지국을 설치하기도 했지만, 뛰어난 셀 플래닝 기술로 셀룰러 시스템이 잘 설계되고 잘 유지 관리되고 있기 때문이다.

휴대전화에서 송신한 전파가 기지국에 도달하면 기지국은 이 신호를 이동통신교환기를 통해 유선 통신방식과 동일한 전송 과정을 거친다. 이동통신이라고

하는 것은 휴대전화와 기지국 간만 무선이고 나머지 구간은 모두 유선이다. 그래서 이동통신은 유선 통신과 상호 연동되어 있으며 인터넷을 통한 데이터통신과도 연동되어 있다. 기지국과 휴대전화 사이의 특성을 제외하고는 유선 통신과 개념상 큰 차이는 없다. 다만, 휴대전화의 위치가 수시로 변하기 때문에 휴대전화의 위치를 항상 시스템에서 관리하고 있어야 된다는 점이 유선통신과 다르다.[19)

7) 핸드오프(핸드오버)

핸드오프(Handoff)는 이동전화 이용자가 통화를 하면서 하나의 기지국에서 다른 기지국으로 이동할 때 통화 채널을 자동으로 전환해 주어 통화가 끊기지 않고 계속되도록 해주는 기능이다. 이를 핸드오버(Handover)라고도 한다. 이동통신은 기본적으로 움직이면서 통신을 한다. 하나의 커버리지에서 통화를 시작했으나 이동하면서 원래 기지국의 커버리지를 벗어나는 경우가 빈번하다. 이럴 때도 끊김없이 통신이 가능했던 이유가 핸드오프라는 기능 때문이다. 핸드오프는 통화 중에 이동하여 기지국의 영역을 벗어나도 자연스럽게 기존의 기지국에서 새로운 기지국으로 통신을 연결시키는 기능을 말한다.

그림 4-10 핸드오프

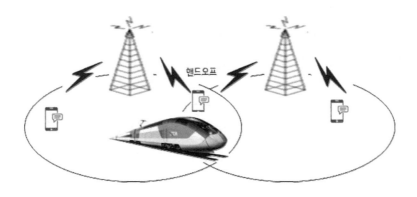

---

19) 김석준(2019), 63-66쪽 참조.

예를 들어 [그림 4-10]에서 보듯이 고속열차를 차고 있는 사람이 통화를 하고 있을 때, 일정 거리를 벗어나면 원래 통화를 하고 있던 기지국을 점점 벗어난다. 그리고 특정 지점을 지날 때 즈음이면 기존의 기지국 전파와 다음 번 기지국 전파의 세기가 거의 비슷해진다. 열차는 계속 가고 있기 때문에 조금 더 벗어나면 기존 기지국과는 완전히 멀어져 통신을 할 수 없는 상태에 이르게 된다. 이동통신에서는 이 경우 기존의 통신을 끊지 않으면서 다음 기지국과 연결하여 통화를 계속할 수 있게 해 주는 기능이 있다. 이것이 바로 핸드오프이다.

이러한 핸드오프는 새로운 통화 채널을 열기 전에 기존의 채널을 먼저 끊는 하드 핸드오프(Hard Handoff)와 기존의 채널을 끊기 전에 통화 채널을 먼저 연결하는 소프트 핸드오프(Soft Handoff)가 있다. 현재 이동통신사들은 아무리 짧은 시간에 연결을 하더라도 통화가 끊어질 가능성이 있으므로 두 기지국에서 동시에 수신을 해 하나의 음성통화로 사용자에게 들려주는 소프트 핸드오프를 사용한다. 그런데 소프트 핸드오프가 일어나는 동안은 두 기지국으로부터 똑같은 신호를 받기 때문에 전체 이동통신 시스템에서 쓸 수 있는 통신 채널의 수는 그만큼 감소한다. 하나의 통신에 양 셀의 기지국에서 두 개의 통신 채널을 점유하기 때문이다. 그렇다고 두 개 이상의 신호를 받는 지역을 좁게 설정하는 것이 능사는 아니다. 빠른 위치 이동 등으로 통화가 끊어지는 현상이 발생할 수 있기 때문이다. 이러한 문제도 셀 플래닝을 통해 해결한다.[20]

8) 가입자 위치등록기(HLR)와 방문자 위치등록기(VLR)

유선전화는 단말기가 고정되어 있기 때문에 통화를 시도하면 이미 정해진 통신경로를 따라 상대방에게 쉽게 연결할 수 있다. 그런데 휴대전화는 일정한 위치에 고정되어 있는 것이 아니라 수시로 움직인다. 그것도 기지국을 수시로 옮겨 다니면서 말이다.

이런 경우 휴대전화는 어떻게 상대방을 찾아서 통화를 연결하는 걸까? 그 답은 로밍이다. 로밍은 이동통신 서비스 가입자가 자신의 정보를 등록하고 있는 이동교환국 이외의 지역이나 타 사업자 또는 외국에서도 서비스를 받을 수 있

---

20) 김석준(2019), 56-59쪽 참조.

게 해 주는 기능을 의미한다. 이동통신에서는 로밍을 제공하기 위해서 특별한 가입자 관리 방법이 필요하다. 바로 휴대전화가 현재 있는 영역에 대한 위치등록이다. 이동통신에서 위치등록을 이해하기 위해서는 가입자 위치등록기와 방문자 위치등록기 기능을 알아야 한다. 아래에서는 두 기능에 대해 설명한다.

만일 현재 휴대전화가 위치한 지역의 가장 가까운 기지국을 시스템이 실시간으로 업데이트해서 알고 있다면, 휴대전화로 오는 착신 통화는 언제든지 가장 가까운 기지국과 연결해서 통화를 연결해 주면 된다. 그런데 이동통신에서 모든 휴대전화의 가장 가까운 기지국 정보를 실시간으로 시스템이 알아서 업데이트하는 것은 불가능하다. 그나마 휴대전화가 통화를 하고 있거나 데이터를 쓰고 있는 경우에는 사용하는 기지국을 알 수 있지만, 사용하지 않고 움직이는 상황에서는 현재 가장 가까운 기지국에 대한 정보를 파악할 수 없다. 그러므로 이동통신에서는 휴대전화가 어느 기지국과 가장 가까운지에 대한 실시간 정보를 가지고 있지 않으면서도 통화를 연결시키는 방법이 필요하다. 이를 위해 고안해 낸 것이 가입자 위치등록기와 방문자 위치등록기이다.

이동통신 시스템에서는 모든 휴대전화가 어느 기지국에 있는지에 대한 실시간 정보는 없지만 어떤 '위치등록영역'에 있는지에 대한 정보는 항상 기록한다. 기지국 단위의 가장 가까운 기지국을 기록할 수 없지만, 수 개 혹은 수십 개의 기지국을 묶어서 영역 단위로 위치를 기록하는 것은 가능하다. 이렇게 수 개 혹은 수십 개 이상의 기지국을 묶은 영역을 위치등록영역(LRA, Location Registration Area)이라고 한다. 이동전화 시스템은 휴대전화가 저장된 위치등록영역을 벗어나면 위치등록 갱신(Location Update)을 한다.

휴대전화의 위치등록 갱신은 다음과 같은 과정을 거친다. 모든 이동통신 가입자는 가입을 할 때 가입자의 정보를 가입자 위치등록기(HLR, Home Location Resister)에 저장한다. HLR은 이동통신 서비스 가입자의 정보를 영구적으로 관리하는 데이터베이스이다. 이 HLR에는 고객 정보나 사용량 정보뿐만 아니라 현재 휴대전화가 현재 어떤 위치등록영역에 있는지에 대한 위치 정보가 들어 있다. HLR에 저장하는 되어 있는 위치등록영역 정보를 기초로 동일한 위치등록영역 내에 있는 모든 휴대전화의 위치 정보를 한 곳에 저장해 두는데 그것을 방문자 위치등록기(VLR, Visitor Location Register)라 한다. VLR은 교환기 단위로 만들어져 있는 경우가 많다. VLR은 이동통신 가입자가 방문한 지역의 이동교환국에 가입자 정보를 일시적으로 저장하는 데이터베이스이며, 가입자가 서비스 영역을 벗어나면 방문 가입자에 대한 정보는 삭제된다.[21)]

[그림 4-11]로 도식화해서 지금까지 설명한 개념을 기반으로 010-1234-5678 번호로 전화를 걸면 통화가 어떻게 연결되지를 설명한다. [그림 4-11]에서 010-1234-5678 번호의 휴대전화는 전원을 켜는 순간 전화번호를 포함한 메시지를 기지국으로 보낸다. 기지국은 이 메시지를 교환기로 보낸다. 교환기는 메시지를 보고 그 가입자가 홈 교환국의 가입자인지 방문 가입자인지를 판별한다. 이때 방문 가입자라면 교환기는 VLR에 현재 위치의 위치등록영역을 저장하

그림 4-11 이동전화서비스의 개념도

■ 내가 010-1234-5678 번호의 휴대전화에 걸면 어떻게 통화가 연결되는 걸까?

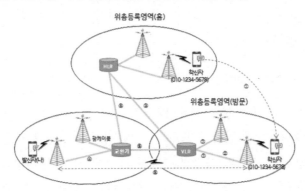

① 010-1234-5678이 방문 영역으로 이동
② 방문 영역의 VLR에 010-1234-5678 위치등록 저장
③ 방문 영역의 VLR은 010-1234-5678의 HLR에 위치정보 전송
④ 이제 내가 010-1234-5678에 전화 연결 시도
⑤ 교환기는 010-1234-5678의 HLR로부터 해당 VLR 정보 확인
⑥ 교환기는 VLR에 010-1234-5678를 찾는다는 페이징 신호발송
⑦ 방문 영역의 VLR은 해당 영역 모든 기지국에 페이징 신호발송
⑧ 응답 신호의 세기가 가장 큰 기지국과 통화 연결

---

21) 김석준(2019), 60-62쪽 참조.

고 방문 가입자의 HLR로 위치등록영역 정보를 전송한다. 그러고나서 010-1234-5678 번호의 휴대전화와 통화를 하겠다는 신호가 오면 이동전화 시스템은 그 번호를 보고 그 번호의 HLR을 검색하고 해당 번호의 교환기에 신호를 보낸다. 해당 교환기의 HLR에 저장되어 있는 위치등록영역 정보를 파악하고, 그 위치등록영역에 해당하는 VLR 정보를 요청한다. VLR 정보를 알아내면 교환기는 해당 VLR에 묶여 있는 모든 기지국에게 010-1234-5678 번호를 찾는다는 페이징(Paging) 신호를 발송한다. 페이징 신호를 받은 010-1234-5678 번호의 휴대전화는 이에 대한 응답을 한다. 응답 신호를 받은 기지국들은 모두 응답을 받았다는 신호를 VLR 교환기에 보낸다. VLR 교환기는 그중에서 가장 센 수신감도를 가진 기지국을 찾고 그 기지국 내에 010-1234-5678 번호의 휴대전화가 있음을 판단하고, 그 기지국을 이용해 통화를 연결한다.

이렇게 이동통신 시스템에서는 우리가 알지 못하는 사이에 서로 많은 신호를 주고받는다. 따라서 휴대전화는 사용하지 않아도 일정 시간이 지나면 배터리가 많이 소모된다. 특히 움직임이 많거나 기지국이 멀리 있는 교외지역으로 가면 배터리 소모가 빨라진다.

9) IP 주소와 도메인[22]

IP 주소는 전 세계 모든 컴퓨터와 IP 통신이 가능한 기기들에게 부여된 고유의 식별번호다. 현재 인터넷 프로토콜(IP) 버전 4(IPv4)를 사용하고 있으나, IP 주소를 사용하는 기기의 폭발적 증대를 대비해 IP 버전 6(IPv6)을 준비하고 있다. IPv4 주소는 213. 121.135.171과 같이 4개의 숫자와 '.(닷, 점)'으로 이루어져 있다. 이 주소의 형태는 사용자들이 볼 수 있는 모양으로 만들어진 것이고, 컴퓨터에는 아래 [표 4-2]와 같이 0과 1의 디지털로 전환된 값이 주소로 저장된다. 정보를 디지털로 표현할 때 가장 최소 단위는 비트(bit)이다. bit는 binary digit의 약자이다. 즉 2진수라는 이야기다. 2진수는 0과 1로만 표현된다. 8개의 비트가 모여서 1바이트(byte)가 된다.

---

22) 김석준(2019), 83-90쪽 참조.

표 4-2	IPv4 주소의 구조
IP 주소	213.121.135.153
디지털 전환	110101101.1111001.10000111.10011001

그런데 8개의 비트(1바이트)로 표현할 수 있는 숫자의 범위가 0~225 사이의 값이므로 IP 주소의 4개의 숫자는 모두 이 범위 안에 드는 값이어야 한다. IP 주소에 쓰인 숫자가 256 이상인 값이 없는 이유이다. 따라서 IPv4 주소로 표현할 수 있는 주소의 수는 32개 비트의 0 또는 1로 구성된 숫자이기 때문에 총 2^{32}개다. IPv4는 4개의 바이트로 구성되어 있으나, 최근에 사용을 시작한 IPv6는 16개의 바이트(128개의 비트)로 이루어져 있어서 거의 무한대 수준인 총 2^{128}개까지 주소 표현이 가능하다. IP 주소가 필요한 경우 임의로 주소를 만들 수 없다. 단체나 국가가 필요한 경우에는 반드시 전 세계 인터넷 주소를 관리하는 기관[23]에 할당을 요청해서 일정 규칙에 의해 주소를 할당 받아야 한다.

앞에서 말한 IP 주소는 네트워크에 연결되어 있는 기기들을 식별하는 주소로 사람들이 직관적으로 알기 어렵다. 그래서 사람들이 쉽게 알 수 있는 이름이 필요한데, 이럴 때 사용하는 것이 도메인이다. 우리가 일반적으로 알고 있는 'www.microsoft.com', 'www.naver.com' 등이 도메인이다. 도메인을 지을 때는 몇 가지 규칙이 있다. 우선 256자 이상의 도메인은 등록이 불가능하다. 그리고 숫자나 영문자의 조합으로 구성되어야 하며, 특수문자는 사용할 수 없다. 전 세계 어디서나 읽고 사용할 수 있어야 하므로 시스템에서 혼선을 줄 수 있는 한글이나 특수문자 등은 사용하지 못하도록 되어 있다. 최근에는 한글로 되어 있는 도메인도 볼 수 있는데, 이러한 다국어 지원 도메인은 시스템에서 사용하는 도메인이 아니다. 시스템에서 사용하기 위해서는 적절한 변환이 필요하고, 한글

---

23) 인터넷 주소는 전 세계 유일하게 지정되어야 하므로 전 세계 인터넷 주소를 관리하는 인터넷할당번호관리기관(IANA, Internet Assinged Numbers Authority)에서 통합 관리를 한다. 이 IANA는 전 세계 인터넷 주소의 구조를 정하고 각 지역별 네트워크정보센터(NIC, Network Information Center)에서 세부 주소 할당 방안을 위임한다. 아시아태평양 지역의 네트워크정보센터(APNIC, Asia Pacific NIC)와 같이 지역별로 나뉘어 있고, 각 국가별 네트워크 정보센터들로 구성되어 있다. 우리나라에는 한국인터넷정보센터(KRNIC, Korea NIC)가 있다. 국내에서 도메인을 등록하기 위해서는 한국인터넷정보센터에서 주소를 할당 받는다. 김석준(2019), 83-84쪽 참조.

도메인을 다시 기본 도메인 이름으로 바꿔 주는 서비스가 있어야 한다.

도메인이 지정되면 그 도메인을 사용하는 사람에게 고유의 이름을 부여할 수 있다. 이렇게 부여된 고유 이름을 우리는 보통 이메일 주소로 사용한다. 다음의 예를 보자.

※ 예: moon@xyz.co.kr
- kr: 한국(미국 us, 일본 jp, 중국 cn)
- co: 영리기관(비영리기관 or, 대학 ac, 정부 go)
- xyz: 한국(kr)의 영리기관(co)의 컴퓨터 네트워크 중에서 xyz라는 기업의 호스트 컴퓨터
- moon: xyz.co.kr 도메인 주소의 호스트 컴퓨터를 이용하는 사용자의 ID
- moon@xyz.co.kr: 한국의 xyz 기업에 다니는 moon에게 메일을 보낸다는 것을 의미

위의 예에서 at 기호(@)의 뒷부분(xyz.co.kr)이 도메인 이름이고, 앞부분(moon)은 이 도메인을 사용하는 사용자의 ID다. 도메인 xyz.co.kr은 다음 3개의 확장자 영역으로 나뉜다. 맨 뒷자리의 kr은 한국을 의미한다. 미국은 us, 일본은 jp, 중국은 cn이다. 중간 자리의 co는 영리기관(기업 등)을 의미한다. 비영리기관은 or, 대학은 ac, 정부는 go이다. 맨 앞자리의 xyz는 한국(kr)의 영리기관(co)의 컴퓨터 네트워크 중에서 xyz라는 기업의 호스트 컴퓨터를 의미한다. moon은 xyz.co.kr 도메인 주소의 호스트 컴퓨터를 이용하는 사용자의 ID를 의미한다. 즉 우리가 moon@xyz.co.kr 주소로 메일을 보내면 한국의 xyz 기업에 다니는 moon에게 메일을 보낸다는 것을 말한다.

또한 인터넷 주소를 표현하는 방식에 URL이 있다. URL(Uniform Resource Location)은 인터넷에서 사용되는 자원의 위치를 통일적으로 표현하는 주소다. 일반적으로 웹브라우저의 주소창에 입력하기 때문에 인터넷 주소와 혼동하는 경우가 많은데, 인터넷 주소는 호스트의 위치를 나타내는 것이며, URL은 인터넷 도메인 이름이나 IP 주소뿐만 아니라 이메일, 파일 전송 등 다양한 컴퓨터 네트워크 정보자원을 이용하는 형태에 대한 정보도 들어 있다. 아래 예를 보자.

※ 예: https://www.xyz.co.kr/market/report2023.pdf
 - https://: 브라우저가 어떤 방식으로 웹사이트에 접속을 해야 하는지 알려주는 프로토콜 방식
 - www: URL의 완전한 주소를 표현하는 방식
 - xyz.co.kr: 도메인으로 불리는 웹사이트의 고유 주소
 - market: xyz.co.kr 도메인 호스트 컴퓨터의 디렉토리 이름
 - report2023.pdf: 찾으려는 파일 이름

일반적으로 URL의 구조는 위와 같다. 'https://'는 브라우저가 어떤 방식으로 웹사이트에 접속을 해야 하는지 알려주는 프로토콜이다. 우리가 어디를 방문할 때 버스를 타고 갈지, 택시를 타고 갈지, 자차를 몰고 갈지 하는 것처럼 어떻게 인터넷 상에서 찾아갈지를 결정하는 방식이라고 생각하면 된다. 프로토콜에는 2가지 방식이 있다. http와 https가 그것이다. 두 방식의 차이점은 암호화 여부이다. https는 정보를 암호화해서 보여주는 방식이고 http는 그렇지 않다. 요즘 대부분의 웹사이트는 개인 정보나 신용카드 결제 등의 암호화가 필요해서 https를 사용한다. 'www'는 URL의 완전한 주소를 표현하는 방식이다. 우리가 전화번호를 국내에서는 +82를 붙이지 않고 사용하고 있지만 원래는 전화번호에 +82가 붙은 맥락과 같다. 'xyz.co.kr'은 도메인으로 불리는 웹사이트의 고유 주소이다. 사용자가 접속하려는 네트워크 정보자원이 있는 서버의 위치에 해당한다. 'market'는 파일 디렉토리 이름인데 서버 내 디렉터리 구조에 따라 어디에 파일이 들어 있는지를 알려준다. 'report2023.pdf'는 우리가 찾으려는 파일의 이름이다. 이 파일은 앞의 디렉토리에 들어 있다. 즉 위의 예는 한국의 xyz라고 하는 기업의 웹서버(www.xyz.co.kr)에서 market이라는 폴더에 있는 report2023. pdf라는 파일을 https 프로토콜을 이용해 볼 수 있다는 의미이다.

사실 URL은 컴퓨터가 이해할 수 없는 주소이다. 사용자의 편의를 위해 문자로 만들어진 주소이다. 컴퓨터가 URL을 인식하기 위해서는 이 URL을 받아 숫자로 된 컴퓨터 주소, 즉 IP 주소로 변환하는 작업이 필요하다. 이때 도메인 이름을 IP 주소로 변환하는 서비스를 DNS(도메인 네임 서비스)라고 한다.

10) 웹서비스와 HTML[24)]

웹(Web)은 월드 와이드 웹(World Wide Web, www)의 약자로 인터넷 상의 정보를 하이퍼텍스트 방식과 멀티미디어 환경에서 검색할 수 있게 해주는 정보 검색 시스템이다(위키백과). 웹은 1989년 스위스 제네바의 유럽입자물리연구소에서 개발한 정보와 자료의 공유 및 교환 서비스이다. 1993년에 미국 일리노이 대학교 NCSA 연구소의 대학생이었던 마크 앤드리슨(Marc Andreessen)과 에릭 비나(Eric Bina)가 '모자이크'라는 웹 브라우저를 개발한 이후부터 확산 속도가 빨라졌고, 현재 대표적인 인터넷 서비스로 자리매김하고 있다. 인터넷과 웹 서비스를 혼돈할 정도로 대부분 인터넷 서비스는 웹을 이용해 제공된다. 웹 서비스를 위해 사용되는 프로토콜은 https(http over Secure Socket Layer), 문서나 파일은 HTML(Hyper Text Markup Language) 형식을 사용한다. HTML로 작성된 문서를 https 프로토콜 방식으로 전달하면 웹브라우저는 이를 컴퓨터 화면에 디스플레이를 해 준다. 모자이크 이후에 넷스케이프사의 내비게이터, MS사의 인터넷 익스플로러, 구글 크롬 등 많은 브라우저가 개발되어 사용하고 있다.

웹서비스에서 사용하는 문서의 형식인 HTML은 전통적인 텍스트 형식의 순차적 구조를 가지고 있지 않다. 문서와 문서 간에 순서가 정해져 있지 않고, 하나의 문서는 독립적으로 존재한다. 그 문서 내 특정 단어와 연관된 텍스트가 있다면 그 단어에 정의되어 있는 하이퍼링크(Hyperlink)에 의해 관련 텍스트로 이동하도록 하는 문서 구조이다. 하이퍼링크를 따라 이동하는 행위를 웹서핑 또는 웹브라우징이라 하며, 관련 되어 있는 내용들이 모여 있는 웹 페이지들의 집합을 웹사이트라 한다(위키백과). 인터넷 페이지의 내용을 읽는 도중에 하이퍼링크가 표시되어 있는 단어를 보고 그 단어의 내용이 궁금하면 클릭만 하면 된다. 그러면 그 단어를 설명한 새로운 페이지로 연결되어 내용을 확인해 볼 수 있다. 한 개의 페이지 단위로 만들어진 정보를 노드(node)라고 하고, 다른 노드와 연결을 하는 단어를 링크(link)라고 한다. 하이퍼텍스트는 노드와 링크를 단위로 하는 정보의 구조화 방식이라 할 수 있다.

---

24) 김석준(2019), 95-98쪽 참조.

하이퍼텍스트 형태로 정보를 가공하고 분류하는 문서 표준을 정의한 것이 HTML이다. HTML은 웹 서버에서 하이터테스트로 구성되어 있는 문서를 작성하고 표현할 수 있도록 한다. 즉 웹 서버에 기록되어 있는 자원들을 코드화하는 방식을 정의해 놓은 것이다. 텍스트 정보뿐 아니라 그래픽, 오디오, 비디오, 프로그램 파일 등 다양한 형식의 자료를 구성할 수 있다.

이러한 HTML도 지속적인 서비스 요구 사항을 반영해 발전하고 있다. 1996년 이후 기능을 획기적으로 개선한 XML(eXtensible Markup Language)이 정의되었으며, 이것은 기존 HTML보다 홈페이지 구축 기능, 검색 기능 등이 향상되었고, 클라이언트 시스템의 복잡한 데이터 처리를 더 쉽게 한다는 장점을 가지고 있다. 현재는 HTML도 계속 발전하고 있으며 HTML5까지 업그레이드되었다.

11) 근거리 무선통신

근거리 무선통신은 짧게는 수 센티미터부터 멀어도 백 미터 이내의 짧은 거리를 무선으로 연결하는 서비스를 말한다. 근거리 무선통신 기술에는 바코드, QR코드, RFID, NFC, 블루투스, 와이파이 등이 있으며, 우리의 실생활에서 결제 시스템, 물류관리, 데이터 전송, 링크, 제어 등 많은 분야에서 편리하게 사용하고 있다. 바코드와 QR코드는 적외선 센서를 활용한 기술이고, RFID, NFC, 블루투스, 와이파이 등은 주파수를 활용한 기술이다.

(1) 바코드

바코드(Bar code)는 흰색 바탕 안에 검은색 줄이 다양한 굵기로 표기된 형태로 컴퓨터가 판독할 수 있도록 고안된 코드이다. 주로 제품의 포장지에 인쇄된다. 바코드는 검은색은 붉은 빛을 흡수하고 흰색은 붉은 색을 반사하는 색의 성질을 이용해서 스캐너로 붉은 빛을 발사한 후 반사되는 빛의 양의 차이를 컴퓨터가 해석할 수 있는 정보로 변환해 주는 원리이다.

바코드의 발명은 식료품점 주인의 의뢰부터 시작되었다. 1948년 미국의 한 식료품점 주인은 물건의 판매·재고량을 일일이 계산해야 하는 불편을 해결하고자 필라델피아의 드렉셀 공과대학장을 찾아 갔지만, 거절당한다. 이때 둘의 대화를 들은 대학원생인 버나드 실버(Bernard Silver)가 그의 친구와 함께 시행착오 끝에 모스부호와 사운드 트랙 기술에 힌트를 얻어 최초의 바코드를 개발하고, 1952년 '분류 장치와 방법'이란 이름으로 특허를 냈다. 이 때의 바코드는 지금과 같은 막대모양이 아니라 원 형태의 바코드였다.

이후 1970년대 초 IBM사의 엔지니어 조지 로러가 수직선 모양의 바코드 디자인을 제안했고, 이것이 세계 최초로 바코드 표준 시스템으로 채택되었다. 1974년 미국 오하이오주 트로이시에 위치한 마쉬(Marsh) 슈퍼마켓에서 표준 바코드인 UPC(Universal Product Code)로 껌을 계산한 것이 세계 최초 도입 사례라고 전해진다. 한국에서는 서울올림픽이 개최되었던 1988년 5월20일에 바코드 시스템이 처음 도입되었다.

바코드는 이진법을 이용한다. 즉 0과 1만으로 제품을 읽는다. 바코드를 자세히 보면 많은 검은 선과 흰 여백으로 구성되어 있다. 검은 선은 1, 흰 여백을 0으로 인식한다. 여기에 선과 여백의 굵기에 따라 수를 달리 인식한다. 예를 들어, 0.3mm길이의 흰 막대를 0으로 설정하면 0.6mm의 흰 막대는 2개의 흰 막대로 인식하여 00으로 읽히고, 마찬가지로 0.3mm길이의 검은 막대를 1로 설정하면 0.9mm의 검은 막대는 검은 막대 3개로 인식되어 111로 읽히는 방식이다. 바코드에 빛을 쏘면 검은 막대에서는 적은 양의 빛을 반사하고 흰 막대에서는 많은 양의 빛을 반사하게 된다. 이 원리를 통해 바코드 판독기는 바코드에서 반사되는 빛을 받아들여 2진법으로 변환하는 과정을 거쳐 그 정보를 컴퓨터로 전송한다.

바코드에는 이진수를 십진수로 표현한 정보도 들어 있다. [그림 4-12]에서 보면 바코드 아래에 쓰여진 십진수가 그것이다. 이 십진수의 자릿수에 따라 바코드는 표준형 바코드와 단축형 바코드로 나뉜다. 일반적으로 표준형 바코드를 사용한다. 표준형 바코드는 13개의 숫자로 이루어져 있다. [그림 4-12]는 표준형 바코드를 보여주고 있는데 처음 3개의 숫자 880은 한국의 국가 코드, 다음 4개의 숫자 1037은 제조업체 코드, 다음 5개의 숫자 05375는 자체상품 코드, 마지막 1개의 숫자 3은 검증코드를 의미한다. 반면, 단축형 바코드는 8개의 숫자로 이루어져 있다. 처음 3개의 숫자는 국가 코드, 다음 3개의 숫자는 제조업체 코드, 다음 1개의 숫자는 자체상품 코드, 마지막 1개의 숫자는 검증 코드를 의미한다. [그림 4-12]에서 바코드를 자세히 살펴보면 시작과 가운데 그리고 끝 부분에 두 개의 긴 검은 막대가 있다. 이것은 숫자로 인식되지 않고 시작과 가 운데 그리고 마지막을 표시한다. 그리고 시작과 가운데 긴 막대 사이에는 총 24 개의 검고 흰 막대가 있다. 4개씩 묶여서 하나의 십진수 숫자를 만든다. 그러면 시작과 가운데 긴 막대 사이에서 총 6개의 십진수 숫자가 만들어진다. 마찬가지 로 가운데와 마지막 긴 막대 사이에도 총 24개의 검고 흰 막대가 있으며, 같은 원리로 총 6개의 숫자가 만들어진다.

십진수의 맨 마지막 숫자는 '체크 디지트(check digit)'이다. 체크 디지트는 바코드에 오류가 없는지를 검증하는 역할을 수행한다. 체크 디지트는 체크 디지 트를 제외한 앞의 숫자들에 의해 결정된다. 홀수 번째 자리에 있는 수들을 더하 고, 짝수 번째 있는 수들은 세배해서 더한 다음 이 둘의 총합에 더해져서 10배 수를 만들어 주는 숫자가 바로 체크 디지트이다. [그림 4-12]에서 앞의 자릿수 부터 홀수 번째 자릿수의 합은 $8+0+0+7+5+7=27$, 짝수 번째 자릿수의 합은 $8+1+3+0+3+5=20$이다. 홀수 번째 합과 짝수 번째 합의 3배는 $27+3\times 20=87$이다. 이 값이 10배수가 되려면 3이 더해져야 한다. 따라서 체크 디지트 는 3이 된다. 바코드의 마지막 숫자가 3이면 이 바코드는 정상이다. 만약 3이 아니면 잘못된 바코드인 것이다.

그림 4-12 **바코드의 원리**

그런데 1차원적인 가로줄만 새길 수 있는 바코드는 정보를 담을 수 있는 양에 한계가 있고 바코드를 읽어 들여야 하는 바코드 스캐너를 필요하다. 그래서 기술의 발전과 더불어 2차원적인 가로 세로를 모두 활용하고 크기까지 활용한 픽셀단위의 2차원 바코드가 생겼다. 이것이 바로 QR 코드이다.

(2) QR코드

QR코드는 1994년 일본의 덴소웨이브(デンソーウェーブ)라는 회사에서 처음으로 개발하고 보급하였다. QR은 Quick Response의 약자로 정보를 빠르게 인식하고 읽을 수 있는 2차원 바코드이다. QR코드는 흑백으로 이루어진 정사각형 모양의 패턴으로 구성되어 있으며, 각 패턴은 데이터를 나타낸다. QR코드는 담고 있는 내용이 많으면 일정 크기 간격으로 작은 사각형이 늘어난다. 이 정보에는 숫자 최대 7,089자, 아스키 문자 최대 4,296자, 한자 최대 1,817자, 한글 최대 1,700자까지 저장이 가능하다(위키백과). 당연히 바코드보다 더 많은 정보를 담을 수 있기 때문에 스마트폰의 보급이 늘어나고 활용도가 높아짐에 따라 쓰임새가 점점 많아지고 있다. 픽셀의 음영 구분으로 인식하기 때문에 꼭 검은 색이 아니더라도 사용이 가능해서 패키지나 인쇄물 등에 디자인적 요소로도 사용 가능하다. QR코드는 스마트폰 카메라 등의 장치를 통해 쉽게 스캔할 수 있으며, QR코드 스캐너 앱을 사용하여 정보를 읽을 수 있다. QR코드를 스캔해서 포함된 정보를 읽으면 해당 정보를 텍스트로 표시하거나 웹 페이지를 열거나, 연락처를 추가하는 등의 작업을 수행할 수 있다.

QR코드는 가로, 세로 두 방향으로 정보를 배열하고 있는데, [그림 4-13]과 같이 경계, 위치 찾기 심볼(파인더), 얼라이먼트, 타이밍 패턴, 버전 정보, 개별 단위(셀) 등으로 구성되어 있다. 경계는 다른 이미지와 구분해 주는 공간이다. QR코드를 보면, 모퉁이 세 곳에 위치한 커다란 사각형이 있고, 커다란 사각형 안에 작은 사각형이 들어 있다. 이를 '위치 찾기 심볼(파인더)'이라고 한다. 위치 찾기 심볼(파인더)은 어느 방향에서든지 QR코드를 빠르게 인식할 수 있도록 해주는 역할을 한다. 이를 기준으로 QR코드의 올바른 방향을 가늠한다. 얼라인먼트는 QR코드 스캔 방향을 일러주는 정사각형이다. 위치 찾기 심볼의 정사각형

그림 4-13 QR코드의 6대 구성 요소와 의미

① 경계: 다른 이미지와 구분하게 해 주는 공간
② 위치 찾기 심볼(파인더): QR코드임을 알 수 있게 해주는 세 개의 정사각형. 코드 방향을 잡아준다.
③ 얼라인먼트: QR코드 스캔 방향을 일러주는 정사각형. 위치 찾기 심볼의 정사각형보다 작다. QR코드가 훼손됐을 때에도 이 요소 덕분에 정보를 읽어 낼 수 있다.
④ 타이밍 패턴: QR코드 내 정보가 담긴 개별 단위를 인지하기 좋게 해준다.
⑤ 버전 정보: 해당 QR코드의 버전을 나타낸다.
⑥ 개별 단위(셀): 앞서 언급한 5개 요소를 제외한 '희고 검은 작은' 사각형들. 각각이 데이터를 담는 역할을 한다.

출처: https://daystudy.tistory.com/1064

보다 작다. QR코드가 훼손됐을 때에도 이 요소 덕분에 정보를 읽어 낼 수 있다. 타이밍 패턴은 QR코드 내 정보가 담긴 개별 단위(셀)를 인지하기 좋게 해 주는 역할을 한다. 버전 정보는 해당 QR코드의 버전을 나타낸다. 개별단위(셀)는 앞서 언급한 5개 요소를 제외한 '희고 검으며 작은 사각형들'이다. 각각이 데이터를 담는 역할을 한다.

(3) RFID(Radio Frequency Identification)

RFID는 주파수를 이용해 근거리에서 정보를 인식할 수 있는 기술이다. RFID를 이용하기 위해서는 RFID 전용 태그와 판독기가 필요하다. 태그는 안테나와 집적 회로로 구성돼 집적 회로 안에 정보를 기록하고 안테나를 이용해 판독기로 정보를 송신하는 역할을 한다. RFID는 전원 내장 여부에 따라 수동형 태그(Passive Tag)와 능동형 태그(Active Tag)로 구분한다. 수동형 태그는 배터리가 내장되지 않아서 외부 리더기의 전력을 이용하여 동작하며, 비교적 짧은 거리에서만 작동할 수 있다. 능동형 태그는 내장된 배터리를 통해 동작하며 더 긴 거리에서 신호를 전송할 수 있다. 또한 RFID는 사용 주파수 대역에 따라 LFID, HFID, UHFID, 마이크로파 등 네 유형으로 나뉜다. LFID는 125kHz와 134kHz 대역의 낮은 주파수 대역을, HFID는 NFC와 같은 주파수 대역인 13.56 MHz 대역을, UHFID는 433MHz와 900MHz 대역을, 마이크로파는 2.45GHz 대역을 사용한다. 마이크로파를 이용한 경우 인식 시스템의 인식 거리는 일반적으로 1m 정도로 짧다. 이러한 특성으로 활용하여 톨게이트 자동결재, 여권/ID 인식, SCM(공급망 관리) 등의 분야에서 활용한다.

RFID는 2차 세계대전 당시 영국이 자국의 전투기와 적군의 전투기를 자동적으로 식별하기 위해 최초 개발했으나, 당시 태그가 크고 값이 비싸 일반에게 보급하지는 못하고 군사 부분에서만 사용하였다. 그러다가, 태그의 소형화와 반도체 기술의 발달로 저가격, 고기능 태그가 개발되면서부터 다양한 분야로 확산되기 시작했다.

RFID는 장애물을 투과할 수 있고 비접촉식이며 대용량 메모리를 가지고 있다. 이동 중에 인식이 가능하고 여러 개의 태그를 동시에 인식할 수 있다. 데이터 처리는 매우 정확해서 데이터 처리의 신뢰성은 높다. 알고리즘에 의해서 높은 보안성도 유지할 수 있다. 읽기와 쓰기 기능이 있고 재사용이 가능하다.

그림 4-14 RFID의 개념도

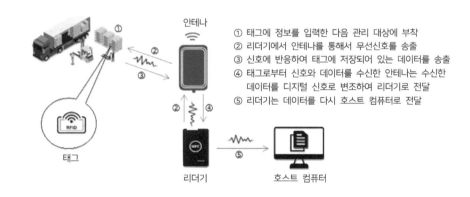

RFID의 작동원리는 [그림 4-14]와 같다. RFID 태그에 활용 목적에 부합하는 정보를 입력한 다음 관리 대상에 부착한다. 그리고 게이트, 계산대, 톨게이트와 같은 곳에 부착된 RFID 리더기에서 안테나를 통해서 무선신호를 송출한다. 태그는 신호에 반응하여 태그에 저장되어 있는 데이터를 송출한다. 태그로부터

신호와 데이터를 수신한 안테나는 수신한 데이터를 디지털 신호로 변조하여 리더기로 전달한다. 리더기는 데이터를 다시 호스트 컴퓨터로 전달한다.

RFID는 주로 태그가 달린 상품을 구분하고 인식하는 용도로 사용하고 있는데, 한국기술표준원에서 정의한 '무선인식'으로 더 많이 불리고 있다. 재고관리를 할 때 바코드를 적용하면 사람이 직접 다가가서 바코드 리더기를 이용해 읽어야 하지만, RFID를 사용하면 수십 센티미터 근처에 다가가는 것만으로도 인식이 가능해 더 편리하다. 그리고 얇은 카드 형식의 태그가 가능함에 따라 사원증, 출입증뿐만 아니라 교통카드나 금융 결재 수단으로도 활용하고 있다. 대표적 충전식 교통카드인 캐시비가 RFID를 사용하고 있다. 반면 T머니는 뒤에서 설명하는 NFC 기술을 사용한다. 최근에는 슈퍼마켓 등의 상점에서 사용하던 바코드를 대체하는 수요도 생기고 있다. 고속도로의 요금소에서 수납원 없이 통행료를 징수하는 '하이패스'는 RFID 기술을 사용한 대표적 사례이다. 차량에는 하이패스 단말기(RFID 태그), 요금소 상단에는 RFID 판독기가 부착되어 있다. 차량이 요금소로 진입하면, 판독기가 안테나를 통해 차량의 RFID 태그로 무선주파수를 보내고, RFID는 무선주파수에 반응하여 차량 운행 정보가 담긴 데이터를 안테나로 전송한다. 안테나는 전송받은 데이터를 디지털 신호로 바꿔 판독기

그림 4-15 RFID의 활용 범위

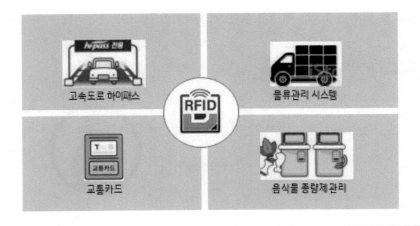

에 전달하고 판독기는 받은 데이터를 해독해 호스트 컴퓨터로 전달한다.

한편, RFID는 반영구적으로 사용가능하고 원거리 인식과 공간 제약 없이 동작이 가능하다는 장점이 있지만 가격이 비싸고 같은 주파수를 읽는 판독기가 있으면 정보가 유출될 수 있다는 단점이 있다. 또 국가별로 주파수가 다르다는 단점이 있다.

(4) NFC(Near Field Communication)

NFC는 더 짧은 거리에서 사용할 수 있는 무선통신기술로 2004년에 도입되었다. RFID가 무선인식 바코드라면 NFC는 무선인식 스마트카드이다. 주파수는 13.56MHz 대역을 사용하여 약 10cm 이내의 근거리에서 데이터를 교환할 수 있는 비접촉식 무선통신 기술이다. 스마트폰 등에 내장되어 교통카드, 신용카드, 멤버십카드, 쿠폰, 신분증 등 다양한 분야에서 활용할 수 있어 성장 잠재력이 큰 기술이다(네이버 지식백과). 스마트폰에 NFC 기술이 들어가면 일상생활에 여러모로 유용하다. NFC 칩이 내장된 스마트폰에 신용카드, 교통카드, 쿠폰, 신분증 등을 담아두면 지갑을 가지고 다니지 않아도 된다. NFC 기술 기반의 T머니앱을 설치하면 교통카드 없이 대중교통을 이용할 수 있고, 신용카드를 등록해 신용카드를 따로 꺼내지 않고도 식당에서 결제를 할 수 있고, 전시관에서는 전시 안내판에 표시된 NFC 태그에 스마트폰을 가져다 대면 전시물에 대한 설명을 내려받아 읽을 수 있다.

NFC의 단점은 10cm 이내의 짧은 거리에서만 통신이 가능하다는 것이다. 하

그림 4-16 NFC의 개념도

지만 이러한 특징은 오히려 짧은 거리이기 때문에 정보 교환을 더 안전하게 할 수 있고, 정보 이용자들을 확실하게 파악할 수 있어서 맞춤형 서비스를 제공하기에 적합하다는 장점으로 작용한다.

(5) 블루투스(Bluetooth)

블루투스는 기기와 기기 사이의 통신을 제공할 수 있는 용도의 근거리 통신을 위한 기술이다. 와이파이는 수십에서 백여 미터의 비교적 장거리 통신을 제공한다면 블루투스는 10미터 정도의 거리에서 휴대전화, 노트북, 이어폰, 헤드폰 등의 휴대 기기를 서로 무선으로 연결해 준다.

그러면 [그림 4-17]에서 보듯이 스마트폰과 무선 스피커하고는 어떻게 연결되는 걸까? 스마트폰과 무선 스피크에 블루투스 장치가 내장되어 있기 때문이다. 블루투스 장치는 블루투스 라디오와 블루투스 컨트롤러로 이루어져 있다. 블루투스 라디오는 무선 신호 송수신을 담당하고 블루투스 컨트롤러는 장치와 라디오 간의 통신을 관리한다. 스마트폰이 무선 스피커와 연결을 시도한다는 신호를 보내면 무선 스피커는 이 신호를 받고 스마트폰의 블루투스 장치의 신호

그림 4-17 **블루투스의 개념도**

를 받도록 설정되어 있는지를 확인한다. 설정되어 있으면 자체 신호를 다시 스마트폰의 블루투스 장치에 전송하여 응답한다. 이렇게 하면 두 장치 간에 무선 연결이 설정된다.

블루투스의 어원은 10세기 경 스칸디나비아 지역을 통일한 덴마크와 노르웨이의 국왕 해럴드 블루투스에서 유래하였다. 그는 블루베리를 좋아해 항상 치아가 푸르게 물들어 있었기 때문에 블루투스라고 불렸다고 한다. 블루투스의 기술 개발 및 제품 보급을 지원하기 위해 다국적 기업들이 설립한 비영리 단체인 블루투스 SIG(Bluetooth Special Interest Group)는 자신들이 개발한 기술이 통신장치들을 하나의 무선 기술 규격으로 통일하기를 바라는 마음에서 공식 명칭을 블루투스로 정했다.

블루투스의 무선 시스템은 ISM(Industrial Scientific and Medical) 주파수 대역으로 2.4GHz 대역을 사용한다. ISM 주파수 대역은 산업, 과학, 의료용으로 사용하는 경우 전파사용 허가를 받지 않아도 된다. 따라서 블루투스는 허가를 받지 않고 주파수를 사용하기 때문에 어떤 곳에서 어떤 방식으로 쓰이고 있는지 확인이 불가능하다. 즉, 편리한 만큼 해킹에 취약하다는 단점을 지닌다.

한편, 초창기 블루투스의 전송속도는 최대 1Mbps에 불과했다. 이는 고품질 음악이나 동영상과 같은 대용량 데이터를 전송하기에는 모자랐다. 그러나 점차 새로운 버전의 블루투스가 등장하면서 속도는 눈에 띄게 향상되어, 2010년에는 24Mbps 속도를 유지하면서 손목시계용 코인 배터리로도 수년간 쓸 수 있을 정도로 소비 전력을 낮춘 블루투스 4.0까지 나왔다. 최근에는 블루투스 5.3버전까지 출시되었는데, 이전 대비 전송 속도가 2배 빨라졌고 오디오 성능도 향상되었다.

(6) 와이파이(Wi-Fi)

인터넷과 와이파이의 차이는 무엇일까? 흔히 집이나 사무실에서 랜선을 이용해 인터넷을 사용할 때 이를 유선인터넷이라 부른다. 공유기를 설치하면 이 유선인터넷 회선에 흐르는 인터넷 신호를 무선 신호로 바꿔주어 신호가 닿는 범위 내에서 랜선을 연결하지 않아도 무선으로 인터넷을 사용할 수 있다. 이것이 와이파이(Wi-Fi)다. 즉 와이파이는 무선랜 즉 유선랜을 무선화한 것이다.

1990년대에는 컴퓨터 통신을 위해서 근거리 통신망(LAN, Location Area Network)이 활성화되었다. 이후 유선 기반의 LAN은 케이블에 의해 사용 및 이동이 제한되는 문제로 무선 LAN의 필요가 생겼고, 특히 노트북의 사용이 대중화되면서 랜선의 불편함을 해결하기 위해 와이파이에 대한 논의를 시작했다. 와이파이는 1990년부터 본격적으로 개발해 최근에는 근거리 통신 수단으로 자리 잡았으며, 모든 스마트폰, 태블릿, 노트북뿐만 아니라 프린터 등 이동성을 필요로 하지 않는 장비에까지 필수 탑재하는 기능이 되었다. 와이파이는 ISM 주파대역으로 지정된 2.4GHz 대역과 5GHz 대역의 주파수를 이용한다. 2.4GHz는 속도가 느린 대신 5GHz 대비 넓은 범위를 커버하며, 5GHz는 속도가 빠른 대신 도달거리가 2.4GHz 대비 짧다. 와이파이 공유기는 싱글밴드와 듀얼밴드가 있다. 싱글밴드는 1개의 신호만 보내며, 듀얼밴드는 2.4GHz와 5GHz 신호를 동시에 보낸다.

와이파이는 무선랜이지만 유선랜과 같은 수준의 속도와 품질로 데이터 통신서비스를 제공하는 것이 목표다. Wi-Fi는 Wireless Fidelity의 약자인데 무선(Wireless) 방식으로 유선랜과 같은 뛰어난 품질(Fidelity)을 제공한다는 의미를 지닌다. 와이파이의 기술표준은 미국 기반의 표준단체인 미국전기전자학회(IEEE, Institute of Electrical and Electronics Engineers)에서 개발한 무선랜 기술인 IEEE802.11을 이용한다. 와이파이의 기술표준인 IEEE802.11의 첫 버전은 1997년에 발표되었다. 이후 지속적으로 개발이 진행되어 2014년에 확정된 IEEE 802.11ac 규격은 이론적으로 최대 6.93Gbps의 속도를 낼 수 있다. 이는 기가급 속도를 지원하는 5세대 와이파이(Wi-Fi 5)로 불린다. 최근에는 Wi-Fi기술의 차세대 표준인 Wi-Fi 6이 상용화되었다. Wi-Fi 6은 "AX Wi-Fi" 또는 "802.11ax Wi-Fi"라고도 불리는데 최대 9.6Gbps의 속도를 낼 수 있다.

그런데 우리가 사용하는 와이파이는 안전할까? 2010년 구글코리아는 '스트리트 뷰' 차량을 통해 개인정보를 불법 수집한 혐의로 압수수색을 당하면서 와이파이에 대한 보안 문제가 도마에 올랐다. 스트리트 뷰는 구글이 제공하는 지도에서 일정 지점을 클릭하면 그 지점의 생생한 거리 사진을 보여주는 서비스

그림 4-18 **와이파이의 개념도**

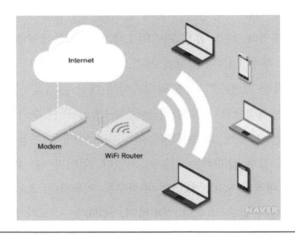

이다. 구글 차량이 돌아다니며 와이파이 수신 장치가 부착된 카메라로 거리 사진을 찍었는데 이들은 당시 공개돼 있는 무선인터넷 신호를 받으며 동시에 사용자들의 정보까지 수집한 것이 문제가 되었다. 와이파이 보안 문제의 대표적 사례이자, 사용자들이 보안에 관심을 갖게 한 사건이다.

와이파이 보안 문제는 크게 두 분류로 나눌 수 있다. 첫째는 사용자가 공유기를 개방한 경우이다. 공유기를 설치한 후 비밀 번호를 설정하지 않으면 누구나 자신의 와이파이에 접속할 수 있다. 그렇게 되면 내 집의 와이파이를 근처의 사용자들이 마음대로 쓸 수 있다. 이럴 경우 인터넷 속도가 느려지고, 더욱이 해커가 침입하여 내 개인 정보가 누출될 위험에 처하게 된다. 둘째는 우리가 개방된 무선 신호를 무분별하게 사용하는 경우이다. 문제는 해커가 의도적으로 자신의 와이파이를 개방해 두고, 이를 사용하는 사람의 정보를 훔쳐볼 수 있다는 것이다. 사용자의 접속 정보는 해커의 손에 넘어갈 수 있다. 만약 중요한 개인 정보나 금융 거래 정보가 포함되어 있다면 정말 위험한 일이다.

와이파이를 안전하게 사용하려면 되도록 암호화되지 않은 와이파이 이용을 자제하는 것이다. 휴대폰 기능 중에 '자동으로 와이파이 신호를 잡아 접속하는 것'은 가급적 해제해 놓는 것이 바람직하다. 모르는 신호는 되도록 쓰지 않는 것이 최선이다. 또한 자신의 집이나 사무실에서 쓰는 공유기는 꼭 개인 비밀번호를 설정해두는 것이 좋다.

지금까지 주파수를 이용한 근거리 무선통신 기술들에 대해 살펴보았다. 이들 기술들 간에 주파수대역, 통신거리, 주요 기능, 적용분야를 비교 정리하여 요약하면 [표 4-3]과 같다.

표 4-3 주파수를 활용한 근거리 무선통신 기술 비교

구분	RFID	NFC	블루투스	와이파이
주파수 대역	LF, HF, UHF, 마이크로파^{주)}	13.56MHz	2.4GHz	2.4GHz
통신 거리	수십~백 m	10cm	10m	수십~백 m
주요 기능	근거리 정보 교환	초근거리 정보 교환	휴대 기기 상호 연결	무선랜
적용 분야	자동차키, 물류, 통행료/캐시비	스마트폰(교통, 결제), T머니	스마트폰, 노트북, 스피커	스마트폰, 노트북, 프린트

3 정보통신기술의 발전

1) 인공지능(AI)

'인공지능'이라는 개념은 1956년 존 매카시(John McCarthy)와 마빈 민스크(Marvin Minsky) 그리고 그들의 동료들이 개최한 다트머스(Dartmouth) 컨퍼런스에서 처음 공론화되었다. 이후 과학과 기술이 발전함에 따라 여러 영역에서 다양한 의미로 이 개념을 사용하고 있다. 그렇기 때문에 인공지능을 딱히 무엇이라고 일의적으로 정의하는 것은 매우 어렵다. 왜냐하면 인공지능은 일종의 선재적(先在的) 개념이라기보다는 기술의 발전에 따른 프로그램 혹은 로봇 그리고 넓게는 이를 다루는 학문의 분야를 추후적으로 가리키는 개념이기 때문이다.[25]

---

25) 김형주(2016), "인공지능과 인간지능 개념에 대한 철학적 분석시도", 철학탐구, 제43집, 중앙대학교 중앙철학연구소, 164쪽 참조.

초기 인공지능 연구의 기틀을 다지고 지금의 연구에도 많은 영향을 미친 매카시는 2007년 '인공지능이란 무엇인가'라는 제목으로 발표한 인터뷰 형식의 보고서에서 인공지능을 "지능적인 기계, 특별히 지능적인 컴퓨터 프로그램을 만드는 과학 혹은 기술"이라고 말한다. 그의 인터뷰의 내용을 요약하면 다음과 같다.[26]

> "인공지능이란 지능을 가진 컴퓨터 프로그램이나 기계를 만드는 기술, 과학이다. 이는 인간의 지능을 이해하는 컴퓨터의 사용과 관계한다. 그러나 '지능'이라는 개념은 아직까지는 '인간지능'이라는 개념으로부터 전적으로 독립되어서는 확실한 정의를 가질 수 없다. 다만 확실한 것은 '지능'은 기본적으로 이 세계에 존재하는 특정한 목적을 성취하기 위한 계산적(computation) 능력의 일부라는 것이다. 이 능력은 동물, 기계, 사람에게 다양한 형태와 정도로 갖추어져 있다. 한편, 인공지능의 목적은 인간지능 만큼의 능력을 갖추는 것이다. 그러나 2007년 현재의 관점에서 이 목적의 달성은 회의적으로 보인다.[27]"

그럼에도 불구하고 인공지능의 개념을 정리하면 '인공지능(AI, Artificial Intelligence)은 인간의 학습능력, 추론능력, 지각능력을 인공적으로 구현하려는 컴퓨터 과학의 세부 분야 중 하나이다(위키백과)'라고 말할 수 있다. 즉 인공지능은 지능을 갖고 있는 기능을 갖춘 컴퓨터 시스템인데, 기계가 경험을 통해 학습하고 새로운 입력 내용에 따라 기존 지식을 조정하며 사람과 같은 방식으로 과제를 수행할 수 있도록 지원하는 기술이다.[28]

(1) 인공지능의 구분

인공지능은 약인공지능(Weak AI)과 강인공지능(Strong AI)으로 구분한다. 이 개념은 1980년에 존 설(John R. Searle) 교수의 제안으로 최초로 사용되었다.[29]

---

26) 김형주(2016), 165-166쪽 참조.
27) McCarthy(2007) 참조. 김형주(2106), 164쪽에서 재인용.
28) SAS, 홈페이지 참조. https://www.sas.com/ko_kr/insights/analytics/what-is-artificial-intelligence.html.
29) 네이버 블로그, "강인공지능과 약인공지능의 특징" 참조. https://alphaface-ai.com/ai/11/

그는 인간의 능력 일부를 시뮬레이션 하거나 이러한 작업을 목적으로 하는 것을 약한 인공지능이라고 정의했고, 인간의 마음을 복잡한 정보처리로 구현한 것을 강한 인공지능이라고 설명했다. 더 단순하게 정의하자면, 약인공지능은 유용한 도구로써 만들어진 인공지능이고, 강인공지능은 사람을 모방한 인공지능이다. 최근에는 약인공지능을 좁은 인공지능(ANI, Artificial Narrow Intelligence)이라고도 부르며, 강인공지능을 인공일반지능(AGI, Artificial General Intelligence)으로도 부른다.

우리가 흔히 볼 수 있는 현존하는 모든 인공지능은 **약인공지능(Weak AI)**에 해당한다. 스마트폰에 내장된 시리나 빅스비 같은 가상 개인 비서들, 지니와 같은 인공지능 스피커 등은 날씨 확인, 음악 재생, TV 온/오프와 같은 극히 제한된 작업만 수행할 수 있다. 알파고와 같은 바둑 인공지능, 배송 로봇, 자율 주행 자동차 등도 마찬가지다. 사람은 바둑을 두다가도 사회 문제에 대해 이야기할 수 있지만 알파고는 바둑만 둘 줄 알지 사회 문제에 답할 수 없다. 택배 기사는 본연의 업무 외에 사람을 간호할 수 있지만 배송 로봇은 사람을 간호해 줄 수 없다. 이렇게 약인공지능은 한 가지 일에만 특화되어 있으며, 자신의 본업이 아닌 다른 일을 전혀 할 수 없다.

반면, **강인공지능(strong AI)**은 인간이 할 수 있는 어떤 일도 해낼 수 있는 인공지능이다. 한마디로 하나의 강인공지능은 한 명의 사람과 다를 바가 없다. 강인공지능은 마치 인간처럼 생각하고, 느끼고, 이해하고, 지식을 지속적으로 학습할 수 있다. 그리고 인간처럼 여러 가지 종류의 일을 동시에 해낼 수 있다. 그렇기에 대부분의 약인공지능처럼 소프트웨어의 형태로만 존재하는 것이 아닌 팔, 다리 등 하드웨어를 갖춘 로봇의 형태로 실제 세상을 활보하게 될 가능성이 높다. 몇몇 미래학자들은 강인공지능이 등장한다면 언젠가 강인공지능이 인간들보다 더 똑똑한 기계를 스스로 만드는 것도 가능할 것이라고도 이야기한다.[30]

한편 **초인공지능(Superintelligence)**은 미래학자 레이 커즈와일(Ray Kuzweil)이 이야기한 인간지능과 인공지능의 융합으로 인간지능을 초월하는 특이점 이

---

30) 네이버 블로그, "약인공지능 vs. 강인공지능 vs. 초인공지능(초지능) 비교" 참조. https://blog.naver.com/1strider/222977113173

후의 인공지능을 말한다.[31] 초인공지능은 인간이 아닌 강인공지능이 만들 가능성이 높다고 여겨지지 때문에 종종 초지능이라고도 부른다. 즉 모든 인간의 지능 합을 능가하는 인공지능을 뜻한다. 초인공지능은 인간이 어려워하는, 심지어 생각해 본 적도 없는 문제들을 인간이 이해할 수 없는 방법으로 해결할 수 있고, 인간과는 비교할 수 없을 정도로 훨씬 더 빠르게 학습할 수 있다. 그리고 초인공지능은 모든 인간을 뛰어넘는 초월적인 존재이기에 자칫 인간에게 위험할 수도 있다고 여겨진다.[32] 대표적으로 영화 터미네이터에 등장하는 스카이넷과 최근에 개봉한 크리에이터에 등장하는 알피가 그 예이다.[33]

(2) 인공지능의 핵심 기술

① 머신러닝(Machine Learning) vs 딥러닝(Deep Learning)

머신러닝은 '로봇공학', '제어계측공학'과 같이 인공지능을 만들기 위해 기계를 학습시키는 다양한 방법론 중 하나인데, 사람이 정한 모델과 특정 추출 방법을 이용하여 데이터를 기반으로 기계적으로 학습해서 추론하는 기술을 말한다. 머신러닝이라는 용어는 1959년 아서 사무엘(Arthur Samuel)이 그의 논문에서 "명시적으로 프로그램을 작성하지 않고 컴퓨터에 학습할 수 있는 능력을 부여하기 위한 연구 분야"라고 정의한데서 비롯하였다. 머신러닝은 명확한 알고리즘 설계나 프로그래밍이 어려운 경우에 주로 이용한다. 대부분의 머신러닝 알고리즘은 먼저 데이터를 분석해서 데이터의 특징을 파악하여 복잡한 관계를 정량화하여 패턴을 식별한다. 이 식별된 패턴을 사용하여 새로운 데이터에 대한 예측을 실시한다. 머신러닝은 데이터로부터 유용한 규칙을 찾아내고, 이를 통해 판단 기준 등을 추출한다는 점에서는 전통적 통계학과 데이터 마이닝과 크게 다르지 않다.

---

31) 김석준(2019), 166쪽 참조.
32) 네이버 블로그, "약인공지능 vs. 강인공지능 vs. 초인공지능(초지능) 비교" 참조. https://blog.naver.com/1strider/222977113173
33) 영화 터미네이터는 군사 네트워크 망인 스카이넷과 이에 저항하는 인간들의 모습을 다룬 SF 장르의 영화이다. 스카이넷은 인류를 제어하고 파괴하기 위해 설계된 초인공지능을 지닌 슈퍼컴퓨터이다. 2023년에 개봉한 영화 크리에이터는 인류와 AI 간의 전쟁을 그린 SF 장르의 영화이다. 알피는 인류를 위협할 무기인 천진한 아이의 모습을 한 초인공지능 AI 로봇이다.

| 표 4-4 | 전통적 통계학과 머신러닝 차이점 |

구분	전통적 통계학	머신러닝
접근방식	확률변수를 통해 통계적 수치 검정	알고리즘 모델을 생성
기반	수학, 확률이론	비선형 데이터 피팅(data fitting)
목표	가설 검정, 현상 해석	예측 정확도 향상
변수(차원)	10개 이하의 소수 변수 활용	수십 개에서 수백 개의 변수
활용	과거와 현재 데이터를 활용한 현상의 해석	과거와 현재 데이터를 활용한 미래 예측
접근방향	가설 → 데이터	데이터 → 가설

출처: https://blog.naver.com/angryking/222180771677

　그렇다면 전통적 통계학과 머신러닝과는 뭐가 다른가? [표 4-4]는 전통적 통계학과 머신러닝 간의 차이점을 정리한 것이다. 통계학은 과거와 현재 데이터를 활용하여 현상을 해석하고 의미를 찾는 것에 집중하는 반면, 머신러닝은 미래를 예측하고 모델에 기반한 정확한 분류를 선택하는 것에 목적을 둔다. 통계학은 확률변수를 통해 통계적 수치를 검정하는 것에 집중하지만, 머신러닝은 알고리즘을 생성하여 예측 정확도를 높이는 것에 집중한다. 그리고 통계학은 소수의 변수를 활용하여 추론을 하지만 머신러닝은 보통 수십 개에서 많게는 수백 개의 변수를 활용하여 모델을 만든다. 이러한 차이 때문에 일반적으로 전통적 통계학은 우선 가설을 설정하고 데이터를 수집하고 이를 분석하여 가설을 검정하지만, 머신러닝은 데이터를 기반으로 가설을 끌어내어 검증한다.

　데이터 마이닝과 머신러닝은 어떻게 다른가? 데이터 마이닝은 대량의 데이터에서 일정한 규칙을 찾아내어 유용한 정보를 추출하는 것을 말한다. 그러나 머신러닝은 여기에 머물지 않고 알고리즘을 생성하여 새로운 데이터에 대한 예측을 수행하고 스스로 학습을 통해 알고리즘을 계속 발전시켜 나간다는 점에서 차이가 있다.

　컴퓨터 과학을 포함한 대부분의 분야에서 머신러닝을 활용하고 있으며, 컴퓨터 시각(문자 인식, 물체 인식, 얼굴 인식), 자연어 처리(자동 번역, 대화 분석), 음성 인식 및 필기 인식, 정보 검색 및 검색 엔진(텍스트 마이닝, 스팸 필터, 추출 및 요약, 추천 시스템), 생물 정보학(유전자 분석, 단백질 분류, 질병 진단), 컴퓨터 그래픽 및 게임(애니메이션, 가상현실), 로보틱스(경로 탐색, 무인 자동차, 물체 인식 및 분류) 등의 분야에서 응용하고 있다(네이버 지식백과).

반면 **딥러닝**은 머신러닝보다 더 작은 개념으로 '신경망'을 통해 인공지능을 만드는 머신러닝의 한 종류이다.[34] 그러나 딥러닝에서 사용하는 신경망의 개념이 머신러닝의 개념보다 이전에 나왔기 때문에 딥러닝이 머신러닝의 한 종류라고 보기 어렵다는 의견이 있다. 그러나 대체로 인공지능(AI), 머신러닝, 딥러닝의 개념을 논할 때 아래 [그림 4-19]와 같이 인공지능(AI)을 가장 큰 개념으로, 머신러닝을 인공지능의 하위개념으로, 딥러닝을 머신러닝의 하위개념으로 본다.

그림 4-19 인공지능(AI), 머신러닝, 딥러닝의 개념도

딥러닝은 인간의 두뇌가 수많은 데이터 속에서 패턴을 발견한 뒤 사물을 구분하는 정보처리 방식을 모방해 컴퓨터가 사물을 분별하도록 기계를 학습시킨다. 딥러닝 기술을 적용하면 머신러닝에서처럼 사람이 모든 판단 기준을 정해주지 않아도 컴퓨터가 스스로 인지·추론·판단할 수 있다. 음성·이미지 인식과 사진 분석 등에 광범위하게 활용한다. 구글 알파고도 딥러닝 기술에 기반을 둔

---

34) 딥러닝은 인공신경망을 사용하여 샘플 데이터를 통해 일반적인 규칙을 독립적으로 훈련하는 것을 말한다. 기계학습과는 다른 인공지능의 학습 분야라는 주장도 있으나, 대체로 기계학습의 한 방법으로 분류한다.

컴퓨터 프로그램이다(네이버 지식백과).

아래 [그림 4-20]에서 보듯이 머신러닝과 딥러닝은 모두 데이터를 분류하는 데 사용하는 인공지능 기술이지만 두 기술 간에는 큰 차이점이 있다. 바로 사람의 개입 여부이다. 머신러닝은 주어진 데이터를 인간이 먼저 처리한다. 인간이 먼저 컴퓨터에 특정 패턴으로 추출하는 방법을 입력하고, 그 이후 컴퓨터가 그 방법을 적용하여 스스로 데이터의 특징을 분석하고 축적한다. 이렇게 축적된 데이터를 바탕으로 문제를 컴퓨터 스스로 해결한다. 그림에서 보듯이 사람이 먼저 개와 고양이의 사진을 보고 개와 고양이의 특징을 추출한 다음 많은 예시를 통해 컴퓨터를 학습시킨 후에 컴퓨터가 스스로 사진을 보고 식별하게 만든다.

반면에 딥러닝은 머신러닝에서 사람이 하던 패턴 추출 작업을 생략한다. 컴퓨터가 스스로 데이터를 기반으로 학습할 수 있도록 정해진 신경망을 컴퓨터에

그림 4-20 머신러닝과 딥러닝의 차이점

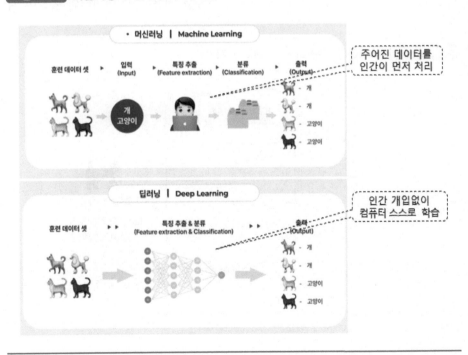

출처: https://www.codestates.com/blog/content/머신러닝-딥러닝개념 수정

게 주고, 어린아이가 학습하는 것처럼 경험 중심으로 학습을 수행한다. 즉, 인간이 개, 고양이의 특성을 추려 사전에 정의한 알고리즘과 규칙을 적용하는 머신러닝과 달리, 딥러닝에서는 심층 신경망을 통해 컴퓨터 스스로 개, 고양이의 특성을 훈련하여 개와 고양이를 분류한다.[35]

② 지도학습 vs 비지도학습 vs 강화학습

인공지능의 학습방법은 크게 지도학습, 비지도학습, 강화학습으로 구분한다. **지도학습**(Supervised Learning)은 정답이 있는 데이터를 활용해 학습시키는 방식이다. 즉 퀴즈와 정답을 같이 주면서 퀴즈 푸는 방법을 학습시키는 방식이다. 이처럼 입력 데이터뿐만 아니라 출력 데이터가 있는 경우에 가능한 학습방식이다. 데이터에 표시한 답을 레이블(label)이라고 부르고, 답을 표시하는 작업을 레이블링(labeling)이라고 한다. 지도학습 방식에는 대표적으로 분류(classification)와 회귀(regression)가 있다. 인공지능이 맞춰야 하는 데이터 속성이 '맞다, 틀리다', '개, 고양이'처럼 이산적(discrete)이면 분류를 적용하고, 데이터의 속성이 사

그림 4-21 **지도학습의 분류(classification) 개념도**

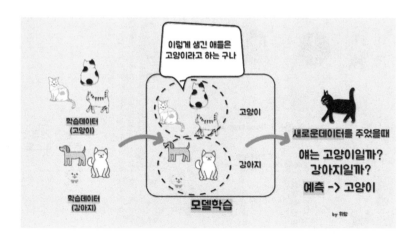

출처: https://blog.naver.com/stevia1850/223029564794

---

35) 네이버 블로그, "인공지능·머신러닝·딥러닝 차이점은?" 참조. https://www.codestates.com/blog/content/머신러닝-딥러닝개념

람의 키, 몸무게처럼 연속적(continuous)이면 회귀를 적용한다. [그림 4-21]과 같이 이미지 분류 문제를 예로 들어 설명하면, 이 사진은 강아지이고, 이 사진은 고양이다는 것과 같이 정답이 표시가 되어 있는 데이터를 가지고 있으면 사진을 보여주고 맞춰보라고 할 수 있다. 맞추면 칭찬을 하고(매개변수를 그 방향으로 조금 바꾸고), 틀리면 벌칙을 가함으로써(매개변수를 반대 방향으로 조금 바꾸는) 훈련을 반복하여 스스로 정답을 찾는다. 그런데 현실에서는 이렇게 답이 표시되어 있는 데이터는 많지 않다. 따라서 답이 없는 데이터를 처리하고 분석하는 학습방식이 필요하다. 그것이 비지도학습이다.

비지도학습(Unsupervised Learning)은 입력 데이터는 존재하지만 정답에 해당하는 출력 데이터가 없는 경우의 학습방식이다. 입력 데이터의 특징들만을 보면서 군집 등의 문제를 푼다. 즉 지도학습과는 달리 정답이 없는 데이터를 비슷한 특징끼리 군집화하여 새로운 데이터에 대한 결과를 예측하는 방법을 비지도학습이라고 한다. 정답이 없는 데이터로부터 패턴이나 형태를 찾아야 하므로 지도학습보다는 조금 더 난이도가 있다. 실제로 지도학습에서 적절한 특징(Feature)36)을 찾아내기 위한 전처리 방법으로 비지도학습을 이용하기도 한다. 비지도학습의 대표적인 종류는 군집화(Clustering)37)가 있다. 군집화는 입력 데이터 간의 비슷한 정도를 파악하여 비슷한 것끼리 모으는 것을 말한다. 예를 들어 [그림 4-22]와 같이 새, 물고기, 동물들이 뒤섞여 있는 여러 사진을 컴퓨터에 보여주면 스스로 사진들의 특징과 패턴을 추출하여 학습하고 유사한 특징과 패턴을 지닌 것끼리 모아 놓는다. 이 외에도 차원 축소(Dimensionality Reduction)38), 은

---

36) 머신러닝은 어떤 데이터를 분류하거나, 값을 예측(회귀)하는 것이다. 이렇게 데이터의 값을 잘 예측하기 위한 데이터의 특징들을 머신러닝/딥러닝에서는 "Feature(특징)"라고 부르며, 지도, 비지도, 강화학습 모두 적절한 Feature를 잘 정의하는 것이 핵심이다. 엑셀에서 attribute(column)라고 불리던 것을 머신러닝에서는 통계학의 영향으로 Feature라고 부른다. 예를 들어 고양이, 강아지 사진을 분류한다고 하면 고양이는 귀가 뾰족하다거나 눈코입의 위치, 무늬 등이 Feature가 된다. 키와 성별을 주고 몸무게를 예측한다고 하면 키와 성별이 Feature이다. Feature는 Label, Class, Target, Response, Dependent variable 등으로 불린다. https://ebbnflow.tistory.com/165 참조.
37) 클러스터링(clustering)은 비슷한 특징을 가진 데이터 포인트들을 함께 그룹화하는 것을 말한다. 클러스터링은 비지도학습의 한 종류로 Label이 지정되지 않은 데이터를 분석하고 그룹화하는 기법이다.
38) 머신러닝에서 사용하는 변수의 개수를 차원(Dimension)으로 표현하는데 변수의 수가 많아질수록 데이터의 차원이 커지게 된다. 이때 수많은 변수로 구성된 다차원 데이터 셋(date set)을 머신러닝에 입력할 경우 학습시간 증가 문제, 성능 저하 문제 등 이른바 "차원의 저주"가 발생한다. 차원 축소(Dimensionality Reduction)는 차원의 저주로 발생하는 성능 저하 문제를 방지하고자 데이터의

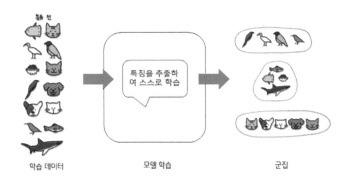

그림 4-22 비지도학습의 군집화(clustering) 개념도

출처: https://blog.naver.com/wedatalab/223068854851 수정

닉 마르코프 모델(Hidden Markov Model)[39]이 있다.

지도학습과 비지도학습 모델을 섞어서 사용할 수도 있다. 즉 지도학습을 통해 소량의 데이터를 사용해 먼저 분류 작업을 거친 다음 그 결과를 분류되지 않은 더 큰 데이터를 보강하는 방법으로 활용할 수도 있다. 그리고 최근 각광받고 있는 생성형 적대 신경망(GAN, Generative Adversarial Network)도 비지도학습에 해당한다. GAN은 챗GPT와 같은 생성형 인공지능(Generative AI)의 핵심기술이다. GAN은 영상을 생성하는 생성기와 진짜 영상과 가짜 영상을 판별하는 판별기로 구성된다. 과정은 이렇다. 생성기가 먼저 데이터를 학습해서 그럴듯한 초기 출력물을 생성한다. 완성도가 떨어지는 초기 출력물은 판별기로 보내진다. 판별기는 생성기가 만든 초기 출력물과 실제 영상을 구별하는 방법을 학습한다. 판별기는 완성도가 떨어지는 결과를 만든 생성기에 페널티를 부과한다. 이런 식

차원을 줄이는 기법이다. 차원 축소는 축약 과정에서 종속변수가 필요하지 않으므로 비지도학습에 해당한다.

39) 은닉 마르코프 모델(Hidden Markov Model)은 출력된 정보만을 가지고 숨겨진 상태(state) 정보를 추정하는 대표적 비지도학습 유형 중 하나이다. 기본 마르코프 모델에서는 시간(t)에 따른 상태(state) 정보가 관찰되나, 은닉 마르코프 모델(HMM)에서는 상태(state) 정보가 숨겨져 있고 출력(output)된 정보만 관찰된다. 은닉 마르코프 모델은 음성 인식, 자연어 처리, 몸짓 인식(gesture recognition) 등과 같이 대량으로 출력된 데이터를 통계적으로 패턴 분석하여 입력된 정보를 추론하는 데에 응용된다. 예로, 음성 인식 분야에서는 주어진 음성의 문자열(은닉 상태)을 찾기 위해 음성 신호의 변동을 확률 변수로 취급하여 입력 음성의 흔들림 등이 잘 분석된다.

으로 계속 생성기는 가짜를 만드는 훈련을 하고 판별기는 가짜를 구별하는 훈련을 하며 끊임없이 대결한다. 학습을 지속하면서 결국 생성기는 판별기를 감쪽같이 속일 수 있는 출력물을 만드는 데 성공한다. 실제로 2016년에 구글의 AI 화가 '딥드림'은 빈센트 반 고흐를 모사한 작품 29점을 97,000달러(약 1억 2,000만 원)에 판매했고, 2018년에 미국 뉴욕 크리스티 경매에서 프랑스 젊은 연구자들이 개발한 AI 화가 '오비어스'가 그린 초상화 '에드몽 드 벨라미'는 43만 2,500달러(약 5억 6,000억 원)에 낙찰되기도 했다.

그림 4-23 AI 화가 그린 반 고흐 작품과 초상화

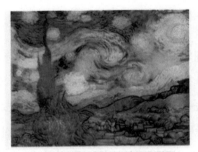 

(a) 구글 딥드림이 재현한 반 고흐 작품   (b) AI 화가 오비어스가 그린 초상화

출처: (a) 구글 딥드림 공식 홈페이지. (b) 크리스티 경매소 제공.

강화학습(Reinforcement Learning)은 인공지능 학습방식의 꽃이라 불리는데 지도학습과 비지도학습과는 조금 다른 개념이다. 행동 심리학의 강화학습이론에서 나온 학습방식인데, 분류할 수 있는 데이터가 존재하는 것도 아니다. 설사 데이터가 있어도 정답이 따로 정해져 있지 않다. 단지 자신이 한 행동에 대해 보상(reward)을 받으며 학습하는 것이 전부다.

강화학습에 등장하는 주요 개념들은 에이전트(Agent), 환경(Environment), 행동(Action), 보상(Reward) 등이다. [그림 4-24]를 보면 쉽게 이해할 수 있다. 반려견(Agent)을 훈련시키는 환경(Environment)에서 주인이 의도한 대로 행동(Action)하면 보상(Award)을 준다. 이를 게임에 적용하면 게임의 규칙을 사전에

그림 4-24 강화학습의 개념도

환경(Environment)

에이전트(Agent)

행동(Ation)

보상(Reward)

출처: https://blog.naver.com/wedatalab/223068854851

입력하지 않고 단지 자신(Agent)이 현재의 게임 환경(Environment)에서 높은 점수(Reward)를 얻는 방법을 스스로 찾아가며 행동(Action)하는 학습을 반복한다. 그러다가 특정 학습 횟수를 초과하면 높은 점수(Reward)를 획득할 수 있도록 설계한다. 이런 식으로 행동과 보상이 반복되면서 최적의 방법이 만들어진다.

만약 이것을 지도학습의 분류를 통해 학습을 한다면 모든 상황에 대해 어떠한 행동을 해야 하는지 모든 상황을 예측하고 답을 설정해야 하므로 엄청난 예제가 필요하다. 강화학습은 이전부터 존재했던 학습법이지만 당시 실생활에 적용할 수 있을 만큼 좋은 결과를 내지 못했다. 하지만 딥러닝의 등장 이후 강화학습에 신경망을 적용하면서부터 바둑이나 자율주행차와 같은 복잡한 문제에 적용할 수 있게 되었다. 좀 더 자세히 설명하면 고전적인 강화학습 알고리즘은 앞으로 나올 상태에 대한 보상을 모두 계산해야 하는데 실제 세상과 같이 상태 공간이 크면 현실적으로 모든 경우의 수를 계산할 수 없다. 그러나 최근에는 계산하는 대신 신경망을 통해 근삿값을 구함으로써 복잡한 문제를 해결할 수 있게 되었다. 강화학습에 딥러닝을 성공적으로 적용한 대표적 알고리즘으로는 알파고로 유명한 구글 딥마인드(DeepMind)에서 발표한 DQN[40]과 A3C[41]가 있다.

---

40) 구글 딥마인드는 2013년 NIPS, 2015년 Nature에 두 번의 논문 기고를 통해 DQN(Deep Q-Network) 알고리즘을 발표했다. DQN은 강화학습 알고리즘으로 유명한 Q-learning을 딥러닝으로

두 알고리즘 모두 다른 강화학습 알고리즘의 베이스라인이 되었다.[42] 지금까지 설명한 인공지능의 핵심기술들의 관계를 도식화하면 [그림 4-25]와 같이 표현할 수 있다.

그림 4-25 **인공지능의 핵심기술**

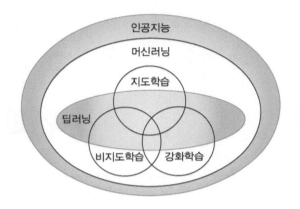

2) 클라우드(Cloud)

과거 1980년대 전후하여 원격지에 있는 컴퓨터와 근처에 있는 단말기 사이에 있는 수많은 통신장비 및 네트워크를 다 그리지 않고 구름 모양을 그려서 설명하였다. 이후 2000년대에 정보처리를 자신의 컴퓨터가 아닌 인터넷으로 연결된 다른 컴퓨터로 처리하는 기술이 등장하면서 이 개념을 설명하기가 애매하여 구름(cloud) 개념을 따와서 클라우드 컴퓨팅(Cloud Computing)이라고 한 것에서 클라우드가 유래하였다. 클라우드 컴퓨팅을 줄여서 클라우드라고 부른다. 즉 클라우드는 [그림 4-26]처럼 '컴퓨터 통신망의 내부는 복잡한 네트워크 및 서버

구현하여 인간 수준의 높은 성능을 달성한 첫 번째 알고리즘이다.

41) A3C는 비동기적 어드밴티지 액터크리틱(Asynchronous Advantage Actor-Critic)으로 2016년 구글 딥마인드가 발표한 대표적인 강화학습 방법 중 하나이다. A3C는 에이전트가 여러 개의 환경에서 동시에 행동을 수행하고 신경망을 학습해 나간다. 이렇게 여러 환경에서 동시에 신경망을 학습하기 때문에 비동기라고 부른다. 여러 에이전트가 독립적으로 개별 환경에서 행동, 보상, 비평을 발생시켜 나가며 강화학습을 진행한다. 이로써 다양한 경험을 통해 빠르고 효과적으로 학습할 수 있다.

42) 네이버 블로그, "[인공지능] 지도학습 · 비지도학습 · 강화학습" 참조. https://ebbnflow.tistory.com/165

그림 4-26 클라우드 컴퓨팅

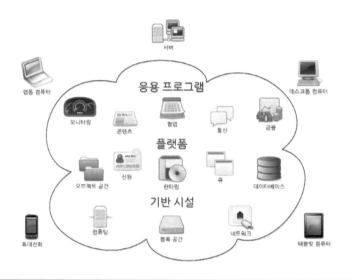

출처: 위키백과, https://ko.wikipedia.org/wiki/클라우드_컴퓨팅

등으로 구성되어 있는데 구름처럼 내부는 보이지 않지만, 일반 사용자는 이 복잡한 내부를 굳이 모르더라도 언제 어디에서나 구름 속의 컴퓨터 자원을 활용하여 자기가 원하는 작업을 할 수 있다.'는 의미를 내포한다. 이른바 동일한 체험을, 인터넷이 연결된 어디에서나 보장해 주는 것이다(나무위키).

클라우드는 [그림 4-27]과 같이 인터넷을 통해 액세스할 수 있는 서버와 이러한 서버에서 작동하는 소프트웨어와 데이터베이스로 구성되어 있다. 클라우드 서버는 전 세계에 분포되어 있는 데이터 센터에 위치한다. 클라우드 컴퓨팅을 사용하면 직접 물리적 서버를 관리하거나 자체 서버에서 소프트웨어 응용 프로그램을 실행하지 않아도 된다. 클라우드를 통해 사용자는 거의 모든 단말기에서 동일한 파일과 애플리케이션을 액세스할 수 있다. 컴퓨팅과 저장이 사용자 단말기에서 직접 실행되지 않고 데이터 센터의 서버에서 이루어지기 때문이다. 휴대 전화가 고장이 나서 새로운 휴대전화로 교체하더라도 인스타그램 계정에 로그인하면 모든 사진, 동영상, 대화 이력을 그대로 확인할 수 있는 것은 바로 클라우드 덕분이다.

그림 4-27 **클라우드의 구성도**

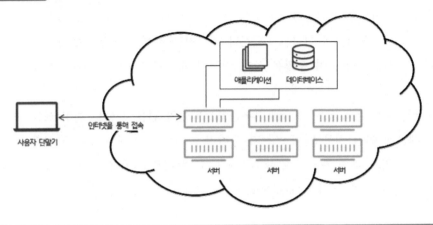

출처: https://www.cloudflare.com/ko-kr/learning/cloud/what-is-the-cloud/

기업의 경우 클라우드 컴퓨팅으로 전환하면 IT 비용과 간접비가 절감된다. 예를 들어, 자체 서버를 더 이상 업데이트하고 유지하지 않아도 된다. 클라우드 업체가 대신 처리하기 때문이다. 자체 내부 인프라를 구축하는 것이 부담스러운 작은 기업에 특히 효과적이다. 기업은 또한 클라우드를 통해 더욱 간편하게 전 세계에서 활동할 수 있다. 직원과 고객이 어디서나 동일한 파일과 애플리케이션 을 액세스할 수 있기 때문이다.

클라우드 컴퓨팅은 어떻게 작동할까? 그것은 가상화(virtualization)라는 기술 과 분산처리(distributed processing) 기술 때문에 가능하다. 가상화란 실질적으로 정보를 처리하는 서버가 한 대이지만 여러 개의 작은 서버로 분할해 동시에 여 러 작업을 가능하게 만드는 기술이다. 이를 활용하면 서버의 효율을 높일 수 있 다. 분산처리는 여러 대의 컴퓨터에 작업을 나누어 처리하고 그 결과를 통신망 을 통해 다시 모으는 기술이다. 분산처리 시스템은 다수의 컴퓨터로 구성되어 있는 시스템을 마치 한 대의 컴퓨터 시스템인 것처럼 작동시켜 규모가 큰 작업 도 빠르게 처리할 수 있다(네이버 지식백과). 따라서 클라우드 공급자는 서버 사 용을 동시에 훨씬 많은 고객에게 제공할 수 있고 더불어 비용도 절감할 수 있 다. 개별 서버가 멈추더라도 일반적으로 클라우드 서버는 언제나 온라인 상태와 가용성을 유지해야 한다. 이를 위해 일반적으로 클라우드 업체는 복수의 머신과 지역에 서비스를 백업한다. 한 곳이 문제가 생기더라도 서비스를 끊임없이 안정적으로 제공하기 위함이다. 그 덕분에 사용자는 사용하는 장치에 관계없이 브라우저나 앱을 사용하여 수많은 상호 연결된 네트워크, 즉 인터넷을 통해 안정적으로 클라우드에 연결한다.

클라우드 컴퓨팅은 하드웨어나 소프트웨어와 같은 자산을 빌려 쓰는 개념이기 때문에 어떤 것을 빌려 쓰는가에 따라 [그림 4-28]에서 보는 것처럼 소프트웨어 서비스(SaaS, Software as a Service), 플랫폼 서비스(PaaS, Platform as a Service), 인프라 서비스(IaaS, Infra as a Service) 등으로 구분한다.43)

그림 4-28 클라우드 서비스 유형

종류	클라우드 서비스의 제공범위	주요 특징	예) 식당 개업
IaaS	인프라(데이터센터/서버/네트워크/스토리지)	공간을 빌려 쓸 수 있다.	공간만 임대
PaaS	플랫폼(운영체제/미들웨어)	도구를 빌려 쓸 수 있다.	공간 + 도구 임대
SaaS	소프트웨어 · 애플리케이션	완성품을 빌려 쓸 수 있다.	공간 + 도구 + 요리사 임대

출처: https://www.cloudflare.com/ko-kr/learning/cloud/what-is-the-cloud/ 수정

IaaS(Infrastructure as a Service)는 사용자가 클라우드 공급자로부터 필요한 서버, 저장소, 데이터베이스, 네트워크를 필요에 따라 임대하여 이용하는 서비스이다. 그리고 클라우드 인프라로 자체 응용 프로그램을 구축한다. IaaS는 기

---

43) 김석준(2019), 123쪽 참조.

업이 원하는 건물을 지을 수 있는 토지를 임대하는 것과 같다. 하지만 기업은 직접 건설 장비와 재료를 마련해야 한다. 인프라의 확장 등 추가 투자가 필요한 경우 빠른 확장이나 해체 등이 가능하다는 장점이 있다. 식당 개업으로 비유하자면 건물만을 월세로 임차하는 것이다. IaaS 공급자에는 DigitalOcean, Google Compute Engine, OpenStack 등이 있다.

PaaS(Platform as a Service)는 사용자가 장치에 운영체제 등 플랫폼을 설치하는 대신 온라인으로 빌려 쓰는 서비스이다. PaaS 업체는 개발 도구, 인프라, 운영 체제를 포함한 애플리케이션 구축에 필요한 모든 것을 인터넷을 통해 제공한다. PaaS는 집을 임대하는 대신 집을 짓는 데 필요한 모든 도구와 장비를 빌리는 것과 비슷하다. 자체 플랫폼 개발에 따른 비용과 시간을 줄일 수 있는 장점이 있으나 특정 플랫폼에 종속될 수 있는 단점이 있다. 식당 개업으로 비유하자면 건물뿐만 아니라 요리를 만들기 위해 필요한 도구, 즉 식기를 비롯한 조리기구, 화구 등까지 한꺼번에 빌려 쓰는 것이다. PaaS의 대표적 플랫폼에는 Heroku와 Microsoft Azure 등이 있다.

SaaS(Software as a Service)는 사용자가 장치에 소프트웨어를 설치하는 대신 온라인으로 빌려 이용하는 서비스이다. 가장 쉬운 예로 웹 메일 서비스다. 식당 개업으로 비유하자면 건물과 요리를 만들기 위해 필요한 도구뿐만 아니라 요리사 등 필요한 건 모두 있는 식당 자체를 빌리는 것이다. SaaS의 대표적 솔루션에는 Salesforce, MailChimp, Slack 등이 있다.

과거에는 IaaS, PaaS, SaaS가 클라우드 컴퓨팅의 3대 모델이었으며 모든 클라우드 서비스는 이들 범주 중 하나에 속했다. 하지만 최근에 네 번째 모델이 나타났다. FaaS라는 서비스이다.

FaaS(Function as a Service)는 클라우드 응용 프로그램을 필요할 때만 이용하는 서비스인데, 서비스를 관리할 필요가 없다는 의미에서 서버리스 컴퓨팅(serverless computing)이라고도 불린다. 한 번에 집을 조금씩만 임대할 수 있는 상황을 가정해 보면 이해하기 쉽다. 예를 들어, 임차인은 식사할 때 식당에 대해, 잘 때 침실에 대해, TV를 볼 때 거실에 대해 비용을 지불하면 되고, 방 전체에 대한 임대료를 지불하지 않아도 된다. FaaS 즉 서버리스 응용 프로그램은 다른 클라우드 컴퓨팅 모델과 마찬가지로 여전히 서버에서 실행한다. 또한 서버리스 기능은 응용 프로그램 사용자가 증가하면 확장되거나 복제된다. 저녁 시간에 손님이 많아지면 필요에 따라 식당을 늘릴 수 있는 것을 생각해 보면 된다.44)

3) 빅데이터(Big Data)

(1) 빅데이터의 정의

빅데이터는 좁은 의미로는 기존의 방식이나 도구로 수집, 저장, 분석할 수 없을 정도로 방대한 규모의 정형·비정형의 데이터 집합이다. 넓은 의미로는 이러한 데이터를 이용하기 위해 수집, 저장, 분석할 수 있는 기술 방식과 새로운 방식에 의해 의미 있는 패턴을 추출해 미래의 상황을 예측하는 것까지를 빅데이터라고 한다.45) 어떤 그룹에서는 빅데이터를 테라바이트46) 이상의 데이터라고 정의하기도 하며 대용량을 처리하는 아키텍처라고 정의하기도 한다(네이버 지식백과).

표 4-5 **디지털 정보단위**

KB	MB	GB	TB	PB	EB	ZB	YB
킬로 바이트	메가 바이트	기가 바이트	테라 바이트	페타 바이트	엑사 바이트	제타 바이트	요타 바이트

출처: https://mbanote2.tistory.com/587

세계적인 컨설팅 기관인 매킨지(Mckinsey)는 '빅데이터의 정의는 주관적이며 앞으로도 계속 변화될 것'이라고 보고 있다.

---

44) Cloudfare, "클라우드란 무엇입니까? 클라우드 정의" 참조. https://www.cloudflare.com/ko-kr/learning/cloud/what-is-the-cloud/

45) 김석준(2019), 133쪽 참조.

46) 1TB=1,000GB=1,000,000MB. 1테라바이트(TB)의 크기를 대략적으로 가늠해 보면 노래 한 곡이 5MB라고 했을 때 1TB에는 200,000곡을 저장할 수 있고, 영화 한편이 700MB라고 했을 때, 1TM에는 영화를 1,429편을 저장할 수 있다. 1PB=1,024TB. 삼성전자는 2023년 3월 중국에서 개최된 중국 플래시메모리써밋(CFMS)의 기조연설에서 향후 10년 뒤 SSD의 최대 용량을 1PB까지 높일 수 있다고 전망했다. https://www.businesspost.co.kr/BP?command=article_view&num=310535

(2) 빅데이터의 특성

빅데이터는 그냥 큰 데이터만을 의미하는 것은 분명 아니다. 가트너(Gartner)는 '빅데이터는 양(Volume)이 크고, 속성이 다양하고(Variety), 변화의 속도(Velocity)가 빠른 특성을 가진 데이터'라고 정의한다. 이러한 빅데이터의 특성을 3V라 부른다.

`그림 4-29` **빅데이터의 3V**

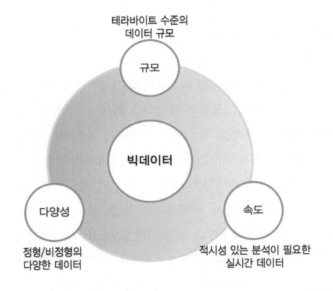

출처: 네이버 지식백과

첫 번째의 특성은 데이터의 양(Volumn)이 많아야 한다. 데이터의 양이 많아질수록 데이터 분석의 정확도와 활용 가치가 높아진다. 최근에 빅데이터의 사이즈는 단일 데이터 집합의 크기가 수십 테라바이트에서 수 페타바이트에 이르고 있다(위키백과). 데이터의 양은 시간이 흐를수록 점차 기존의 방식으로 처리하기 어려울 정도로 커진다. 예를 들어 구글의 검색엔진에서 사용자가 검색 엔진에 입력하는 검색어를 생각하면 이해가 빠를 것이다. 검색어의 양이 지속적으로 급격히 늘어나는 경우에는 수집 자체가 어려울 뿐 아니라 실시간으로 분석하지 않으면 의미가 없을 수 있다. 따라서 데이터의 양 증가하는 속도만큼 이를 처리하는 방식도 발전해야 한다.

두 번째의 특성은 다양성(Variety)이다. 다양성은 다양한 종류의 데이터를 의미한다. 과거 우리가 분석에 사용한 데이터는 대부분 정형화된 데이터였다. 예를 들어 회계시스템 등에 입력하는 데이터는 미리 정의되어 정형화된 데이터이다. 그러나 인터넷과 소셜 미디어가 활성화되면서 글이나 사진 그리고 동영상등 다양한 형태의 비정형화된 데이터들이 늘어나고 있다. 앞으로는 이러한 비정형 데이터가 전체 데이터의 90% 이상을 차지할 것으로 전망한다. 이것을 분석을 할 수 있는 것이 빅데이터의 특성이다.

마지막 세 번째의 특성은 속도(Velocity)이다. 데이터의 양이 증가하는 만큼 처리 속도가 느려진다면 사람들은 빅데이터를 사용하는데 주저할 것이다. 따라서 빅데이터가 유용하려면 대용량의 데이터를 빠르게 처리하고 분석할 수 있어야 한다. 빅데이터는 그야 말로 순식간에 엄청나게 쏟아지는 특징을 지닌다. 예를 들어 자율주행 자동차는 1초당 테라 단위의 데이터를 만들어 내고 이를 서버로 전송한다. 그런데 처리 속도가 느리면 어떻게 되겠는가? 말하지 않아도 쉽게 예측할 수 있을 것이다. 그래서 빅데이터의 특성으로 속도가 중요하다.

최근에는 3V 이외에 정확성(Veracity), 가변성(Variability), 시각화(Visualization) 등 새로운 특성이 추가되고 있다(네이버 지식백과). **정확성**은 방대한 데이터를 분석한 만큼 그 결과를 얼마나 신뢰할 수 있느냐 하는 것을 말한다. 데이터가 많아질수록 그 안에는 쓰레기 데이터도 커질 가능성이 높아지기 때문이다. 따라서 빅데이터를 분석하기에 앞서 수집한 데이터가 정확한 것인지, 분석할 만한 가치가 있는지 등을 면밀히 살펴야 할 필요성이 대두되면서 빅데이터의 새로운 속성으로 정확성(Veracity)을 거론하고 있다. **가변성**은 데이터를 맥락에 따라 의미를 다르게 해석하거나 적용하는 것을 말한다. 최근 소셜 미디어의 확산으로 자기 의견을 웹을 통해 자유롭게 게시한다. 그러나 자기 생각을 글로 표현하다보면 의도와는 달리 맥락에 따라 다른 사람에게 다르게 해석되는 경우가 종종 발생한다. 이처럼 데이터가 맥락에 따라 의미가 달라진다고 하여 빅데이터의 새로운 속성으로 가변성(Variability)을 제시하고 있다. **시각화**는 빅데이터의 분석 결과를 쉽게 이해할 수 있느냐 하는 것을 의미한다. 빅데이터는 정형 및 비정형 데이터를 수집하여 복잡한 처리과정을 통해 용도에 맞는 정보를 생성한다. 이때 중요한 것은 그 정보를 사용 대상자가 쉽게 이해할 수 있어야 한다. 그렇지 않으면 빅데이터 분석을 위해 소모한 시간과 비용은 헛되기 때문이다. 이런 이유로 빅데이터의 새로운 속성으로 시각화(Visualization)를 제시하고 있다.

이처럼 빅데이터의 속성은 기존 3V외에 빅데이터가 활성화되면서 새로운 특성들이 추가되고 있다.

(3) 빅데이터 플랫폼

빅데이터 플랫폼은 빅데이터 기술의 집합체이자 기술을 잘 사용할 수 있도록 준비된 환경을 말한다. 기업들은 빅데이터 플랫폼을 사용하여 빅데이터를 수집·저장·처리·관리 할 수 있다. 빅데이터 플랫폼은 빅데이터를 분석하거나 활용하는 데 필요한 필수 인프라이다. 빅데이터 플랫폼은 빅데이터라는 원석을 발굴하고, 보관, 가공하는 일련의 과정을 이음새 없이(Seamless) 통합적으로 제공해야 한다. 이러한 안정적 기반 위에서 전처리된 데이터를 분석하고 이를 다시 각종 업무에 맞게 가공하여 활용한다면 사용자가 원하는 가치를 정확하게

그림 4-30 빅데이터 플랫폼의 역할과 기능

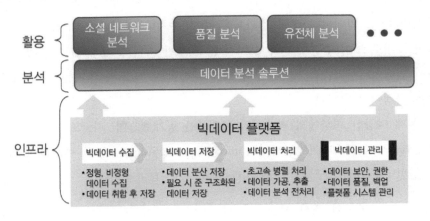

출처: https://terms.naver.com/entry.naver?docId=3386304&cid=58370&categoryId=58370

얻을 수 있을 것이다(네이버 지식백과). 빅데이터 플랫폼의 역할과 기능을 도식화하면 [그림 4-30]과 같다.

빅데이터 플랫폼은 다음 여섯 단계의 과정으로 나누어 설명할 수 있다. 첫 번째는 데이터를 생성하는 과정이다. 기존 방식은 특정한 목적에 맞는 데이터를 생성해 내는 과정을 거치지만, 빅데이터는 특정한 목적에 맞는 데이터가 아닌 발생하는 모든 데이터를 대상으로 한다. 그렇기 때문에 빅데이터는 별도의 데이터 생성 과정이 불필요하다. 두 번째는 주변에서 생성되는 정형·비정형 데이터를 수집하는 과정이다. 각종 센서, 인터넷 검색 등 모든 곳에서 발생한 데이터를 대상으로 한다. 내 외부로 분산된 다양한 데이터 출처로부터 수작업 또는 시스템으로 데이터를 수집하는 절차가 필요하다. 세 번째는 데이터를 저장하는 과정이다. 추후 데이터를 사용하기 위해 안전한 방식으로 보관하는 과정이다. 보관 후에는 원하는 데이터에 손쉽게 다시 접근을 할 수 있는 과정도 필요하다. 네 번째는 저장된 데이터를 적시에 가공하고 처리하는 과정이다. 이전의 데이터에 비해 양이 엄청나며 생성 속도도 빠르기 때문에 이를 처리하기 위해서는 빅데이터만의 기술이 필요하다. 다섯 번째는 가공 처리된 데이터를 분석하는 과정이다. 빅데이터의 분석은 기존 데이터 분석과 크게 다르지 않지만 점차 발전하는 기술 지원을 통해의 다양한 분석이 가능하다. 마지막 단계는 분석결과를 활용하는 과정이다. 분석결과에 의미를 부여하고 시각화 과정을 거쳐 사용자들에게 전달한다. 빅데이터 분석 결과물은 주로 수치나 키워드 등이다. 이를 각색 없이 그대로 보여 주면 한눈에 보이지 않을 뿐만 아니라 이해하기도 어렵다. 따라서 빅데이터 분석 결과를 누구나 쉽게 이해할 수 있도록 의미를 담고 시각화하는 과정이 필요하다.

현재 다양한 회사에서 빅데이터 플랫폼을 공개했으며, 지금도 개발 중에 있다. IBM의 인포스페어빅인사이트(InfoSphere BigInsight), 클라우데라(Cloudera)의 임팔라(Impala), 구글의 드레멜(Dremel) 등이 대표적이다.

(4) 빅데이터의 핵심 기술

엄청난 양의 빅데이터를 효과적으로 다루기 위해서는 데이터를 분산해서 처리하는 기술이 필요하다. 데이터를 분산 처리하기 위해서는 병렬 처리를 해야 하는데 병렬 처리의 핵심이 되는 알고리즘이 분할 정복(Divide and Conquer)이다. 이것은 복잡하고 큰 데이터를 여러 개의 작은 데이터로 나눠 각각을 하나의 단순한 문제로 만들어 해결하는 방식이다.47) 빅데이터의 데이터 처리란 이렇게 문제를 여러 개의 작은 연산으로 나누고 이를 취합하여 하나의 결과로 만드는 것을 뜻한다. 구글이 2004년 발표한 **맵리듀스(MapReduce)**48) 기술은 빅데이터 처리 기술 중에서 가장 널리 사용되며 다른 처리 기술의 기반이 된 기술이다. 이 기술은 단어에서 의미하듯이 빅데이터를 분산 처리하는 맵(Map)이라는 함수와 분산 처리된 중간 결과를 모아서 정리하는 리듀스(Reduce)라는 함수를 이용해서 데이터를 병렬로 고속 처리하는 기술이다. 맵리듀스는 다음의 과정으로 이루어진다.

Input ➡ Splitting ➡ Mapping ➡ Shuffling ➡ Reducing ➡ Final Result

　　Input 과정은 말 그대로 데이터를 입력하는 과정이다. Splitting 과정은 데이터를 쪼개어 HDFS(Hadoop Distributed File System)에 저장하는 과정이다. Mapping 과정은 쪼개진 데이터에 번호를 붙이는 과정이다. Shuffling 과정은 맵 함수의 결과를 취합하기 위해 리듀스 함수로 데이터를 전달하는 과정이다. 셔플링은 맵 태스크와 리듀스 태스크의 중간 단계이다. Reducing 과정은 모든 값을 합쳐서 우리가 원하는 값을 추출하는 과정이다. [그림 4-31]은 간단한 사례를 통해 맵리듀스의 데이터 처리과정을 도식화한 것이다.

---

47) 네이버 블로그, "빅데이터 분산 처리 기술" 참조. https://velog.io/@baeyuna97/빅데이터-분산-처리-기술-uborbmmy

48) 맵리듀스(MapReduce) 프레임워크는 대용량 데이터를 분산 처리하기 위한 목적으로 개발된 프로그래밍 모델이다. Google에 의해 고안된 맵리듀스 기술은 대표적인 대용량 데이터 처리를 위한 병렬 처리 기법의 하나로 최근까지 많은 주목을 받고 있다. 맵리듀스는 방대한 입력 데이터를 분할하여 여러 머신들이 분산 처리하는 맵(Map) 함수 단계와 이를 다시 하나의 결과로 합치는 리듀스(Reduce) 함수 단계로 나뉜다. 네이버 지식백과 참조. https://terms.naver.com/entry.naver?docId=3386313&cid=58370&categoryId=58370

그림 4-31 맵리듀스의 데이터 처리 과정

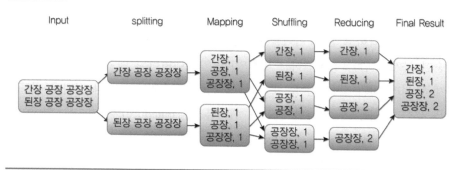

출처 : https://songsunbi.tistory.com/5

　　맵리듀스 방식을 적용하여 대용량의 데이터를 처리하는 프레임워크 중 가장 많이 알려진 것은 **아파치 하둡(Apache Hadoop)**이다. 하둡 소프트웨어는 2006년에 빅데이터에서 사용되는 대용량의 데이터 처리를 위해 야후의 지원으로 개발되었다. 현재는 아파치 재단이 오픈소스 소프트웨어로 개발을 주도하고 있다. 아파치 재난은 비영리재단으로 1999년 설립 이후 다수의 중요한 오픈소스 프로젝트를 주도해 오며 빅데이터 발전에 많은 기여를 하고 있다. 하둡 소프트웨어의 핵심기능으로는 하둡 분산파일시스템(HDFS, Hadoop Distributed File System), 에이치베이스(Hbase) 그리고 하둡 맵리듀스(Hadoop MapReduce) 등이 있다. 빅데이터를 여러 시스템으로 분산해 저장하는 방식이 **분산파일시스템** 기술이다. 이 기술은 대용량의 데이터를 하나의 서버에 저장하고 운영하기 위해서는 대용량 처리용 고가 장비가 필요한데, 고가 장비 대신 여러 개의 저가 장비에 나누어서 저장과 운영을 하는 시스템이다. 이렇게 분산 저장할 때 사용하는 데이터베이스 기능이 **에이치베이스**이다. 기존 데이터베이스 구조로는 복잡하고 비정형의 데이터를 구조화할 수 없다. 에이치베이스는 기존의 고정된 데이터베이스 포맷을 필요에 따라 확장하는 등 유연한 구조로 만들어 주는 데이터베이스 기술이다. 마지막으로 **하둡 맵리듀스**는 이렇게 분산 처리된 대용량의 데이터를 분석하기 위한 기술이다. 하둡 맵리듀스는 맵 함수와 리듀스 함수의 두 과정을 거쳐 데이터 분석을 하는 방법이다. 전체 데이터가 아닌 각각 분산된 컴퓨터 내에서 우선

맵 함수를 적용해 중간 결과를 만들어 내고, 이를 모아 하나의 결과로 종합하는 리듀스 함수를 적용해 최종 결과를 만들어 낸다. 만약 전체 데이터를 대상으로 분석을 하려면 하나의 컴퓨터 내에 전체 데이터를 모으고, 엄청난 규모의 데이터를 한꺼번에 처리하기 위한 대용량 처리용 컴퓨팅 파워가 필요하다. 그런데 빅데이터 기술은 이를 대신해 여러 개로 분산된 컴퓨터에서 맵 함수와 리듀스 함수를 활용하여 마치 하나의 컴퓨터에서 전체 데이터를 분석하는 것처럼 분산된 컴퓨터에서 동시에 데이터 분석을 할 수 있게 해 준다.

(5) 빅데이터 활용 사례

빅데이터는 [그림 4-32]에서 보듯이 다양한 분야에서 활용되고 있다. 빅데이터는 정치, 경제, 사회, 경영, 문화, 공공행정, 교육복지, 재난안전, 보건의료, 산업고용 등 거의 모든 분야에서 우리의 삶을 개선하거나 새로운 지식을 발견할 수 있게 도움을 준다.

그림 4-32 빅데이터 활용 분야

출처: https://mbanote2.tistory.com/587

일상생활을 하면서 도로의 교통상황과 버스 도착시간을 미리 알 수 있고, 인터넷 TV를 보다가 자신이 좋아하는 영화를 추천받고 건강상태나 질병관리를 휴대폰을 통해서 할 수 있는 것은 빅데이터 분석이 가능했기 때문이다. 빅데이터는 과학연구나 사회문제 해결에도 기여한다. 빅데이터를 활용하면 지금까지 알 수 없었던 우주나 지구의 비밀을 밝힐 수 있고, 기후변화와 환경오염에 보다 능동적으로 대체할 수 있으며, 범죄나 테러와 같은 사회적 문제를 예방하거나 해결할 수 있다. 의료업계에서는 환자의 진료기록이나 유전정보, 생체신호 등을 빅데이터로 분석하여 진단이나 치료, 예방 등에 활용하고 있다. 은행업계에서는 고객의 신용도나 거래내역, 투자성향 등을 빅데이터로 분석하여 맞춤형 금융상품과 서비스를 제공하고, 고객의 금융 리스크를 관리하고 있다. 기업들은 고객의 구매내역이나 취향, 반응 등을 빅데이터로 분석해 마케팅 자료로 활용하고 있다. 정부는 공공행정, 문화관광, 재난안전, 교통물류, 환경기상 분야 등에 적극적으로 빅데이터를 활용하여 국민들에게 편의를 제공하고 있다. 이렇게 빅데이터는 많은 분야에서 활용되고 있으며 우리의 삶을 개선시키고 있다. 국내외 빅데이터를 활용한 대표적인 사례 몇 가지만 열거하면 아래 [표 4-6]과 같다.

표 4-6 **빅데이터 활용사례**

업체/기관	내용
아마존	고객의 구매이력이나 검색키워드, 상품평가 등을 분석하여 개인맞춤형 상품 추천
할리우드	영화 흥행여부를 예측하고, 배우나 감독, 장르, 시간대를 최적화함
넷플릭스	고객의 시청이력이나 평가, 시청 중단 시점 등을 바탕으로 콘텐츠를 추천
스타벅스	고객의 선호도나 행동패턴을 파악하고, 매장 위치나 인테리어 등을 결정
서울시	교통량이나 버스 승하차 인원, 심야버스 이용자 등을 분석하여 개선

출처: https://mbanote2.tistory.com/587

4) 블록체인(Block Chain)

블록체인(Block Chain)은 정보를 기록하는 데이터베이스 기술의 일종이다. 블록(Block)이라고 불리는 단위로 거래 이력을 담아 그것을 체인과 같이 연결해서 데이터를 보관한다는 개념에서 블록체인이라 불린다. 공공거래 장부라고도 일컬으며, 가상 화폐로 거래할 때 발생할 수 있는 해킹을 막는 기술로 출발했다. 누구나 열람할 수 있는 장부에 거래 내역을 투명하게 기록하고, 이를 거래에 참여하는 모든 사람의 컴퓨터에 복제해 저장하는 분산형 데이터 저장기술이다. 즉 수많은 컴퓨터에 해당 거래 데이터(블록)를 담아 체인 형태로 연결하여 수많은 컴퓨터가 동시에 검증하여 해킹을 막는 기술이다. [그림 4-33]은 블록체인의 거래방식을 도식화한 것이다.

그림 4-33 블록체인의 거래 방식

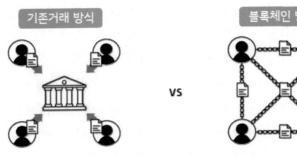

기존거래 방식   VS   블록체인 방식

중앙에서 모든 장부를 관리하는 통일된 거래 내역   분산화된 장부 통해 투명한 거래 내역 유지

[그림 4-33]에서 보듯이 블록체인 방식은 기존 거래 방식과 달리 중앙 집중형 서버에 기록을 보관하지 않고 거래에 참여하는 모든 사용자에게 거래 내역을 보내 주며, 거래 때마다 모든 거래 참여자들이 정보를 공유하고 이를 대조해 위조나 변조를 할 수 없도록 한다.

블록 데이터를 저장하는 단위는 바디(body)와 헤더(header)로 구분한다. 바디에는 거래 내용이, 헤더에는 머클해시(머클루트)49)나 넌스(nounce, 암호화와 관련되는 임의의 수) 등의 암호코드가 담겨 있다. 블록은 약 10분을 주기로 생성되며, 거래 기록을 끌어 모아 블록을 만들어 신뢰성을 검증하면서 이전 블록에 연결하여 블록체인 형태가 된다. 여기서 처음 시작된 블록을 제네시스 블록이라고 부른다. 즉, 제네시스 블록은 그 앞에 어떤 블록도 생성되지 않은 최초의 블록을 말한다(네이버 지식백과).

---

49) 블록체인에서 블록 하나에 포함된 모든 거래 정보를 요약하여 트리 형태로 표현한 데이터 구조를 머클트리(Merkle tree)라 한다. 발명자 랄프 머클의 이름을 따 머클트리라 부른다. 블록의 바디(body)에 포함된 모든 거래 정보를 특정 크기 단위별로 암호화 기법을 적용하여 여러 단계를 거쳐 해시(hash) 값을 만든다. 해시는 임의의 데이터를 고정된 길이의 데이터로 매핑한 값이다. 머클트리의 최상위에 위치하는 해시 값을 머클루트(Merkle root)라고 부른다.

블록체인의 기술을 처음 고안한 사람은 '사토시 나카모토'라는 개발자다. 그는 2007년 글로벌 금융위기 사태를 통해 중앙집권화된 금융시스템의 위험성을 인지하고 개인 간 거래가 가능한 블록체인 기술을 고안했다. 이후 2009년 사토시는 블록체인 기술을 적용해 암호화폐인 비트코인을 개발했다. 그는 '비트코인: P2P 전자화폐 시스템'이라는 논문에서 비트코인을 오로지 거래 당사자 사이에서만 오가는 전자화폐로 정의했다. P2P(Peer to Peer)[50] 네트워크를 이용해 이중 지불을 막아 준다는 것이다. 즉, P2P 네트워크를 통해 이중 지불을 막는 데 쓰이는 기술이 바로 블록체인이다. 비트코인은 특정 관리자나 주인이 없다. P2P 방식으로 작동하기 때문이다. P2P는 개인 간 거래를 의미한다. 비트코인은 P2P 네트워크를 통해 개인이나 회사가 아닌 여러 이용자 컴퓨터에 분산 저장된다. 비트코인에서 10분에 한 번씩 만드는 거래 내역 묶음이 '블록'이다. 즉 블록체인은 비트코인의 거래 기록을 저장한 거래장부다(네이버 지식백과). [그림 4-34]는 지금까지 설명한 블록체인의 거래 과정을 도식화한 것이다. 거래요청이 발생하면 블록을 생성하여 전파하고 유효성 검증을 거친 후 체인을 연결하여 거래를

그림 4-34 블록체인의 거래 과정

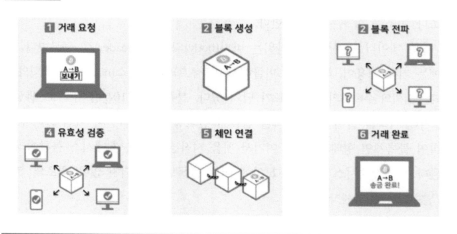

---

50) P2P는 컴퓨터와 컴퓨터를 직접 연결해 서버 없이도 인터넷 등을 통하여 각자의 컴퓨터 안에 있는 음악 파일이나 문서, 동영상 파일 뿐만 아니라 DB, CPU 등을 공유할 수 있게 하는 기술이다.

완료한다.

블록체인은 크게 퍼블릭 블록체인과 프라이빗 블록체인으로 구분한다. 퍼블릭 블록체인은 모두에게 개방돼 누구나 참여할 수 있다. 비트코인, 이더리움 등 가상화폐가 이에 해당한다. 프라이빗 블록체인은 기관 또는 기업이 운영하며 사전에 허가를 받은 사람만 사용할 수 있다. 참여자 수가 제한돼 있어 상대적으로 속도가 빠르다. 블록체인에 저장하는 정보는 다양하기 때문에 블록체인을 활용할 수 있는 분야도 매우 광범위하다. 대표적으로 가상화폐에 사용된다. 이 밖에도 전자 결제나 디지털 인증뿐만 아니라 화물 추적 시스템, P2P 대출, 원산지부터 유통까지 전 과정을 추적하거나 예술품의 진품 감정, 위조화폐 방지, 전자투표, 전자시민권 발급, 차량 공유, 부동산 등기부, 병원 간 공유되는 의료기록 관리 등 신뢰성이 요구되는 다양한 분야에 활용할 수 있다(네이버 지식백과).

5) 로봇(Robot)

(1) 로봇의 정의

로봇이라는 용어는 1920년 체코의 극작가인 카렐 차페크(Karel Capek)가 '로섬의 만능 로봇(R.U.R, Rossum's Universal Robot)'이라는 연극에서 유래하였다. 어원은 체코어로, 노동(forced labor)을 의미한다. 차페크는 R.U.R.에서 모든 작업능력에서 인간과 동등하거나 그 이상이면서 인간적 감정이나 혼을 가지고 있지 않은 로봇이라고 불리는 인조인간을 등장시키고 있다. 로봇은 언젠가 쇳조각으로 변하여 반항하는 정신을 발달시킴으로써 자신들의 창조주인 인간을 전부 죽여 버린다고 하는 비극을 인상적으로 나타내고 있다. 그리고 로보틱스(Robotics)라는 말은 로봇의 활용과 로봇 공학을 의미한다. 이 말은 미국 과학자이면서 작가인 아이작 아시모프(Issac Asimov)가 1942년에 발간한 SF 단편소설 런어라운드(Runaround)에서 최초로 사용하였다(위키백과).

국제특허분류(IPC)에서는 로봇을 '생체의 운동부 기능과 유사하고 유연한 동작기능을 갖고 있으며 지적인 능력을 갖추어 인간의 요구와 명령에 의하여 동작할 수 있는 것'이라고 정의한다.

(2) 로봇의 유형

[표 4-7]에서 보듯이 국제로봇연맹(IFR)이 제시한 로봇 분류체계에 따르면 사용처에 따라 로봇을 제조업용 로봇(Industrial Robots)과 서비스용 로봇(Service Robots)으로 분류한다. 한국의 로봇분류도 국제로봇연맹의 분류를 준용한다. 제조업용 로봇은 자동차, 전기·전자 부품과 같은 제조업 공장에 주로 설치하며 작업별로 수직/수평 다관절, 병렬, 직교 형태로 활용한다. 제조업용 로봇은 산업용 로봇이라고도 한다. 서비스용 로봇은 전문서비스 로봇(Professional Service Robots)과 개인서비스 로봇(Consumer Service Robots)으로 분류한다. 대표적인 전문서비스 로봇으로는 물류, 의료, 군사 로봇 등이 있으며, 개인서비스 로봇으로는 청소, 교육, 엔터테인먼트 등이 있다.

표 4-7 **국제로봇연맹(IFR)의 로봇 분류체계**

분류	제조업용 로봇	서비스용 로봇	
		개인서비스 로봇	전문서비스 로봇
정의	제조현장에서 제품 생산에서 출하까지 공정 내 작업을 수행하기 위한 로봇	인간의 생활 범주에서 제반 서비스를 제공하는 인간 공생형 대인지원 로봇	불특정 다수를 위한 서비스 제공 및 전문화된 작업을 수행하는 로봇
활용분야	용접, 조립, 분해, 가공, 이적재, 공정	가사, 생활지원, 여가지원, 교육	빌딩서비스, 의료복지, 사회인프라, 농·축·수산·광업, 건설, 군사, 우주, 해양, 원자력

출처: 엄위섭 외, 「지능형 로봇의 발전 동향」, 「항공우주산업기술동향」, 11권1호, 2013, 151쪽.

국제로봇연맹에 따르면 세계 로봇 시장 규모는 2022년 360억 달러(약 47조 원)를 기록했으며, 2025년까지 530억 달러(약 67조 원)로 성장할 것으로 전망했다. 국내 로봇 전체 시장 규모는 2021년 기준 9조 5,587억 원으로, 2017년부터 5년간 연평균 8.96% 성장했다. 국제로봇연맹이 2022년 12월에 발표한 내용에 따르면 2021년 기준 우리나라는 로봇밀도지수 1,000대로 세계 1위이다. 로봇밀도지수는 제조업에서 노동과 1만명 당 보급된 로봇 대수를 나타낸다. 세계 2위는 670대의 싱가포르이고, 3위는 4위는 399대, 397대의 일본과 독일이다. 사실 우리나라는 한두 해 1위 자리를 내어 준 적이 있지만 최근 12년간 거의 매해 연속 로봇밀도지수 1위를 차지하고 있다.[51]

최근에는 지능형 로봇이라는 용어가 자주 등장한다. 지능형 로봇은 1970년대 들어 제조업에 적용된 자동화 분야의 발전과 더불어 컴퓨터 기술이 발달하면서 널리 인식되기 시작하였다. 인간의 작업주체인 팔과 손을 기계로 바꾸기 위해 발전해 온 제조업용 로봇기술로부터 발전하였으며, 최근에는 서비스용 로봇도 지능형 로봇으로 발전하고 있다. 지능형 로봇은 인간이나 동물이 가진 감각과 유사한 기능을 담당하는 센서공학, 인간의 지능에 가까운 능력을 가지기 위한 인공지능이나 컴퓨터 사이언스, 의수나 의족 등의 의지공학이 융합된 기술 분야이다. 이외에도 기본 능력인 이동기능을 가지기 위한 차륜을 이용한 이동방법이나 뱀이나 전복 등의 이동기능을 모델로 한 무족 이동기술을 연구하고 있다. 이러한 이해를 전제로 지능형 로봇을 간략하게 정의하면 '외부환경을 인식하고, 스스로 판단하여, 자율적으로 동작하는 로봇'을 지칭한다. 지능형 로봇에는 기존의 제조용 로봇과는 달리 인간의 오감(시각, 청각, 촉각, 후각, 미각)과 유사한 여러 종류의 센서(광, 음향, 진동/온도/압력, 화학, 맛 센서)를 탑재하고, 임무에 적합하도록 다양한 알고리즘을 적용하고 있다. 로봇에 탑재된 여러 유형의 센서로부터 현재의 로봇 상태 및 주위 환경에 대한 상황을 판단하고 자율적으로 동작하는 기능을 추가한 것이다. 세분화하면 상황판단 기능은 환경인식 기능과 위치인식 기능으로 나뉘고, 자율동작 기능은 조작제어 기능과 자율주행 기능으로 나뉜다. 이렇게 구분된 4가지의 기능을 지능형 **로봇의 4대 요소기술**이라고 한다.[52]

이외에 로봇을 기능에 따라 자율주행로봇(AMR, Autonomous Mobile Robot), 무인운송차량(AGV, Automated Guided Vehicle), 관절 로봇, 휴머노이드, 코봇, 하이브리드 등 여섯 가지 범주로 분류한다. **자율주행로봇(AMR)**은 독립적으로 환경을 이해하고 이동할 수 있는 로봇 유형이다. AMR은 정교한 센서, 인공 지능,

---

51) 네이버 블로그, 2023.5.15., "국내 산업용 로봇의 역사(1)-늦은 출발과 최초의 독자 로봇" 참조. https://blog.naver.com/moons4ir/223102455526
52) 엄위섭 외(2013), "지능형 로봇의 발전 동향", 항공우주산업기술동향, 11권1호, 151쪽 참조.

머신 러닝 및 경로 계획을 위한 컴퓨팅 기법 등을 사용하며 사전에 설정된 경로를 따라 이동하는 것이 아니라 아닌 로봇이 자율적으로 이동한다. AMR은 카메라와 센서가 장착되어 있어서 이동 중에 예기치 않는 물건이나 사람을 만나면 충돌 회피 등의 탐색 기술을 사용하여 속도를 늦추거나, 정지하거나 다른 길로 우회한다.

반면, **무인운송차량(AGV)**은 운전자 없이 자동으로 움직이는 산업용 차량을 지칭하는 용어이다. 트랙이나 미리 정의된 경로를 따라 이동한다. AGV는 제조 시설이나 유통 센터 등에서 자재를 자동으로 이동시키는 데 많이 활용된다. AGV의 가치는 반복적으로 재료를 이동시키는 업무에 효과적이라는 데 있으며, 이것이 지난 반세기 동안 AGV를 성공시킨 요인이다. 과거 AGV는 시설 바닥에 매설된 와이어나 자석에 의해 유도된 경로를 따라 이동했다. 하지만 오늘날의 AGV는 한층 더 업그레이드 됐다. 전통적인 와이어 유도를 사용하기도 하지만, 레이저 또는 카메라 기술도 활용한다.[53] 이외 관절 로봇, 휴머노이드, 코봇, 하이브리드 등이 있는데, 세부내용은 아래 [표 4-8]을 참조하기 바란다.

표 4-8 기능에 따른 로봇 유형

분류	내용
자율주행로봇 (AMR)	ARM은 세상을 누비면서 움직이는 중에 거의 실시간으로 결정을 내린다. 센서 및 카메라와 같은 기술은 주변 환경에 대한 정보를 수집한다. 로봇은 온보드 처리 장비로 이를 분석하고 정보에 입각한 결정을 내려서 다가오는 작업자를 피하기 위해 움직이거나 정확한 화물에서 정밀한 피킹을 하거나, 적절한 표면을 선택하여 소독하는 등의 작업을 할 수 있다.
무인운송차량 (AGV)	AMR은 환경을 자유롭게 횡단하는 반면, AGV는 트랙이나 미리 정의된 경로에 의존하며 작업자의 감독이 필요한 경우가 많다. 일반적으로 창고 및 공장 현장과 같은 제어된 환경에서 자재를 전달하고 물품을 이동하는 데 사용된다.
관절 로봇	관절 로봇(로봇 암이라고도 함)은 인간 팔의 기능을 일반적으로 2~10개의 회전 관절이 다양한 곳에 배치된다. 관절이나 축을 추가할수록 움직임이 더 커질 수 있어서 아크 용접, 자재 취급, 머신 텐딩 및 포장에 이상적인 로봇이다.

53) MSD, 2019.3.15., "AMR과 AGY, 오해와 진실" 참조. http://www.msdkr.com/news/articleView.html?idxno=10353

휴머노이드	많은 모바일 휴머노이드 로봇은 기술적으로 AMR 범주에 속하지만 이 용어는 인간 중심의 기능을 인간과 같은 형태로 수행하는 로봇을 가리키는 데 사용된다. 휴머노이드는 AMR과 동일한 많은 기술 구성 요소를 사용하여 방향 제시나 컨시어지 서비스 제공 등의 작업을 수행한다.
코봇	코봇은 인간 옆에서 또는 인간과 함께 작동하도록 설계되었다. 대부분의 다른 유형 로봇이 독립적으로 또는 엄격하게 고립된 작업 영역에서 작업을 수행하는 반면, 코봇은 작업자와 공간을 공유하여 작업자가 더 많이 달성하도록 지원한다. 일상의 워크플로에서 수동 작업, 위험하거나 고된 작업을 제거하는 데 자주 사용된다. 경우에 따라 코봇은 인간의 움직임에 반응하고 그로부터 학습하여 작동할 수 있다.
하이브리드	다양한 유형의 로봇은 종종 조합되어 더 복잡한 작업을 할 수 있는 하이브리드 솔루션을 만든다. 예를 들어, AMR은 로봇 암과 결합되어 창고 내부에서 패키지를 취급하는 로봇이 된다. 더 많은 기능이 단일 솔루션으로 결합되기 때문에 컴퓨팅 기능도 통합된다.

출처: 인텔, 홈페이지 자료 참조. https://www.intel.co.kr/content/www/kr/ko/robotics/types-and-applications.html

(3) 로봇의 발전 단계

일본의 노무라 종합연구소는 로봇의 발전과정을 ①로봇의 여명기, ②표준화, ③협조·이동기능을 통한 영역 확장, ④로봇의 수평분업·민주화 등 4단계로 나누고 각각을 로보틱스 1.0~4.0으로 정의하고 있다.[54] [그림 4-35]는 로봇의 진화 배경과 로보틱스 4.0으로의 진화 과정을 도식화한 것이다.

첫 번째 단계인 **로보틱스 1.0**은 인간이 기피하는 3D(위험하고, 고되고, 불결한) 작업 및 부담이 큰 업무를 로봇이 대신하는 단계로, 이 단계에서 로봇은 고가의 첨단 기술 장비이기 때문에 자동차 등 일부 얼리어답터 업계·기업만이 로봇을 도입한다.

두 번째 단계인 **로보틱스 2.0**은 산업용 로봇의 표준화 단계로, 대형 로봇회사의 참여로 가격 하락 및 라인업·선택의 폭을 확대하고 판매 네트워크를 정비하면서 제조업 중심으로 로봇 활용을 표준화하는 한편, IoT 플랫폼 등 로봇 운용을 지원하는 도구도 정비한다.

세 번째 단계는 **로보틱스 3.0**이다. 로보틱스 3.0은 현재 단계로, 기존의 산

---

54) 로봇산업진흥원(2022.7), "로보틱스 4.0과 일본의 대응전략". 로봇산업 정책동향, 2-12쪽 참조.

그림 4-35 **로봇의 진화 배경 및 로보틱스 4.0으로의 진화 과정**

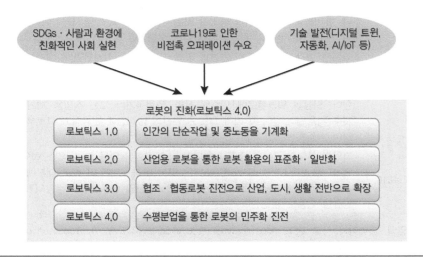

출처: 로봇산업진흥원, 2022.7 「로보틱스 4.0과 일본의 대응전략」, 『로봇산업 정책동향』, 2쪽.

업용 로봇 외에 인간과 함께 작업하는 '협동 로봇'을 도입하고 장애물이나 인간과의 충돌을 피해 이동하는 기능을 결합하면서 제조, 건물, 물류, 의료, 서비스업 외에 빌딩이나 도시까지 영역을 확대한다.

　마지막 네 번째 단계인 **로보틱스 4.0**은 앞으로 미래에 펼쳐질 단계인데, 이 단계에서는 로봇기술을 제공하는 OS 플랫폼 기업 등 로봇 생태계를 정비하면서 누구나 로봇제조 기업이 될 수 있는 민주화·수평분업이 진행되고, 로봇의 부가가치가 하드웨어 기술에서 로봇을 활용해 실현하고자 하는 가치로 이동한다.

6) 5G

(1) 5G의 정의

　5G는 5세대 이동통신(5th Generation Mobile Communication)이라는 의미에서 5G라고 부른다. 아날로그 1세대 이동통신부터 다섯 번째 세대라는 의미다. **1세대 이동통신**은 1984년부터 시작되었고 음성통화만 가능한 아날로그 시대를 말한다. **2세대 이동통신**은 1996년부터 시작되었으며 음성통화 외에 문자서비스, 이메일 등의 데이터 전송이 가능한 디지털 시대를 말한다. 그러나 데이터의

전송 속도는 느리다. **3세대 이동통신**은 2002년 IMT2000 서비스부터 본격화하였으며 동영상을 주고받을 수 있는 속도를 제공한다. **4세대 이동통신**은 3세대 이동통신보다 무선인터넷 속도가 10배 이상 빠른 이동통신기술이다. 유선 초고속인터넷과 비슷한 고화질 동영상 서비스를 이용할 수 있다. 5세대 이동통신은 4세대 대비 데이터 용량은 약 1,000배, 속도는 약 10배 빠른 차세대 이동통신이다.

표 4-9 **이동통신의 발전 단계**

이동통신	주요 특징
1세대	1984년부터 시작되었고 음성통화만 가능한 아날로그 시대
2세대	1996년부터 시작되었으며 음성통화 외에 문자서비스, 이메일 등의 데이터 전송이 가능한 디지털 시대
3세대	2002년 IMT2000 서비스부터 본격화하였으며 동영상을 주고받을 수 있는 속도를 제공
4세대	3세대 이동통신보다 무선인터넷 속도가 10배 이상 빠른 이동통신기술이다. 유선 초고속인터넷과 비슷한 고화질 동영상 서비스 제공
5세대	4세대 대비 데이터 용량은 약 1,000배, 속도는 약 10배 빠른 차세대 이동통신

5G는 지금까지의 이동통신과는 특성이 달라서 4차 산업혁명 시대에 가장 중요한 기반이 된다. 즉 5G는 5세대 무선 셀룰러 기술로 이전 네트워크보다 높은 업로드 및 다운로드 속도, 보다 일관된 연결, 개선된 용량을 제공한다. 5G는 현재 많이 사용하는 4G 네트워크보다 훨씬 빠르고 안정적이며 인터넷을 사용하여 애플리케이션, 소셜 네트워크 및 정보에 액세스하는 방식을 혁신할 잠재력을 가지고 있다. 예를 들어 자율 주행 차량, 고급 게임 애플리케이션 및 라이브 스트리밍 미디어와 같이 아주 안정적인 고속 데이터 연결이 필요한 기술은 5G 연결에서 큰 이점을 얻을 수 있다.[55]

(2) 5G의 특징

5G는 기술적 측면에서 세 가지 큰 특징이 있다. 첫째, **초고속성**이다. 5G 네트워크는 4G 네트워크보다 10배 빠른 속도로 데이터를 전송할 수 있다. 이는

---

55) aws 홈페이지 자료 참조. https://aws.amazon.com/ko/what-is/5g/

영화를 다운로드하거나 데이터베이스를 백업할 때 이전보다 아주 짧은 시간 안에 완료된다는 것을 의미한다. 둘째는 **초저지연성**이다. 지연 시간은 정보를 보낸 후 받을 때까지의 지연을 말한다. 초저지연성은 신호를 보내고 나서 다시 그 신호에 반응한 답을 구하는 데까지 걸리는 시간을 최소화한다는 것이다. 4G 네트워크는 약 200밀리초의 지연 시간을 달성할 수 있지만, 5G에서는 이 지연 시간이 1밀리초(1,000분의 1초)로 줄어든다. 에러율도 10^{-9}로 높은 안정성을 보인다. 셋째는 **초연결성**이다. 지금까지의 통신망은 현재 데이터 통신을 사용하고 있는 단말기뿐만 아니라, 연결은 되어 있으나 데이터 통신을 하지 않고 대기 중인 단말기의 수 역시 제한적이었다. 그러나 최근 사물인터넷이 활성화되면 수많은 사물들이 모두 통신을 하려 한다. 그러면 좁은 지역 내에서 접속하려는 단말기의 수는 기하급수적으로 늘어난다. 5G는 이러한 환경에서 1제곱킬로미터의 영역에서 100만 개의 단말기가 접속할 수 있는 초연결성을 추구한다.

그림 4-36 5G의 특징

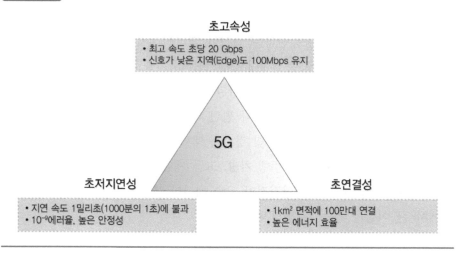

(3) 5G의 의미

인공 지능, 사물 인터넷(IoT) 등과 같은 새로운 기술의 출현과 인터넷 수요 증가는 엄청난 양의 데이터를 생성하고 있다. 데이터 생성은 향후 10년간 수백

제타바이트까지 증가할 것으로 보인다. 5G는 이렇게 폭발적으로 증가하는 데이터의 양을 처리하는데 유용하다. 뿐만 아니라 5G는 빠른 속도, 방대한 용량 및 짧은 지연 시간 덕에 클라우드 연결 교통량 제어, 드론 배송, 동영상 채팅 및 콘솔급 모바일 게임과 같은 여러 애플리케이션을 지원하고 확장하는 데 도움이 된다. 글로벌 결제 및 비상 대응부터 원거리 교육 및 모바일 인력에 이르기까지 5G를 활용하고 응용할 수 있는 분야는 무한하다. 5G에는 근무 환경, 글로벌 경제 및 인간의 삶을 바꿀 수 있는 잠재력이 있다.[56]

(4) 5G의 활용분야

비즈니스 측면에서 5G는 자율 모빌리티 솔루션, 스마트 팩토리, 가상 현실, 엣지 컴퓨팅, 스마트 시티, 의료 서비스 그리고 환경 등 다양한 분야에서 활용되고 있다. 이에 대한 자세한 내용은 [표 4-10]를 참조하기 바란다.

표 4-10 5G의 활용 분야

분야	내용
자율 모빌리티 솔루션	5G의 짧은 지연 시간을 활용하면 자율 주행 차량을 보편화할 수 있다 1/1,000초 안에 차량에 정보를 보내고 받을 수 있기 때문이다.
스마트팩토리	5G의 초연결성으로 인해 공장 내 사물인터넷 등 수천 개의 디바이스를 연결해서 정보를 수집·분석하여 운영 효율성과 경제성을 개선할 수 있다.
가상현실	5G 모바일 기술의 짧은 지연 시간과 높은 대역폭을 활용하면 더 많은 비즈니스와 사용 사례에서 VR/AR을 이용할 수 있다.
엣지 마케팅	더 가까운 곳에서 데이터를 처리하고 저장하는 고성능 애플리케이션을 구축하여 극도로 짧은 지연 시간으로 지능적인 실시간 응답을 지원할 수 있다.
스마트 시티	5G는 IoT 디바이스를 통해 교통량, 사람 및 인프라 데이터를 실시간으로 수집·분석하여 더 나은 의사결정을 내리고 서비스를 획기적으로 개선할 수 있다.
의료 서비스	5G는 실시간으로 동영상 정보를 제공할 수 있기 때문에 원격 수술이 가능하고, 웨어러블을 통해 의료서비스를 원격으로 받을 수 있게 한다.
환경	5G의 이점 중 하나는 이전 네트워크에 비해 전송 효율성이 높고 전력 사용량이 낮다는 것이다. 또한 배출량, 대기질, 수질 및 기타 환경 지표에 대한 실시간 모니터링도 지원한다.

---

56) aws 홈페이지 자료 참조. https://aws.amazon.com/ko/what-is/5g/

지금까지 4차 산업혁명의 주요 ICT 기술들을 살펴보았다. 과학과 기술의 발전은 우리의 삶을 한층 더 풍요롭게 만들고 있지만, 반면에 과학 기술의 발전 가운데 어떤 것들은 우리의 생존을 위협하기도 한다. 인공지능, 빅데이터 등 첨단 ICT 기술은 분명 우리의 삶을 한층 더 풍요롭게 하는데 기여할 것으로 보인다. 그러나 우리는 인공지능과 빅데이터의 발전 과정에서 야기되는 부정적인 요구가 오히려 인류의 삶을 위태롭게 할 수도 있다는 점을 명심하고 이에 대한 법적, 제도적 보완 정치 마련과 윤리적 교육 강화도 모색해야 할 것이다. 최근 프란치스코 교황 성하께서 제57회 세계 평화의날 담화에서 하신 말씀은 우리 모두에게 인공지능을 어떻게 다뤄야하는 지에 대한 방향성을 제시하여 준다.

"인공지능이 온전한 인간 발전을 증진하는데 사용된다면 이는 농업, 교육, 문화에 중요한 혁신을 가져오고, 모든 나라와 민족의 삶의 수준을 높이며, 인간의 형제애와 사회적 우애를 증진할 수 있습니다. 이 세상의 더 나은 미래를 향한 참으로 인간적인 전망과 바람은 분명 인공지능 알고리즘의 윤리적 발전을, 곧 가치관이 신기술의 길을 인도하도록 알고리즘 윤리(Algor-ethics)를 목표로 하는 학제간 대화의 필요성을 제시합니다. 연구에서 출발하여 실험, 설계, 생산, 배포, 마케팅에 이르기까지 윤리문제를 고려하여야 합니다."

－프란치스코 교황 성하의 제57화 세계 평화의 날 담화(2023.12.8.) 중에서－

05

부동산 프롭테크의 전개 과정

5 부동산 프롭테크의 전개 과정

1 프롭테크의 탄생 배경

프롭테크라는 용어는 영국에서 처음 등장했다. 2009년 영국의 부동산 중개 스타트업인 주플라(Zoopla)가 수익 창출에 성공하면서 본격적으로 사용하기 시작했다. 그 이후 유럽, 북미, 아시아로 빠르게 확산했다. 다만, 미국에서는 프롭테크 용어 대신 REtech(Real Estate Technology)란 용어를 일반적으로 사용하고 있고, 특히 상업용 부동산에 대해서는 CREtech(Commercial Real Estate Technology)라는 용어를 사용하고 있다.[1] 국내에는 2017년 경부터 언론을 통해 프롭테크라는 용어가 전파되었다.

프롭테크는 현재 전개되고 있는 4차 산업혁명의 큰 흐름 속에서 탄생하였다. 4차 산업혁명은 2016년 스위스 다보스포럼에서 세계 경제발전 모델 구축을 논의하는 과정에서 새로운 산업혁신 담론으로 제시되었는데, 앞서 살펴보았듯이 이전의 세 차례에 걸친 산업혁명과는 양상이 사뭇 다르게 전개되었다. 이전까지의 산업혁명은 기존에 존재하지 않았던 혁신적인 기술이 발명되는 사건에 기인했다는 특징이 있다. 하지만 4차 산업혁명은 새로운 혁신적인 기술 개발에 기인한 것이 아니라 이미 개발되어 있는 ICT 기술을 활용하여 각각 분리되어 있던 기존 산업을 융복합화하여 모든 산업 전반에 새로운 변화를 이끌고 있다.[2]

---

1) 미국에서는 프롭테크(Proptech)라는 용어보다 리테크(Retech)나 리얼테크(Realtech)라는 용어를 선호하는 경향이 있다. 저자도 부동산과 4차 산업혁명 기술이 결합한다는 의미에서 미국에서 사용되고 있는 용어가 더 바람직하다고 생각한다. 그러나 여기서는 국내에서 이미 프롭테크에 익숙해져 있다는 점을 고려하여 '프롭테크'라는 용어를 그대로 사용하기로 한다.
2) 김성환(2019), "프롭테크와 부동산서비스의 발전", 국토, 통권455호, 국토연구원, 11쪽 참조.

즉 4차 산업혁명은 기존의 정보통신기술(ICT)의 융복합을 통해 산업을 연결하고 비즈니스 및 조직의 효율성을 극대화하는 차세대 산업혁명이다. 4차 산업혁명의 본질은 비즈니스 공유 및 결합, 탈중앙화 등을 통한 맞춤 시대의 지능화 세계를 지향하는 것이다. 이를 위해 최근 많은 산업 분야에서는 빅데이터, 인공지능, 사물인터넷, 블록체인, 로봇공학, 드론 등 4차 산업혁명의 첨단ICT 기술을 접목하여 각 분야의 성장을 증폭·발전시키고 있다. 이러한 현상을 "해당 산업＋테크"의 용어를 통해 설명하고 있다. 부동산업계에서도 이런 맥락에서 4차 산업혁명 기술을 적극적으로 활용하여 기존의 부동산 서비스를 효율적으로 개발하거나 개선하는 이른바, 프롭테크(PropTech: Property＋Technology)를 탄생시켰다.3) 프롭테크는 2010년대 초부터 영국과 미국을 중심으로 활성화하기 시작했으며, 한국과 일본에서도 2010년대 말부터 많은 연구가 이루어지고 있다.4) 프롭테크는 4차 산업혁명이라는 거대한 담론 속에서 부동산 서비스의 진화를 이끌어가는 첨병 역할을 담당하고 있다.

우리나라에서도 지난 몇 년간 사회적으로 프롭테크에 대한 관심이 커지면서 프롭테크를 새로운 산업 동향으로 다루기 시작했다. 그렇지만 부동산 영역에서 기술 변화에 따른 프롭테크 현상은 실제로는 이전부터 있어 왔다. 그 기원을 보면 인터넷이 도입된 1990년대 말경 '닷컴 붐'에서부터 시작한다. 당시에는 부동산 매물 목록이나 검색 서비스, 중개 및 관리 등 유통 검색 부문이 중심이었다. 이들 초기 프롭테크는 인터넷 서비스에 의존하면서 발전하였고, 공모 상장(IPO, Initial Public Offering)을 통해 가치 실현을 하는 출구 전략을 구사하였다. 최근에는 기술 발전이 더욱 크게 이루어지면서, 인공 지능(AI, Artificial Intelligence) 및 빅데이터 기술을 활용한 데이터 분석, 크라우드펀딩5), 모바일 마케팅, 스마트 계약6) 등으로 프롭테크의 사업 영역을 다양화하고 있다. 여기에 각국 정부가

---

3) 이외 농업 분야에서 4차 산업혁명의 접목은 어그리테크(AgreeTech), 교육 분야는 에드테크(EdTech), 인사총무 분야는 에이치알테크(HRTech)라 고하며, 다양한 산업에서 4차 산업혁명 기술과의 융복합이 발생하고 있다.

4) 박용원(2022), "외국 프롭테크 활용실태와 감정평가업계에의 시사점: 미국, 일본을 중심으로", 연구보고서, 한국부동산원, 1-3쪽 참조.

5) 크라우드펀딩(crowd funding)은 웹이나 모바일 네트워크 등을 통해 다수의 개인으로부터 자금을 모으는 행위를 말한다. 네이버 지식백과 참조.

공공 부동산 정보의 개방 정책을 본격화함에 따라 이를 활용한 민간 기업들이 프롭테크 기업으로 급성장하면서 하나의 산업 분야로 자리매김하기 시작했다.

2012년 이후 공공 데이터 오픈과 정부의 지원 정책, 기술 발전이 결합되면서 전 세계적으로 프롭테크에 대한 투자가 급증했다. 프롭테크 산업에 대한 투자는 2012년 10억 달러 이하 수준에 머물렀으나 2013년부터 빠르게 증가하여 2017년에는 그 규모가 139억 달러로 전년 대비 2배가량 급증하였다. 2021년에는 204억 달러로 사상 최대치를 기록했다.[7] 이에 기반하여 핀테크(FinTech)를 비롯한 IT기술의 혁신과 플랫폼 비즈니스가 활성화하기 시작했다.

우리나라에서는 2010년대 후반에야 프롭테크 산업에 대한 투자가 벤처캐피탈에 의해 본격화되었다. 이 시기의 제도 변화를 보면 2016년 1월에 부동산의 증권형 크라우드펀딩[8]을 허용하였고, 2019년 11월에 P2P(peer to peer) 금융을 제도권으로 진입시키기 위해 『온라인투자연계금융업법』[9]을 제정하였다. 2020년에는 데이터 3법(개인정보보호법·정보통신망법·신용정보법)을 개정하였다. 이러한 변화에도 불구하고 우리나라에서 프롭테크 산업이 발전할 수 있는 제도적, 경제적 여건은 미국이나 유럽 국가에 비해 매우 열악한 수준이다. 가장 큰 문제점 중 하나는 프롭테크에 대한 정의와 유형구분 자체가 불명확하다는 점이다. 즉, 전통적 산업과 신산업의 경계가 명확하지 않다. 이로 인해 기술력이 없는 기업이나 사업에게까지 프롭테크라는 명칭으로 투자가 되면서, 사회적 자원이 낭비되고 투자가 실패하는 사례가 발생하고 있다. 이러한 문제점을 고려할 때 프롭테크에 대한 학문적 정의와 유형 구분, 이를 통한 이 산업의 발전 가능성과 제도 개혁 방안을 체계적으로 검토할 필요가 있다.[10]

---

6) 스마트계약(smart contract) 블록체인 기반으로 금융거래, 부동산 계약, 공증 등 다양한 형태의 계약을 체결하고 이행하는 것을 말한다. 블록체인 2.0이라고도 한다. 위키백과 참조.

7) ESCP, Proptech Global Trends2022: Annual Barometer. 한국프롭테크포럼(2023), "Korea Proptech Startup Overview 2023", 15쪽에서 재인용.

8) 증권형 크라우드펀딩은 크라우드펀딩의 한 유형으로, 기업이 투자자에게 증권을 발행하는 조건으로 온라인 플랫폼업체를 통해 불특정 다수로부터 자금을 조달받은 후 지분, 배당 등을 제공하는 투자기법을 말한다. 네이버 지식백과 참조.

9) 데이터 3법 개정안은 개인정보보호에 관한 법이 소관 부처별로 나뉘어 있어 발생하는 중복규제를 없애 4차 산업혁명 도래에 맞춰 개인과 기업이 정보를 활용할 수 있는 폭을 넓히기 위해 마련됐다. 네이버 지식백과 참조.

10) 이상영(2020), "프롭테크 유형분류와 발전 전망", 동향과 전망, 통권110호, 한국사회과학연구회,

2 프롭테크의 정의

프롭테크가 1980년대부터 태동[11]하였다고 보는 견해도 있다. 하지만 본격적으로 프롭테크가 태동하기 시작한 시점은 2009년 미국의 '개방정부지침(Open Government Initiative)'을 통한 공공데이터 전면 개방 이후로 보는 것이 타당하다. 공공데이터 개방을 기점으로 미국에서는 2010년대에 많은 프롭테크 기업이 출범하기 시작했다. 프롭테크가 부동산 서비스의 발전에 미친 영향을 이해하기 위해서는 프롭테크와 부동산 서비스에 대한 명확한 이해가 전제돼야 한다. 하지만 프롭테크를 명료하게 정의하기란 쉽지 않다. 마치 4차 산업혁명을 한 문장으로 정의하기 쉽지 않은 것과 같은 이치이다.

많은 연구에서 일반적으로 프롭테크를 부동산과 기술의 결합으로 해석하고 있으나, 연구자에 따라 프롭테크의 정의는 다르다. Baum(2017)은 4차 산업혁명과 프롭테크의 발전과정에서 제시됐던 다양한 개념들을 정리해 프롭테크 산업

그림 5-1 **프롭테크 산업의 위계**

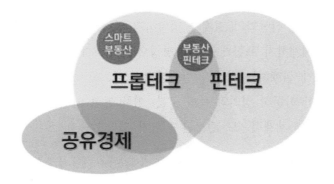

출처: Baum, A.(2017), 『PropTech 3.0: the future of real estate』, University of Oxford Research, p.7. 허윤경·김성환(2019), 6쪽에서 재인용.

191-192쪽 참조.
11) 미국의 Autodesk(1982)나 Costar(1987) 등의 기업을 중심으로 상업용 부동산의 재무나 시세파악, 임차인 정보 등의 DB를 구축하기 시작했으며, 넓은 의미에서 이를 프롭테크의 시작으로 보는 견해도 있다. 박용원(2022), 3쪽 참조.

의 위계를 설정하였다. 그는 프롭테크를 [그림 5-1]처럼 기존 공유경제 및 핀테크 분야와 업역을 일부 공유하고 있는 산업 분야로 정의한다. 같은 해 2017년에 열린 MIPIM 혁신 포럼에서는 산업 영역보다는 기술 분야에 초점을 두고 스마트빌딩, 사물인터넷, 스마트시티, 3D·가상현실, 데이터 분석 등으로 영역을 구분하여 프롭테크를 정의하였다.[12]

[표 5-1]은 국내 프롭테크 선행연구에서 프롭테크를 어떻게 정의하고 있는지를 정리한 것이다. 표에서 알 수 있듯이 국내 연구자들도 프롭테크를 조금씩 다르게 정의한다. 어떤 이는 프롭테크를 기업으로, 어떤 이는 기업 및 산업 그리고 서비스를 포괄하는 개념으로, 어떤 이는 디지털화하는 현상이나 부동산 서비스의 디지털화에 따른 산업변화 등으로 정의한다.

프롭테크에 관한 연구를 시작했을 당시는 4차 산업혁명 기술을 활용한 새로운 서비스의 개념이 강했다면, 연구를 거듭할수록 4차 산업혁명 기술이 부동산

표 5-1 선행연구에서 프롭테크의 정의

저자 및 연도	프롭테크 정의
박성수(2018)	데이터를 이용한 사업을 통해 성공한 스타트업과 디지털화된 새로운 부동산 서비스를 제공하는 기업
허윤경·김성환 (2019)	부동산업과 기술업을 결합한 새로운 형태의 산업, 서비스, 기업 등을 포괄하는 개념
김성환(2019)	부동산 서비스 관점에서 데이터에 기반한 부동산업의 디지털화
임혜연(2020)	기존 부동산업에 빅데이터, 인공지능, 사물인터넷, 핀테크 등 IT 기술을 접목한 것
이상영(2020)	전통적 부동산 서비스의 기존 오프라인 업무가 IT기술을 활용하여 새로운 부동산 서비스를 제공하는 기업
이정윤 외(2021)	부동산자산과 기술의 합성어로 새로운 IT기술을 활용하여 새로운 부동산 서비스를 제공하는 산업
이현준 외(2021)	부동산 서비스의 기존 오프라인 업무가 IT기술과 결합하여 새로운 서비스를 사업화한 산업
박용원(2022)	부동산업계에서 4차 산업혁명 기술을 활용하여 기존의 부동산 서비스를 효율적으로 개발하거나 개선하는 것

출처: 박용원(2022), 7쪽 수정.

---

12) 김성환(2019), 12-13쪽 참조.

업 전반에 미치는 영향을 전제로 새로운 시대로 돌입하는 개념이 강해지는 것을 알 수 있다. 그러므로 본격적 논의에 앞서 프롭테크를 정의할 필요가 있다. **본서에서는 선행연구 결과와 최근 시장동향을 종합적으로 고려하여 "프롭테크는 부동산업계에서 4차 산업혁명 기술을 활용하여 기존의 공간과 부동산 업무를 획기적으로 개선하거나 새로운 비즈니스를 혁신적으로 창출하는 사업 분야이다."라고 정의한다.**

3 프롭테크의 핵심 기술[13]

부동산에 관한 중개, 매매, 개발, 관리 등 다양한 의사결정을 위해서는 소유자에 관한 사항, 위치에 관한 사항, 대상 부동산 주변의 상권분석 및 지역분석 등 많은 사항을 고려해야 한다. 기존에는 해당 전문가가 관련 부동산정보를 수집하고 제한된 정보를 활용하여 부동산 활동에 관한 의사결정을 지원했다. 따라서 부동산에 관한 의사결정을 위해서 많은 시간 및 부대비용이 필요했다. 프롭테크는 부동산관련 의사결정과정에서 효율성을 향상시키고 의사결정자에게 새로운 통찰을 줄 수 있다. 프롭테크의 성장세 그리고 관련 스타트업의 증가는 부동산에 관한 의사결정과정에서 프롭테크의 효용이 반영된 결과라 할 수 있다. 프롭테크를 보다 명확하게 이해하는 차원에서 프롭테크의 핵심 기술인 인공지능, 빅데이터, 가상현실과 증강현실, 사물인터넷(IoT), 블록체인, 드론, 빌딩관리시스템 등이 부동산업에 어떻게 적용되고 있는지를 알아본다.

1) 인공지능(AI)

인공지능이란 컴퓨터 소프트웨어로 다양한 정보를 분석하고 스스로 학습할 수 있는 능력을 실현하는 기술을 말한다. 지금까지 기계는 인간의 뇌에서 일어나는 학습과 판단을 돕는 기능을 해왔다. 이러한 일들이 '기계적 연산'을 통해 설명할 수 없을까하는 의문에서 인공지능에 대한 논의가 1950년대부터 시작됐

---

13) 박용원(2022), 8-14쪽 참조.

다. 특히 영국의 앨런 튜링(Alan Turing)의 기계지능 개념14)과 미국의 아서 사무엘과 마빈 민스키의 컴퓨터도 지능을 가질 수 있다는 이론을 시초로 인공지능 및 기계학습에 대한 초창기 연구를 시작했다.

현재의 인공지능과 기계학습은 대부분의 산업 분야에서 사용하고 있으며, 프롭테크에서도 핵심 기술로 여겨지고 있다. 인공지능은 필요한 부동산정보를 구조화할 수 있다는 것이 가장 큰 장점이다. 인공지능은 실시간으로 생성되는 방대한 부동산정보를 처리할 뿐만 아니라 부동산시장의 추세를 식별하고 인간이 미처 파악하지 못한 부분에 대한 귀중한 통찰을 제공할 수 있다. 나아가 앞으로는 의사결정권자의 요구와 진의를 파악하고 이들에게 적합한 부동산을 추천하여 신속하고 정확한 의사결정을 지원할 수 있을 것으로 예상한다.

예를 들어 인공지능이 매물목록 제공 서비스를 확인하여 소비자가 원하는 부동산 매물정보에 적합한 리스트를 정리하여 추천할 수 있다. 현재 부동산 매물정보 시스템은 제한된 선택란에서 소비자가 필요한 정보를 입력하여 적합한 매물의 범위를 좁혀나가는 수동적인 시스템이지만 인공지능은 소비자 욕구에 적합한 매물정보를 새롭게 확장할 수 있는 능동적인 시스템으로 진화할 수 있다. 또한 건물의 지속 가능한 활용을 위해 인공지능이 건물의 관리 상태나 점검 일정을 자동으로 확인하고 관리회사에 정보를 전달함에 따라 관리업무의 효율성을 극대화할 수도 있다.

2) 빅데이터

인공지능을 통해 부동산정보를 구조화하기 위해서는 데이터베이스를 구축하는 것이 필수적이다. 빅데이터 분석은 대상 부동산에 관한 정보를 시간과 물리적 제약을 뛰어넘어 빠르게 수집할 수 있게 한다. 앞서 언급하였듯이 초기 빅데이터 특징은 3V이다. 3V란 크기(Volume), 속도(Velocity), 다양성(Variety)이다. 빅데이터는 말 그대로 저장되는 물리적 데이터의 크기가 방대한 특성을 가진다. 일반적으로 페타바이트 수준의 데이터를 빅데이터라 한다. 또한 데이터를 실시

---

14) 컴퓨터가 명령에 의한 단순한 연산 기능의 한계에서 벗어나 스스로 생각하고 인간의 편의를 위해 인간이 해야할 일들을 기계가 대신할 수 있다는 개념을 말한다. 박용원(2022), 10쪽 참조.

간으로 생성하며 처리할 수 있어야 하고 빠른 속도로 분석 가능해야 한다. 데이터는 정형화 정도에 따라 정형 데이터(Structured data),[15] 반정형 데이터(Semi-Structured data),[16] 비정형 데이터(Unstructured data)[17]로 구분하는데, 빅데이터는 정형데이터와 비정형데이터를 모두 처리할 수 있어야 한다. 최근에는 정확성(Validity)이나 가변성(variability), 시각화(Visualization) 등을 빅데이터의 특징으로 추가하기도 한다.

앞으로는 빅데이터 분석을 활용하여 수집한 방대한 부동산정보를 구조화함에 따라 소비자는 필요에 맞는 부동산을 선택할 수 있다. 특히 공공데이터 개방이 추진된 미국에서는 빅데이터를 통해 다양한 소스에서 부동산정보를 수집할 수 있게 됐다. 이에 따라 미국은 최근 빅데이터를 활용한 프롭테크 스타트업이 증가하고 있다.

3) 가상현실(VR)/증강현실(AR)/혼합현실(MR)

가상현실(VR, Virtual Reality)은 컴퓨터나 휴대용 디바이스 등을 사용해 인공적으로 실제와 유사한 특정 공간(가상공간)을 구현하는 기술을 말한다. 가상현실을 통해 만들어진 가상공간에서 사용자는 새로운 체험을 할 수 있고 가상공간에서 구현된 것들과 다양한 상호작용이 가능하다. 가상현실을 구체화하기 위해서는 공간성, 상호작용성, 몰입 등이 필요하다. 한편, 증강현실(AR, Augmented Reality)은 실제로 존재하는 환경에 가상의 사물 및 정보를 구현하여 사용자가 새로운 환경을 느낄 수 있도록 만드는 기술을 말한다. 증강현실은 실제 환경에 부분적으로 가상정보를 증강(augmented)하여 제공하기 때문에 실제 공간의 성격이 변하게 된다. 이러한 특징으로 인해 현실 세계에 다양한 응용이 가능[18]하

---

15) 정형데이터는 관계형 데이터베이스, 엑셀 시트 등과 같이 구조화된 형태의 데이터이다. 데이터 형태가 일정하고, 구조적이어서 데이터 추출과 분석이 쉽고 분석결과도 높은 신뢰도를 갖는다. 예를 들어 회사 내의 인사정보, 학생정보, 성적 등이다.
16) 반정형데이터는 정해진 규칙은 있지만 연산이 불가능한 데이터로서 데이터 상에 태그 등을 사용하여 자세한 정보를 부가적으로 기술하는 데이터이다. 예를 들어 인터넷 상의 정보인 XML, JSON, 로그파일 등이다.
17) 비정형데이터는 정해진 규칙이 없으며 연산도 불가능한 데이터를 말한다. 예를 들어 영상, 이미지, 음성, 그림, 지도 등이다. 빅데이터는 비정형데이터를 분석하여 새로운 가치를 창출할 수 있기 때문에 더욱 큰 의미가 있다.

고 가상현실보다 나은 현실감을 제공한다. 최근에는 혼합현실(MR, Mixed Reality) 개념도 등장했다. 혼합현실은 현실 세계의 실시간 부가정보를 가상세계에 반영하여 갖는 새로운 환경을 만드는 것이다. 실시간으로 상호작용할 수 있는 것이 혼합현실의 가장 큰 특징이며, 팬데믹 이후에 새로운 업무공간에 대한 수요와 함께 현재 혼합현실에 대한 많은 관심이 몰리고 있으며 관련 연구를 진행하고 있다.

4) 사물인터넷(IoT)

사물인터넷(IoT, Internet of Things)은 인터넷을 통해 애플리케이션이나 네트워크에 연결된 '사물' 장치를 말한다. 인터넷에 연결된 장치는 필요한 정보를 수집하고 상황에 맞게 반응한다. 사물인터넷의 가장 큰 장점은 해당 산업에서 필요한 업무나 생활환경 개선에 유용성을 가진다는 점이다. 대표적으로 주거용 부동산의 난방이나 조명, 엘리베이터, 주차관리 등을 조절할 수 있는 스마트 장치나 공업용 부동산의 산업 장비 모니터링을 통한 스마트팩토리 등 다양한 분야에서 사물인터넷을 활용하고 있다. 최근에는 음성인식 센서나 동작 감지기 등을 통해 독거노인이나 반려동물의 보살핌 서비스, 전기·수도 등의 에너지 사용량 모니터링을 통한 스마트 빌딩환경관리까지 다방면에서 사물인터넷의 활용을 시도하고 있다.

5) 블록체인(Block Chain)

블록체인(Block Chain)은 P2P로 생성된 체인 형태의 분산 데이터 저장기술이다. 계속해서 변경되는 데이터를 임의 조작이 불가능하도록 설계되었으며 데이터가 변경되면 누구나 그 결과를 열람할 수 있다. 중앙 서버에 거래 기록을 보관하지 않고 사용자들의 각 컴퓨터에서 서버가 운영되기 때문에 정부나 은행과 같은 중앙의 간섭 없이 개인 간의 자유로운 거래가 가능하다.

부동산 계약은 거래계약서, 금융계약서, 각종 대장 등 많은 문서가 필요하

---

18) 실제 공간에서 디바이스를 통해 여행가이드 및 사용안내, 목적지까지 실시간 길 안내, 버스노선도나 기후정보 등의 부가정보를 나타내는 새로운 공간을 조성할 수 있다. 박용원(2022), 12쪽 참조.

다. 블록체인을 통한 부동산 계약은 부동산 거래정보를 P2P 방식으로 저장하고 구매자와 판매자의 조건이 서로에게 만족하는 디지털로 거래가 성사되는 디지털 계약을 말한다. 제3자의 개입이나 문서작성에 불필요한 과정을 최소화하여 거래 당사자 간의 투명하고 안전한 거래를 도모할 수 있을 것으로 기대된다. 부동산은 고액자산에 해당하며 개인의 소액투자가 어려운 특성이 있다. 그러나 블록체인을 이용하여 부동산을 증권화하면 '투자 대상 자산을 여러 지분으로 쪼개서 그 지분에 투자'하는 이른바 조각투자도 가능하다.

6) 드론

부동산은 개별성, 부동성, 지역성 등과 같은 고유특성을 가지고 있기 때문에 부동산에 관한 의사결정 시 반드시 임장활동(현장조사)을 수반해야 한다. 소비자는 부동산을 구매하거나 투자하기에 앞서 대상 부동산을 다양한 관점에서 철저하게 검토해야 한다. 최근 프롭테크의 도입으로 임장활동에 많은 변화가 생기고 있다. 특히 드론 기술의 발전으로 인해 항공뷰로 대상 부동산의 자연환경을 파악할 수 있다. 개방적 시각에서 조망권이나 공중 공간 등을 더욱 직관적으로 이해할 수 있기 때문에 대상 부동산을 더욱 매력적으로 파악할 수 있다. 또한 부동산의 면적이 광범위한 경우 사람의 눈을 통해서 대상 부동산을 확인하기 위해서는 많은 시간과 비용이 소요되지만, 드론을 통해 확인할 경우 시간과 비용을 크게 단축할 수 있다.

7) 빌딩관리시스템(Building Management System)

사물인터넷(IoT)의 발전으로 조명과 온도조절부터 효율적 공간 관리까지 실내공간에서 이루어지는 관리 작업들을 자동화하고 있다. 이러한 작업을 구조화하여 시스템 체계를 갖추는 것을 빌딩관리시스템이라 한다. 빌딩관리시스템을 통해 에너지 관리, 난방, 환기, 공기조화기술(HVA, Heating, Ventilation, Air Condition) 등 다양한 시스템을 통합관리할 수 있다. 특히 어떤 공간에 대해 시간대별로 공간 내 이동량을 감지하여 주변 온도를 파악하고 일정이나 루틴에 맞춰 자동으로 온도나 습도 등을 조절할 수 있다. 가정에서는 입주자의 생활패턴을 개선하여 삶의 질을 높일 수 있고 상업용 부동산에서는 작업 공간의 혼잡을 줄이고 이용효율을 극대화할 수 있다.

지금까지 설명한 프롭테크의 최신기술동향과 부동산 적용분야를 정리하면 [표 5-2]와 같다.

표 5-2 프롭테크의 최신 기술 동향과 부동산 적용분야

기술 구분	내용	부동산 적용 분야
인공지능과 기계학습	• 인공지능과 기계학습의 도입은 부동산 관련 의사결정과정에서 효율성을 향상시키고 인간에게 새로운 통찰을 줄 수 있음 • 인공지능은 필요한 부동산정보를 구조화할 수 있다는 것이 가장 큰 장점이며 향후에는 기계학습을 통해 인공지능을 보완·발전할 것으로 예상됨	• 현재 부동산 매물정보 시스템은 제한된 선택란에서 소비자가 필요한 정보를 입력하여 적합한 매물의 범위를 좁혀나가는 수동적인 시스템임 • 앞으로 인공지능과 기계학습은 소비자 욕구에 적합한 매물정보를 새롭게 확장할 수 있는 능동적인 시스템으로 진화할 수 있음
빅데이터 분석	• 인공지능을 통해 부동산정보를 구조화하기 위해서는 데이터베이스를 구축하는 것이 필수적이며 빅데이터 분석은 대상 부동산에 관한 정보를 시간과 물리적 제약을 뛰어넘어 빠르게 수집할 수 있음	• 빅데이터 분석을 활용하여 수집한 방대한 부동산정보를 구조화함에 따라 소비자는 필요에 맞는 부동산을 선택할 수 있음
가상현실(VR) 증강현실(AR) 혼합현실(MR)	• 가상현실은 컴퓨터나 휴대용 디바이스 등을 사용해 실제와 유사하지만 인공적으로 특정한 공간(가상공간)을 구현하는 기술을 말함 • 증강현실은 실제로 존재하는 환경에 가상의 사물 및 정보를 구현하여 사용자가 새로운 환경을 느낄 수 있도록 만드는 기술을 말함 • 혼합현실은 현실 세계의 실시간 부가정보를 가상세계에 반영하여 갖는 새로운 환경을 만드는 것임	팬데믹 이후에 새로운 업무공간에 대한 수요에 대해 실시간으로 상호작용을 통해 새로운 공간에 대한 많은 관심이 몰리고 있으며 관련 연구를 진행하고 있음
사물인터넷	인터넷을 통해 애플리케이션이나 네트워크에 연결된 '사물' 장치가 필요한 정보를 수집하고 상황에 맞게 반응하여 해당 산업에 필요한 업무나	주거용 부동산의 난방이나 조명, 엘리베이터, 주차관리 등을 조절할 수 있는 스마트 장치나 공업용 부동산의 산업 장비 모니터링을 통한 스마트 팩토

	생활환경 개선에 유용성을 제공함	리 등 다양한 분야에서 사물인터넷을 활용하고 있음
블록체인	• 블록체인은 P2P 방식으로 생성된 체인 형태의 분산 데이터 저장기술을 말함 • 지속적으로 변경되는 데이터를 임의 조작이 불가능하도록 설계되었으며 데이터 변경시 누구나 그 결과를 열람할 수 있음 • 중앙 서버에 거래 기록을 보관하지 않고 사용자들의 각 컴퓨터에서 서버가 운영되기 때문에 정부나 은행과 같은 중앙의 간섭없이 개인 간의 자유로운 거래가 가능함	• 부동산 거래에서 제3자의 개입이나 문서작성에 불필요한 과정을 최소화하여 거래 당사자 간의 투명하고 안전한 거래를 도모할 수 있을 것으로 기대됨 • 블록체인을 이용하여 부동산을 토큰화하는 것은 부동산 소액 투자 활성화에도 크게 기여할 수 있을 것임
드론	• 부동산의 면적이 광범위한 경우 사람의 눈을 통해서 대상부동산을 확인하기 위해서는 많은 시간과 비용이 소요되지만, 드론을 통해 확인할 경우 시간과 비용을 크게 절약할 수 있음	• 드론 기술의 발전으로 인해 항공뷰로 대상부동산의 자연환경을 파악하거나 조망권 및 공중공간 등을 더욱 직관적으로 이해할 수 있음
빌딩관리시스템	• 사물인터넷을 활용하여 관리작업을 구조화하고 관리시스템을 자동화함	• 관리시스템을 통해 입주자 생활패턴을 개선하거나 상업용 부동산에서 작업 건물관리의 효율을 극대화할 수 있음

출처: 박용원(2022), 9쪽 수정.

4 프롭테크의 유형

프롭테크의 유형 구분에 대한 기준은 연구자들마다 상이하다. 이상영(2020)은 기술적 관점에서 스마트 부동산, 공유경제, 부동산 핀테크 등으로 구분한 Baum(2017)의 분류 기준을 사용하여 프롭테크 유형을 플랫폼, 공유 경제, 블록체인 등 세 가지 유형으로 구분한다. 이 세 가지 유형은 사업의 주요한 유형을 구분한 것이기 때문에, 유형 간에 완전히 배타적인 구분이 이루어지는 것은 아니며, 상호 그 영역이 중첩될 수 있는 개념이다. [표 5-3]은 프롭테크 유형을 플랫폼, 공유경제, 블록체인으로 구분하고 이를 기초로 세계 각국의 부동산 산업 분야별로 스타트업, 유니콘, 상장사 등 기업 규모를 기준으로 표시한 것이다.

표 5-3 프롭테크 기업의 유형별, 산업별 유형 구분(*는 상장사)

분야	단계	플랫폼	공유 경제	블록체인
정보 (평가)	스타트업	부동산114(한) 직방(한) 매터포트(미) 스마트집(미) 레드핀(미) 안쥐커(중)	빅밸류(한) 밸류맵(한) 디스코(한) 어반베이스(한) 스페이스워크(한)	블로크(미)
	유니콘	홈즈(일)* 질로우(미)* 베이커자오팡(중)*	코어로직(미)* 질로우(미)*	
거래	스타트업	레드핀(미) 캐드리(미) 텐엑스(미) 컴스택(미) 낙(미) 테넌트테크(미) 젠플레이스(미) 렉스(미)	스페이스클라우드(한)	프로피(미) 렌트베리(미) 하버(미) 셀터줌(미) 브릭빗(미)
	유니콘	질로우(미)* 오픈도어(미) 리엔지아(중)	에어비앤비(미) 튜지아(중)	
운영 (인테리어)	스타트업	미스터홈즈(한) 어반베이스(한) VTS(미) 메트리쿠스(영)	로컬스티치(한) 패스트파이브(한) 오크하우스(일) 비즈니스에어포트(일) 더콜렉티브(영)	렌트베리(미) 브릭빗(미)
	유니콘	하우즈(미), 쯔루(중), 모팡리빙(중), 아이지아(중)	위워크(미국) 뉴코뮨(중)	
금융	스타트업	테라펀딩(한) 와디즈(한) 리얼티모굴(미) 펀드라이즈(미) 렌드인베스트(영) 렌드베이(영)	오마이컴퍼니스(한) 비플러스(한)	카사코리아(한)
	유니콘	렌딩클럽(미)*		

출처: 이상영(2020), 199쪽.

이 자료에 따르면 전체적으로 미국과 중국이 가장 활발하고, 영국과 한국, 일본이 비교적 빠르게 참여 기업이 증가하고 있다.

박성수(2018)는 프롭테크의 유형을 부동산서비스 업종에 따라 중개 및 임대, 부동산관리, 프로젝트개발, 투자 및 자금조달 등 4가지 영역으로 구분한다.[19] 초기 프롭테크는 중개 및 임대서비스[20] 영역을 중심으로 발전돼 왔다. 중개 및 임대 영역은 부동산 정보를 기반으로 개별 부동산에 대한 물건 정보 등재에서부터 데이터분석, 자문, 중개, 광고 및 마케팅에 이르는 매매·임대 정보를 제공한다. 중개 및 임대 영역은 플랫폼을 중심으로 성장하기 때문에 다수의 참여자 확보가 성공요소이다. 이를 위해 독자적 정보, 정보의 질 향상, 비용효율성 등이 중요하다. 부동관 관리 분야의 프롭테크는 에너지, 사물인터넷(IoT), 센서기술 등 스마트 부동산 기술을 기반으로 한 임차인·건물 관리 서비스를 제공한다. 또한 중개 및 임대영역과 연계하여 건물주와 임차인 간 중개, 임대, 부동산 관

그림 5-2 **프롭테크의 Biz 영역**

출처: 박성수(2018), 4쪽.

---

19) 박성수(2018), "프롭테크(PropTech)로 진화하는 부동산서비스", KB 지식비타민, 18-13호, KB금융지주 경영연구소, 4쪽 참조.

20) 대표적으로 미국은 Zillow, 일본은 Ietty가 있으며, 우리나라에서는 KB부동산, 부동산 114, 알투코리아 등의 1세대 프롭테크 중개 서비스를 거쳐, 현재는 직방과 다방, 호갱노노, 알스퀘어 등 2세대 프롭테크 중개업체가 크게 성장하고 있다.

리 서비스를 제공하는 플랫폼으로 확장 가능하다. 프로젝트 개발 영역의 프롭테 크는 부동산 개발과 관련된 영역으로 건설, 인테리어 디자인, VR/3D 분야 등이 해당한다. 개발 진행과정에 대한 효율적 관리를 지원하며 고도화된 기술을 적용 하거나 프로젝트 성과를 예측, 모니터링하는 소프트웨어를 제공한다. 최근에는 가상현실을 이용하여 3D 설계, 모바일 도면 등을 제공한다. 투자 및 자금조달 영역의 프롭테크는 핀테크 기술이 부동산 시장에 도입된 것으로 크라우드펀딩 과 개인금융 등이 이에 해당한다. 최근에는 블록체인 기술을 접목하여 주식처럼 부동산을 쪼개어 개인들 간에 거래하고 있다.

　　한국프롭테크포럼(2023)은 중개·임대, 부동산 관리, 프로젝트 개발, 투자 및 자금조달 등의 유형을 다시 16개 영역으로 세분화하여 관리한다. 그중에서 주요 8대 영역을 소개하면 [그림 5-3]과 같다. 부동산 마케팅 플랫폼(Property Marketing Platform)은 온라인(웹/앱) 플랫폼 기반 주거용, 상업용 부동산, 물류창 고, 지식산업센터 등 부동산 정보를 제공하고 중개하는 영역이다. 부동산 관리 서비스(Property Management Solution)는 웹/앱 기반으로 주거 편의와 FM 중점 건물 관리, 자산 통합관리 및 운영 등의 서비스를 제공하는 영역이다. 공유 서 비스(Shared Service)는 부동산 시장과 공유 서비스를 접목하여, 공유 주거, 공유 오피스, 공유 주차, 공유 리테일 등의 서비스를 제공하는 영역이다. 데코 & 인 테리어(Deco & Interior)는 웹/앱 기반 인테리어 중개, 견적 비교, 소품 구매서비 스, 인테리어 커뮤니티 및 3D 디자인 등의 서비스를 제공하는 영역이다. IoT/스 마트홈(IoT/Smart Home)은 IoT 기반 스마트 시티, 스마트홈관리시스템, AI기기 센서 기반 안전 서비스 등을 제공하는 영역이다. 데이터 & 벨류에이션(Data & Valuation)은 빅데이터와 AI를 활용하여 부동산 데이터 분석 및 솔루션 개발, 전 자계약, 정보 스크래핑 기술 등을 제공하는 영역이다. 콘테크/AR/VR/MR(Con-struction Solution/XR)은 XR 기술, 3D 디지털 트윈, 드론 등을 활용하여 건설현 장 스마트 기술, VR 기반 사이버 모델하우스 등의 서비스를 제공하는 영역이다. 마지막으로 핀테크/블록체인(Fintech/Block Chain)은 P2P 금융연계, 부동산 PF 대출, 소액 부동산 투자 상품 제공, 블록체인 기반 부동산 수익증권 거래 등의 서비스를 제공하는 영역이다.

그림 5-3 국내 프롭테크의 주요 영역

Property Marketing Platform
(부동산 마케팅 플랫폼)

온라인(웹/앱) 플랫폼 기반
주거용, 상업용 부동산, 물류창고, 지식산업
센터 등 부동산 정보 제공 및 중개

Property Management Solution
(부동산 관리 서비스)

웹/앱 기반 부동산 관리서비스
(주거 편의 서비스, FM 중점 건물관리)
임대 및 자산 통합 관리 및 운영 등

Shared Service
(공유 서비스)

부동산 시장 + 공유 서비스
공유 주거, 공유 오피스, 공유 주차,
공유 리테일 등

Deco & Interior
(데코 & 인테리어)

웹/앱 기반 인테리어 중개, 견적 비교,
소품 구매 서비스
인테리어 커뮤니티 및 3D 디자인

IoT / Smart Home
(IoT / 스마트홈)

IoT 기반 스마트 시티,
스마트홈 관리 시스템,
AI 기기센서 기반 안전 서비스 등

Data & Valuation
(데이터 & 밸류에이션)

빅데이터, AI 활용
부동산 데이터 분석 및 솔루션 개발,
전자계약, 정보 스크래핑 기술 등

Construction Solution / XR
(콘테크 / XR / AR / VR / MR)

XR 기술, 3D 디지털 트윈, 드론 등
건설 현장 스마트 기술,
VR 기반 사이버 모델 하우스

Fintech / Block Chain
(핀테크 / 블록체인)

P2P 금융 연계, 부동산 PF 대출,
소액 부동산 투자 상품 제공, 블록체인 기반
부동산 수익증권 거래

출처: 한국프롭테크포럼(2023), "Korea Proptech Startup overview 2023", 13쪽.

　　본서에서는 다양한 분류기준 중에서 한국프롭테크의 기준이 3장 부동산시장
구조의 이해에서 살펴본 부동산시장 구조와 시장 참여자들의 구분을 가장 잘
반영하고 있다고 판단하여 이를 준용한다.

　　지금까지 프롭테크의 탄생배경, 프롭테크의 정의, 프롭테크의 핵심기술, 프
롭테크의 유형에 대해서 살펴보았다. 프롭테크 정의는 연구자마다 다소 상이하
지만, 본서에서는 프롭테크들 '부동산업계에서 4차 산업혁명 기술을 활용하여
기존의 공간과 부동산 업무를 획기적으로 개선하거나 새로운 비즈니스를 혁신
적으로 창출하는 사업분야'라고 정의하였다. 또한 4차 산업혁명의 핵심 기술이
부동산에 적용되는 유형을 분류하는 기준도 연구자마다 달랐다. 본서에서는 다

양한 분류 기준 중 한국프롭테크포럼의 기준이 가장 타당하다고 보았다. 뒤에서
다룰 7장 국내 프롭테크의 동향에서는 한국프롭테크포럼의 분류 기준을 준용하
여 대표적 프롭테크 서비스들을 소개할 것이다.

05

06

해외 프롭테크의 동향

6

해외 프롭테크의 동향

1 미국 프롭테크의 동향[1]

1) 미국 프롭테크의 성장배경

미국은 2009년 오바마 대통령 취임 후 개방정부지침(Open Government Dire-ctive)을 발표했다. 개방정부지침은 '정부의 신뢰성 향상, 민주주의 강화, 업무효율성 개선 등을 도모하기 위해 투명(Transparency), 공공참여(Public Participation), 협력(Collaboration)'을 강조한다. 이를 바탕으로 다음 네 가지 구체적 행동지침을 두고 있다. 첫째, 미국 정부가 가지고 있는 정보를 온라인으로 개방해야 한다. 둘째, 연방기관은 개방정보의 품질향상과 객관성 유지를 관리할 수 있는 책임자를 두고 지속적으로 개방정보의 품질개선을 도모해야 한다. 셋째, 연방기관은 부처 간 적극적 협력을 위해 개방문화 창조 및 제도화를 추진해야 한다. 넷째, 정보공개에 관한 관련 법제 개선 및 정책 프레임워크를 수립해야 한다.

개방정부지침 수립 이후에도 미국 정부는 2012년 9월 디지털정부 전략(Digital Government Building a 21st century platform to better serve the American people)을 발표하여 공공데이터 개방을 보다 적극적으로 천명했다. 이에 따라 미국 시민들은 클라우드, 모바일 기기 등을 통해 시간과 장소에 구애받지 않고 공공데이터 기반의 부동산정보에 접근할 수 있게 됐다. 그 결과, 미국은 2010년 이후 프롭테크 기업이 빠르게 증가하기 시작했다. 파리경영대학원(ESCP) 분석에 따르면 미국은 전 세계 프롭테크의 약 60%(2021년 기준, 1,200개)와 전세계 프롭테크

투자액의 70%(2021년 기준, 140억 달러)를 차지해 산업을 주도하였다. 미국 다음으로는 영국, 인도, 캐나다, 독일 등에서 산업이 크게 활성화됐고, 최근 중국, 호주, 프랑스의 움직임도 빨라졌다.[2] 미국의 대표적 프롭테크 기업으로는 질로우(Zillow), 오픈도어(Opendoor), 에어비앤비(Airbnb) 등이 있고 해당 기업들은 유니콘 및 데카콘 기업[3]으로 현재도 시장 점유율을 확대하고 있다.

미국의 부동산업계는 [표 6-1]에서 보듯이 프롭테크로 인해 많은 변화가 나타났다. 부동산정보 접근성 향상은 사용자나 소비자뿐만 아니라 부동산 전문 기업에게도 큰 변화를 가져다주었다. 부동산 전문 기업들은 개발, 투자, 임대, 거래 등을 위해 대상 부동산과 관련한 정보 수집 활동을 해야 하는데 부동산정보 접근 향상으로 이 활동이 훨씬 수월해 졌다.

표 6-1 **프롭테크로 인한 부동산 업무영역별 변화**

중개영역	관리영역	금융·투자·평가영역
• AI와 빅데이터 활용 대량의 물건정보 구조화 • 문서작업 자동화 • 디지털 공간 개념 도입	• 스마트 장치를 통한 관리 효율화 • 양질의 소통창구 마련	• 대략적인 자산가치 측정 • 부동산 자산위험 예측 • 빅데이터를 통한 시장분석

출처: 박용원(2022), 26쪽 수정.

중개영역에서는 AI와 빅데이터를 활용하여 대량의 부동산 물건정보를 구조화할 수 있고, 알고리즘을 구성하여 문서작업을 자동화하는 등 업무시간을 크게 단축할 수 있다. 게다가 물리적 경계를 뛰어넘어 디지털 공간개념을 도입하여 현장조사에 필요한 시간과 비용을 절약하기도 한다. 관리영역에서는 스마트 장치 및 IoT 센서를 통해 통합관리시스템을 구축하여 부동산 관리를 일원화할 수 있고 세입자와 양질의 커뮤니케이션이 가능해졌다. 부동산 투자 및 금융영역에서도 많은 변화가 나타났다. 투자자들은 부동산자산의 위험예측, 지역분석을 포

---

2) 한국프롭테크포럼(2023), "Korea Proptech Startup Overview 2023", 14쪽 참조.

3) 통상적으로 유니콘 기업은 기업가치가 10억 달러 이상의, 데카콘 기업은 기업가치가 100억 달러 이상의 비상장 스타트업을 말한다. 여기서는 기업의 상장 여부와 관계없이 기업가치만을 기준으로 해당 용어를 사용했으며 Zillow는 2021년 기준 기업가치가 100억 달러가 넘으며, Opendoor와 Redfin도 30억 달러가 넘는다. 박용원(2022), 25쪽 참조.

함한 시장분석 등을 쉽게 파악할 수 있고, 금융권에서는 AI솔루션을 활용하여 보다 신속하게 부동산 자산가치를 추정하여 모기지를 설정하기도 한다.[4]

한편, 미국은 프롭테크를 상업용 부동산(CRETech, Commercial Real Estate Tech)과 주거용 부동산(Residential Property Tech)으로 구분하고 있다. 상업용 프롭테크는 오피스나 상업용 부동산자산을 효율적으로 관리, 임대, 판매할 수 있게 지원하고 공유 오피스 등과 같이 상업용 부동산의 새로운 활용을 제안하는 영역을 말한다. 주거용 프롭테크는 아파트 및 주택의 거래, 임대, 관리, 금융 등을 보다 편리하게 수행할 수 있도록 지원하는 기술 전반을 제공·활용하는 영역을 말한다.

2) 미국 프롭테크 기업 소개

2021년 기준 미국 상업용 프롭테크 기업은 약 220개이며,[5] 상업용 프롭테크 기업의 대상 부동산은 오피스, 소매점, 쇼핑몰, 주상복합, 호텔 등 다양하다. 대표적인 기업은 사이드워크 랩스, 하니웰, VTS(View The Space), 엔틱 등이다. 소유권 이전이 빈번히 발생하는 주거용 프롭테크와 달리 상업용 프롭테크 기업은 소유권 이전보다는 지속적인 임대수익 창출이 기업목표다. 따라서 상업용 프롭테크 기업은 임대인에게 체계적인 관리시스템을 제시하고 임차인에게는 편리하고 쾌적한 사용환경을 제공하는 것이 주된 비즈니스 모델이다. 상업용 부동산의 체계적인 관리를 위해서는 자산관리 및 운용이 중요하며, 상업용 프롭테크 기업 중 자산관리 및 운영에 관한 기업이 가장 많은 것으로 파악하고 있다.

2021년 기준 미국 주거용 프롭테크 기업은 약 180개에 달한다. 질로우

---

4) 미국은 주거용 40만 달러, 비주거용 50만 달러 이하의 부동산에 한해서만 AVM(Automated Valuation Model)과 같은 자동가치산정모형을 통해 담보평가를 할 수 있고, 그 이상의 부동산에 대해서는 반드시 감정평가사의 감정평가결과를 기준으로 담보금액을 설정해야 한다(박용원(2022), 26쪽 참조). AVM은 빅데이터와 머신러닝 기술을 활용한 자산가치산정모형이다. 우리나라는 2019년 규제특례 제도인 금융규제 샌드박스를 통해 50세대 미만 주택의 시세와 담보 가치를 산정할 때 AVM을 활용할 수 있게 했다. 하지만 아직 실용화하는 것에 대해서는 의견이 분분하다. 2023년 4월, 카카오뱅크는 '비정형 담보물건 평가 위해 AVM 도입 준비'를 발표하였으나, 이에 대해 정부, 감정평가업계, 전문가들은 한 목소리로 우려의 시각을 내비쳤다. http://www.pressman.kr/news/articleView.html?idxno=68061(프레스맨, 2023.4.24).

5) 투자 포트폴리오 회사인 Thomvest의 니마(Nima wedlake)는 미국 상업용 프롭테크와 주거용 프롭테크에 대한 카오스맵을 제시하고 있다.

(Zillow), 오픈도어(Opendoor), 레스핀(Redfin) 등이 대표적인 기업이다. 이러한 기업들은 주거용 부동산 거래 프로세스의 여러 단계에 걸쳐 비즈니스 영역을 확장하고 있는 것을 알 수 있다. 주거용 프롭테크 기업들의 공통적인 목표는 주거용 부동산 거래 프로세스를 디지털화하는 것이다. 주거용 부동산 거래 당사자들은 정보의 비대칭으로 인해 부동산 거래에서 많은 불이익을 겪고 있다. 주거용 프롭테크 기업의 비즈니스 모델은 당사가 구축한 디지털 데이터베이스와 고객관리를 통해 정보의 비대칭성으로 발생하는 불편함을 해소하고 효율적인 매물알선, 모기지 추천, 등기 이전 등 다양한 비즈니스 모델을 제시하고 시장경쟁에 참여하는 것이다.

한편, 최근 COVID-19 팬데믹으로 인해 가장 두드러지는 현상 중 하나는 근무형태의 변화라 할 수 있다. 팬데믹의 영향으로 언택트 시대가 빠르게 도래했다. 이에 따라 IT 및 기술개발 기업들이 오프라인 근무에서 재택근무로 근무형태가 변화하고 있다. 재택근무는 업무효율성을 저하시킬 것이라는 기존의 우려와는 다르게 팬데믹 종료 후에도 많은 사람들이 재택근무를 선호하고 있다. 현재 미국에서는 줌타운(Zoomtown)[6]이라는 용어가 생길 정도로 재택에 대한 선호도가 높아지고 있으며, 업무공간과 주거공간의 구분이 모호해지고 있다. 마이크로소프트의 '2022 업무 트렌드 지표'에 따르면 재택근무 경험자들은 팬데믹 2년 간 재택근무에 적응했을 뿐만 아니라 재택근무의 장점과 혜택을 이해하고 있다. 이러한 결과들은 업무공간에 대한 인식 변화가 팬데믹의 영향으로 인한 일시적인 현상에 그치기보다 앞으로 업무환경 변화에 큰 영향을 줄 수 있다는 것을 시사한다. 향후 주거용 부동산의 용도가 거주뿐만 아니라 업무공간으로 겸용될 수 있다는 점도 인식할 필요가 있다.

박용헌(2022)에서는 미국의 프롭테크 유형을 크게 세 가지로 제시한다.[7] 첫째, **부동산 가격조사(valuation) 지원형**이다. 가격조사를 지원하는 프롭테크 기업

---

6) BBC에 따르면 1990년대 초반과 2000년대 초반 사이에 태어난 미국의 Z세대들은 재택근무를 선호하는 경향이 있으며, 대도시권에서 약 20km 떨어진 곳에 거주지를 정하는 경향을 보인다. 이러한 현상을 설명하기 위해 재택근무에 필요한 온라인 회의 소프트웨어 줌(Zoom)과 도시(town)의 합성어인 줌타운이라는 용어를 사용한다. 박용헌(2022), 29쪽 참조.

7) 박용헌(2022), 30-34쪽 참조.

표 6-2 미국 프롭테크의 유형

구분	내용	대표적 기업
부동산 가격조사 지원형	AI 및 기계학습 등의 새로운 방법으로 부동산 가격을 예측하는 비즈니스 모델을 제시	Zillow
		Opendoor
		Redfin
현장조사 지원형	드론과 같이 새로운 기기와 방법을 통해 부동산 현황 정보를 파악	3DR
		Kespry
의사결정 지원형	상권분석, 지역분석 등 대상부동산에 관한 컨설팅을 정량적으로 제공	Corelogic
		Reonomy

들은 AI 및 기계학습 등의 새로운 방법으로 부동산 가격을 예측하는 비즈니스 모델을 제공한다. 둘째, **현장조사 지원형**이다. 드론과 같이 새로운 기기와 방법을 통해 부동산 현황 정보를 파악하는 것을 지원하는 기업들을 말한다. 셋째, **의사결정 지원형**이다. 상권분석, 지역분석 등 대상부동산에 관한 컨설팅을 정량적으로 제공하는 기업들을 말한다.

(1) 가격조사 지원형

지난 몇 년 동안 미국 주택시장에서 가장 이목을 끌었던 단어는 '**아이바잉** (i-buying)'이다. 아이바잉에서 아이(i)는 즉석을 의미하는 인스턴트(instant)의 약자이다. 즉 아이바잉이란 '주택을 즉석에서 구입할지를 결정하는 방식'을 의미한다. 아이바잉 시스템은 '구매력을 갖춘 기업이 인공지능 등을 이용하여 주택 재고 중에서 상품 가치가 있는 주택을 선별하여 구입한 뒤 수리와 리모델링을 거쳐 주택 수요자에게 재판매하는 시스템'을 말한다. 그리고 아이바잉을 통해 주택을 구입하는 회사를 '**아이바이어(i-buyer)**'라고 부르며, 대표적인 기업으로 질로우(Zillow), 오픈도어(Opendoor), 레드핀(Redfin), 오퍼패드(Offerpad) 등이 있다. 주택 소유자가 아이바이어의 홈페이지나 어플에서 주택에 관련된 정보를 입력하면 아이바이어는 자체적으로 개발한 빅데이터 기술기반 알고리즘을 활용하여 가격평가 시스템을 구축하고 해당 주택의 매입 여부를 평가하고 24시간 이내 희망가격을 제시한다. 주택 소유자가 만약 이렇게 제시된 가격에 만족하면 거래가 성립한다. 이후 아이바이어는 주택 소유자가 최초에 작성한 주택정보가 정확한 지를 확인하고 추가적으로 필요한 수리사항 등을 판단한 후에 거래를 종결한다. [그림 6-1]은 아이바잉을 통한 주택거래 절차이다.

아이바잉의 가장 큰 장점은 이렇듯 집을 빠르게 팔수 있다는 점이다. 빠르고 편리한데 안전하기까지 한다. 자본력이 있는 기업이 주택을 매매하여 재고로 가지고 있기 때문에 주택 수요자 입장에서도 특별한 하자가 없다면 매매성사까지 순조롭게 계약을 진행할 수 있다. 하지만 치명적인 단점도 있다. 아이바이어는 자체 개발한 아이바잉시스템에 의존하여 주택구매를 결정하기 때문에 정확성이 떨어지면 아이바이어가 큰 손해를 볼 수 있다. 아이바잉시스템에 의존하여 주택

그림 6-1 아이바잉(i-buying)을 통한 주택 거래 절차

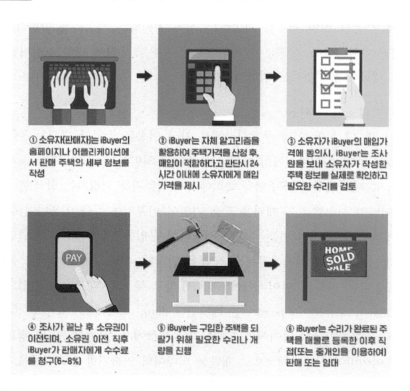

① 소유자(판매자)는 iBuyer의 홈페이지나 어플리케이션에서 판매 주택의 세부 정보를 작성

② iBuyer는 자체 알고리즘을 활용하여 주택가격을 산정 후, 매입이 적합하다고 판단시 24시간 이내에 소유자에게 매입 가격을 제시

③ 소유자가 iBuyer의 매입가격에 동의시, iBuyer는 조사원을 보내 소유자가 작성한 주택 정보를 실제로 확인하고 필요한 수리를 검토

④ 조사가 끝난 후 소유권이 이전되며, 소유권 이전 직후 iBuyer가 판매자에게 수수료를 청구(6~8%)

⑤ iBuyer는 구입한 주택을 되팔기 위해 필요한 수리나 개량을 진행

⑥ iBuyer는 수리가 완료된 주택을 매물로 등록한 이후 직접(또는 중개인을 이용하여) 판매 또는 임대

출처: 네이버 블로그, https://m.post.naver.com/viewer/postView.nhn?volumeNo=28014333&memberNo=38946978

을 구매했지만, 시장 상황이 급변하여 예측한 시세보다 주택가격이 현저히 낮아지거나 수리비 및 인건비가 높아져서 재판매 마진이 맞지 않는 경우가 발생할 수 있다. 이때 아이바이어는 투자자금을 회수할 수 없기 때문에 자금난에 부딪칠 가능성이 있다. 실제로 2021년말 질로우(Zillow)는 위와 같은 이유로 아이바잉 사업을 철수했다.

가격조사 지원형 프롭테크 기업의 공통점은 절차의 간소화와 재빠른 의사결정에 있다. 이를 기반으로 트래픽을 증가시키고 더 많은 데이터베이스를 구축하여 가격평가 알고리즘을 강화한다. 반면, 가격평가 알고리즘의 정확성에 대한 비판도 적지 않다. 아래에서는 가격조사 지원형의 대표적 프롭테크 기업들을 소개한다.

① 오픈도어(Opendoor)

2014년에 설립한 오픈도어(Opendoor)는 미국의 주거용 부동산 거래를 선도하는 대표적인 프롭테크 기업이다. 샌프란시스코에 본사를 두고 40여개 시장에서 운영 중이며, 2020년 6월에 나스닥에 상장하였다. 오픈도어는 아이바잉 서비스를 미국 최초로 도입한 프롭테크 기업이다.

오픈도어는 주택 소유자가 관련 정보를 입력하면 콤파스(compas)라고 불리는 비교 대상 주택을 선정하고, 신청자의 주택 특성과 콤파스의 주택 특성을 비교하고 인근 지역의 가격 변화 등을 감안해 24시간 이내에 최종가격을 제시한다. 이렇게 빠르게 가격 제시가 가능한 이유는 자체 개발한 빅데이터와 인공지능 기반 아이바잉 알고리즘을 통해 이루어지기 때문이다.

거래가 성사되면 주택을 매입하고 수리 및 리모델링하여 주택가치를 더욱 상승시킨 후 주택 수요자에게 재판매한다. 오픈도어의 업무 프로세스를 보다 세부적으로 정리하면 [표 6-3]과 같다. 1단계로 주택 판매를 희망하는 매도자는 오픈도어 플랫폼 홈페이지나 어플에 주택 매물을 등록한다. 2단계로 오픈도어 플랫폼은 등록된 매물을 검색하고 빠르게 인공지능과 빅데이터를 통해 매물 적정가격을 산출한다. 3단계로 주택 구매가 내부적으로 결정되면 매도자에게 책정가격을 제시하고 계약을 추진한다. 4단계로 거래가 성사되면 곧바로 수리 및 리

표 6-3 오픈도어(Opendoor)의 업무 프로세스

프로세스		내용
1단계	주택매물 등록	주택판매를 희망하는 매도자는 오픈도어 플랫폼의 홈페이지나 어플에 주택매물을 등록한다.
2단계	적정가격 측정	오픈도어 플랫폼은 등록된 매물을 검색하고 인공지능과 빅데이터를 통해 매물의 적정가격을 산출한다.
3단계	가격제안	오픈도어 플랫폼을 통해 산출된 가격을 제시하고 매도자가 원하는 날짜에 융자없이 전액 현금으로 주택구매 하겠다는 의사를 전달한다.
4단계	수리 및 리모델링	구매한 주택의 하자보수를 확인하고 곧바로 수리 및 리모델링을 실시한다.
5단계	매수자 탐색	판매 목록에 주택매물을 등록하고 매수자 탐색을 실시한다. 이때 매수자 자금이 부족한 경우 오픈도어의 주택대출상품도 제안한다.

출처: 박용원(2022), 32쪽.

모델링을 진행한다. 마지막 5단계로 매수자를 물색한다. 매수자가 매칭된 경우 오픈도어의 모기지 시스템과 연동하여 가격협상에 돌입하고 재판매 계약을 진행한다.

　이러한 거래에서 발생하는 구체적인 오픈도어의 수익구조와 소비자의 사용혜택은 무엇일까? 이를 표로 정리하면 [표 6-4]와 같다. 먼저 오픈도어는 아이바잉 거래를 통해 발생하는 수익구조는 크게 세 가지이다. 첫째, 시세차익이다. 오픈도어는 소유권을 이전받아 주택을 개보수한 뒤 재판매하여 시세차익을 얻는다. 이것이 가장 큰 수익원이다. 둘째, 부동산업자와 주택 연결을 통한 중개수수료이다. 오픈도어를 통해 주택을 판매한 매도자는 새로운 주택 수요자가 되기도 한다. 또한 오픈도어가 직접구매를 하지 않더라도 주택 매도자에게 희망지역의 중개업자나 건축업자를 새로 소개하기도 한다. 이때, 거래가 성사되면

표 6-4 Opendoor 수익구조 및 소비자의 혜택

수익구조	사용혜택
• 시세차익 • 부동산업자와 주택 연결 통한 수수료 • 주택담보대출 및 부가서비스 제공수익	• 거래기간의 획기적 단출(3개월 → 10일 내외) • 매매수수료 절약 • 현금거래 및 구매철회 가능

출처: 박용원(2022), 32쪽.

해당 지역의 중개업자나 건축업자에게서 중개 수수료를 받는다. 셋째, 주택담보대출 및 부가서비스 운영을 통한 수익이다. 오픈도어는 주택을 구입하는 경우 오픈도어가 운영하는 모기지를 제공한다. 여기서 발생하는 대출이자가 오픈도어의 수입원이 된다.

오픈도어의 아이바잉은 크게 세 가지 장점이 있다.[8] 첫째, 거래 기간의 획기적 단축이다. 기존 미국에서 주택거래는 통상적으로 약 3개월의 기간이 소요된다. 오픈도어는 플랫폼을 통한 빠른 의사결정과 자본력, 실행력을 기반으로 거래 소요 기간을 최대 10일 내외까지 단축시킨다. 둘째, 거래비용의 획기적 절감이다. 미국은 주택거래 과정에서 발생하는 중개 수수료는 통상 거래가의 5~6% 수준이다. 여기에 각종 부대비용을 포함하면 거래비용은 거래가의 10%를 상회한다. 부대비용에는 주택 소유자보험, 등기비용 등이 포함되지만 수리비용이 가장 많이 소요된다. 오픈도어가 주택 매입 후 직접 수리한 뒤 재판매하기 때문에 매수인은 이러한 거래비용을 획기적으로 줄일 수 있다.[9] 마지막으로 거래위험 최소화이다. 주택 매도인에게 전액 현금으로 거래를 제안하여 거래에서 발생하는 융자위험을 최소화한다. 매수인에게는 90일의 구매 유예기간을 보장하는 등 사용자는 다방면으로 거래에 따른 위험을 최소화할 수 있다.

오픈도어의 실적을 살펴보면 매출은 2022년 기준으로 155억 달러(약 20조원) 규모로 매년 성장하고 있으며, 아직까지 영업이익은 적자를 보이고 있다.

② 레드핀(Redfin)

레드핀(Redfin)은 2004년 시애틀에서 설립한 부동산 플랫폼기업이다. 레드핀은 현재 미국과 캐나다의 95개 이상의 시장에 제공하는 주거용 부동산 중개 플랫폼을 주 사업으로 삼고 있다. 레드핀이 주목하는 분야는 온라인 브로커리지를 통한 종합 부동산 플랫폼 구축이다. 정교한 포탈을 통해 다양한 부동산정보를 모으고 이를 기반으로 인공지능 알고리즘을 강화해 비즈니스에 활용하는 것이

---

8) 박용원(2022), 33쪽.
9) Opendoor는 수수료로 7%를 요구하므로 통상 중개 수수료인 5~6%보다는 비싼 수수료 정책을 펼치고 있으나, 플랫폼의 장점을 살려 오프라인 거래에서 발생하는 복잡한 절차와 시간낭비 등을 최소화하고 신속하고 안전한 온라인 거래를 보장한다. 박용원(2022), 33쪽 참조.

다. 브로커리지와 아이바잉 활성화로 인해 트래픽이 증가하는 선순환 고리를 구축하는 것이 핵심전략이다.

레드핀의 수익구조는 크게 네 가지이다. 첫째, 중개 사업(brokerage)이다. 전체 매출액의 54%(2019년 기준)를 차지하며 아이바잉 사업에 뛰어들기전 전통적인 수입원이다. 둘째, 아이바잉 사업이다. 직접 집을 매입해 판매하는 아이바잉(2019년 기준)의 매출비중은 41%이다. 셋째, 외부 중개인을 통한 매출이다. 매수자가 새로운 주택을 구입하고자 할 때 구매자와 지역간 부동산업체 건축업자를 연결시켜 주고 수수료를 지급받는 방식이다. 넷째, 그 밖에 모기지, 광고, 데이터판매에 따른 수익이다.

미국에서 주택 수요자가 온라인을 통해 주택매물을 검색하는 비중은 2010년부터 크게 증가했다. 하지만 온라인을 통해 정보만을 검색했을 뿐 거래로 이어지지는 못했다. 전통적인 거래 방식을 선호했기 때문이다. 그러나 프롭테크가 등장하고 온라인 커머셜이 익숙한 밀레니얼 세대가 주택 실수요자로 등극하면서 양상이 달라졌다. 온라인 중개가 이뤄지기 시작한 것이다. 더 나아가 중개를 넘어 매매까지 가능하게 되었다. 레드핀의 가장 큰 경쟁력은 아이바잉의 장점과 기존의 부동산포탈을 결합하여 종합 부동산플랫폼을 구축한 데 있다.

레드핀은 매우 간결하고 정교한 웹과 모바일 기반 포탈을 구축하고 여기에 차별화된 인터페이스로 편리함을 제공하여 타사에 비해 많은 트래픽을 발생시키고 있다. 다양한 데이터 확보와 알고리즘 개발로 이어져 경쟁력 강화의 밑거름이 되고 있다. 이 과정에서 수익성이 향상되고 다시 플랫폼 구축을 위해 비즈니스에 재투자한다. 이러한 재투자는 모든 사업 부문을 연결하고 플랫폼 시너지를 발생시킨다.[10]

한편 레드핀은 다른 아이바이어가 지니고 있는 필연적 문제점을 그대로 안고 있다. 경쟁 심화 및 자본조달 등에서 발생하는 막대한 손실이다. 상위 업체 간의 독과점 구도가 형성되기 전까지는 손실을 부담할 수밖에 없는 상황이다. 레드핀의 2023년도 2분기의 총수익은 2억 7,560억 달러(약 3,600억 원)로 전년도

---

10) 박용원(2022), 34쪽.

3억 4,900만 달러(약 4,600억 원)보다 21% 감소했다. 레드핀도 플랫폼 구축을 위한 투자와 침체된 부동산 경기 속에서 아이바잉 사업의 적자 규모를 어떻게 조절할 것인지가 가장 큰 고민거리이다.

③ 질로우(Zillow)

2006년에 설립한 질로우(Zillow)는 부동산 업계의 아마존이라고도 불리며, 미국 최대의 부동산 온라인 플랫폼으로 자리잡고 있다. 질로우는 웹 사이트와 모바일 앱을 통해 빅데이터와 머신러닝을 이용하여 미국 전역의 주택매물, 적정 가격, 매매 및 임대 거래 등의 정보를 제공하고 있다. 질로우의 활성화 사용자 수는 약 5,000만명에 달한다(2023년 9월 기준). 비즈니스 모델이 완전히 똑같진 않지만 우리나라로 치면 네이버 부동산이나 직방, 다방, 호갱노노와 같은 앱을 서비스하고 있는 프롭테크 기업이다. 이외 인공지능과 빅데이터를 활용하여 주택 매입 사업인 아이바잉 사업도 전개하였다. 자체적으로 제스티메이트(Zestimate)라는 부동산가치평가 모델을 개발하여 이를 통한 감정가격 평가를 시행하였고 실제로 이를 통해 책정된 가격들은 한때 미국 주택 부동산 거래의 표준이 되었다.

그러나 아쉽게도 질로우는 자체 개발한 제스티메이트를 통한 가격 예측에 실패하여 아이바잉 사업에서 철수하였다. 질로우는 2021년말 아이바잉과 관련한 부서를 폐쇄하면서 25%의 직원을 감축하였다. 이로 인해 총 5억 4천만 달러(약 7,100억 원) 이상의 손실을 본 것으로 추정된다. 이는 온라인 부동산 판매 방식의 한계를 드러낸 사례로 다른 동종 경쟁업체들에게도 경종을 울리는 계기가 되었다.

(2) 현장조사 지원형

부동산개발, 부동산거래, 감정평가 등 부동산 업무를 효과적으로 수행하기 위해서는 반드시 현장을 방문해서 실지조사를 통해 대상 부동산의 외관 및 내관을 조사해야 한다. 대상 부동산의 물리적 현황이 담긴 각종 자료가 현장 상황과 일치하는지의 여부를 확인하기 위함이다. 실제로 토지이동(합병, 분할, 등록전환, 지적재조사 등)으로 인해 공부상 면적과 지목이 실제 내용과 일치하지 않거나 또는 공부상에는 정상적인 토지로 적혀있지만 실제로 확인하면 맹지인 경우가 있다. 그런데 필지가 작거나 접근성이 좋은 토지는 현장조사를 통해 비교적 쉽게 확인할 수 있지만, 규모가 큰 토지나 대형 상업용 부동산 등은 현장조사를 통해 확인하는 데 많은 물리적·시간적 비용이 든다. 이런 경우에 드론이나 고화질 위성사진 등을 활용하면 현장조사에 많은 도움이 된다.[11)]

미국에서는 현장조사를 위해 드론을 활용하는 사례가 점차 늘어나고 있다. 대표적인 업체가 3D로보틱스(3DRobotics)와 케스프리(Kespry)이다. 3D로보틱스는 드론제작 하드웨어 업체로 시작하였는데, 지금은 지형 분석용 소프트웨어인 사이트 스캔(Site scan) 사업에 역량을 집중하고 있다. 케스프리는 드론 기반의 공간정보 플랫폼 기업인데, 항공 정보를 분석하여 공유하는 비즈니스 모델을 구축하고 있다.

① 3D로보틱스(3DR, 3DRobotics)

3D로보틱스(3DR, 3DRobotics)는 캘리포니아에 본사를 둔 드론업체다. 한때 중국의 DJI, 프랑스의 패럿(Parrot)과 함께 세계 3대 드론 제조사로 불렸지만, 2016년부터는 판매 부진을 이유로 개인용 드론의 판매를 중단했다. 초창기에는 드론 제작 및 판매가 주요 업무였으며 자체적으로 카메라와 제어 소프트웨어를 개발하는 방식으로 드론의 전체적인 프로세스를 제작했다. 현재는 오토데스크,[12)] 소니와 함께 드론을 활용한 새로운 솔루션 사업에 집중하고 있다. 3D로보틱스, 오토데스크, 소니가 각자의 장점을 살려 만든 솔루션이 사이트 스캔(Site scan)이다. 여기서 사이트(Site)는 현장을 의미한다. 사이트 스캔은 3D로보틱스의 드론 제작기술, 오토데스크의 소프트웨어 기술, 소니의 전자 기술을 총동원하며 드론으로 현장을 스캐닝하고 거기서 얻은 데이터를 활용할 분석틀을 제공해 준다.

대규모 건설현장의 경우 높은 위치에서 조망하는 과정이 필수적인데 이때 사이트 스캔이 효과적이다. 사이트 스캔은 드론이 일정 고도 이상의 비행을 통해 고해상도의 사진을 제공할 수 있고, 수직 및 수평 정확도 수준도 높다.[13)] 또

---

11) 박용원(2022), 35-38쪽 참조.
12) 오토데스크(Autodesk)는 아키텍처, 공학, 제조, 미디어, 엔터테인먼트의 이용을 위해 2차원, 3차원 디자인 소프트웨어에 초점을 맞춘 미국(캘리포니아)의 다국적 기업이다. 가장 대표적인 소프트웨어는 CAD가 있다. 박용원(2022), 36쪽 참조.
13) 3DR의 사이트 스캔을 통해 생성된 결과물은 토목공학, 구조공학, 환경공학, 토지측량, GIS 등 도시

한 사이트 스캔은 조작도 편리하다. 드론을 미세한 조작대신 태블릿으로 간단하게 조작할 수 있다. 태블릿 소프트웨어에 촬영할 구역을 지정하면 비행경로가 자동으로 설정된다. 설정된 경로에 따라 드론이 이륙부터 촬영, 착륙까지 자동으로 이뤄진다. 따라서 드론 조종사를 고용하거나, 직원에게 조정법을 가르치기 위한 비용을 지불할 필요가 없다. 또한 사이트 스캔은 클라우드 컴퓨팅 기반이다. 모든 데이터는 클라우드 서버에 저장되어 필요할 때마다 꺼내쓸 수 있다. 따라서 따로 저장장치를 들고 다닐 필요도 없고 여러 업체가 공사를 진행할 때 협업도 쉽다.

사이트 스캔은 탐색, 조사, 점검 세 가지 작업을 수행한다. 첫째, 탐색(scan)이다. 조사대상을 설정하면 드론이 대상지 주변을 촬영하고 각각의 이미지를 연결하여 3D로 모델링한다. 둘째, 조사(survey)이다. 사용자가 지도상에 일정한 구역의 윤곽선을 그려주면 드론이 구역을 촬영·조사한다. 이렇게 얻어진 고화질의 이미지는 오토데스크의 소프트웨어와 연동하여 다양하게 활용된다. 셋째, 점검(inspect)이다. 교량이나 높은 철탑 등 사람이 직접 관찰하기 위험한 곳이 있다. 사이트 스캔의 점검기능을 활용하면 드론을 통해 구조물의 이상 여부를 확인할 수 있다.

현재 사이트 스캔은 주로 대규모 건설현장에서 활용되고 있지만 향후에는 부동산개발, 부동산매매, 감정평가 등의 현장조사에서도 활용할 여지가 충분해 보인다.

② 케스프리(Kespry)

3D로보틱스가 주로 대규모 건설현장을 대상으로 한 산업용 드론업체라면, 케스프리(Kespry)는 광산이나 펄프 및 제지 생산지를 대상으로 한 산업용 드론업체다. 케스프리는 미국내 200개가 넘는 광산채굴 기업을 고객으로 두고 있다. 케스프리는 촬영된 이미지를 분석해 비축량 등을 측정할 수 있는 소프트웨어를 개발하는 회사로 출발하였으나, 현재는 비행계획부터 분석까지 전 과정을 원스톱으로 제공하는 드론을 활용한 종합서비스를 제공하는 기업으로 사업을 확장

커뮤니티의 기반시설에 관한 프로젝트를 수행하는 기업인 Banner Associates의 정확도 평가에서 인정받았다. 박용원(2022), 37쪽 참조.

했다. 데이터 처리의 간소화를 위해 조이스틱이나 SD카드를 사용하지 않으며 드론의 자율주행을 도입하는 등 사용방법이 간편하다.

비즈니스 모델은 사이트 스캔과 유사하다. 드론을 통해 공간정보를 분석하고 클라우드 기반으로 데이터를 공유하는 방식으로 플랫폼을 구축하고 광산 및 제지 산업현장에 데이터를 제공한다. 사이트 스캔과 마찬가지로 태블릿을 활용해서 자율비행계획을 설정한다. 조사자는 대상지의 영역을 설정하고 비행 높이를 식별한 뒤 비행 전 체크리스트를 확인한다. 일련의 절차가 끝나고 드론을 띄우면 입력된 비행계획에 따라 자율적으로 조사를 수행한 뒤 착륙한다. 조사를 마치면 드론이 수집한 데이터가 클라우드에 저장되고 모델링을 시작한다. 분석 결과는 현장에 있는 관계자 누구나 태블릿으로 쉽게 확인 가능하다. 이러한 정보는 산업현장에서 토목공사를 효율적으로 진행하는데 이용되며 인건비 절감, 데이터 정확도 향상 등에도 활용할 수 있다.

(3) 의사결정(컨설팅) 지원형

부동산은 해당 지역의 특수성, 대상 부동산의 특성 등 미시적인 영향뿐만 아니라 경기변동, 화폐 유통, 정책 등 거시적인 영향에도 민감하다. 대상 부동산의 가치를 정확히 평가하기 위해서는 이러한 영향들을 잘 분석하여 반영할 수 있어야 한다. 그러기 위해서는 대상 부동산의 공간적 범위를 확정하고 지역분석 등의 시장분석이 필요하다. 또한 부동산 개발에 의사결정을 하려면 시장분석을 통해 사업타당성을 평가할 수 있어야 한다.

최근 미국에서는 프롭테크를 활용해서 주요 의사결정을 지원하는 부동산 컨설팅 회사들이 큰 성장세를 보이고 있다. 대표적으로 코어로직(Corelogic), 레오노미(Reonomy), 아센딕스(Ascendix) 등이다. 많은 금융기업 및 자산관리 기업들이 이들 기업들의 부동산 컨설팅 보고서를 업무에 활용하고 있다. 아래에서는 프롭테크를 활용하여 부동산 컨설팅 업무를 전개하고 있는 코어로직과 레오노미를 소개한다.

① 코어로직(Corelogic)

코어로직(Corelogic)은 부동산 정보분석 회사이다. 캘리포니아 어바인에 기반으로 두고 있으며 부동산 자산, 재무, 소비자 정보 등을 분석하여 고객에게 맞춤형 데이터 서비스를 제공한다. 비즈니스 모델의 핵심은 알고리즘을 통해 부동산 자산이나 모기지 등에 관한 금융 데이터를 수집·연결하여 분석하는 것이다. 이를 통해 부동산의 위치정보 및 매물 목록 제공 서비스(MLS)의 활용, 부실 모기지 관리 등에 대한 컨설팅 서비스를 제공한다. 정부의 개방 정보를 활용하여 기초 데이터베이스를 구축하고 여기에 고객이 제공하거나 자체적으로 수집한 데이터를 추가하여 데이터베이스를 보강한다. 이러한 데이터베이스를 기반으로 대상 부동산과 관련된 건축 허가나 인구통계, 범죄 데이터 등의 대략적인 동향을 파악할 수 있고 고객 제공 데이터를 통해 추가 금융정보를 보완할 수 있다. 이렇듯 코어로직의 강점은 방대한 데이터 양에 있다. 200개가 넘는 각종 분석모형, 매년 업데이트 및 소싱되는 10억 개 이상의 자산 기록, 50년에 걸쳐 축적된 자산 기록, 항공사진 및 가상기기를 활용한 비주얼 기록 등을 보유하고 있다. 그리고 방대한 양의 데이터를 효과적으로 분석을 위해 현장 연구원과 데이터 과학자, 분석가 등을 고용하고 있다.

그 결과, 부동산정보 제공 업체로 시작한 코어로직은 직원 수 5,000명 이상에 기업가치가 약 4조 원에 육박하는 종합 금융자산 컨설팅 기업으로 성장했다. 국내의 빅밸류, 밸류맵, 스페이스워크 등 프롭테크 기업들도 코어로직의 비즈니스 모델을 주목하고 있다.

② 레오노미(Reonomy)

레오노미(Reonomy)는 상업용 부동산 분석회사이다. 상업용 부동산을 대상으로 다양한 자산 정보와 솔루션을 연결하여 사용자에게 새로운 통찰을 제공하여 의사결정을 지원하는 프롭테크 기업이다. 상업용 부동산은 미국의 가장 큰 산업 중 하나임에도 불구하고 관련 정보가 이질적이고 파편화되어 있어서 주거용 부동산처럼 데이터분석을 통한 통찰을 얻기가 쉽지 않았다. 기존에 상업용 부동산 정보를 일정한 기준이 없이 다양한 방식으로 저장해왔기 때문이다. 레오노미는 이 점에 착안하여 비즈니스 모델을 구축했다. 레오노미는 빅데이터와 인공지능 분야의 전문가들로 구성된 연구개발팀을 꾸리고 데이터 연결망을 구축하고 이를 상업용 부동산에 적용하였다. 수백만 건의 상업용 부동산에 관한 기록을 분석하여 공공데이터, 위치데이터, 개인정보, 기업정보, 자산정보 등을 연결하여 데이터 연결망을 구축했다. 여기에 상업용 부동산을 적용하여 상업용 부동산을 둘러싼 데이터를 공유하고 연결했다. 이러한 과정을 반복하여 레오노미는 상업용 부동산에서 보편적으로 이용할 수 있는 데이터를 제공할 수 있게 되었다. 뿐만 아니라 이러한 데이터 분석을 기반으로 씨비알이(CBRE)[14] 등의 많은 금융 컨설팅 기업에게 독창적인 통찰을 제공하고 있다.

2 일본 프롭테크의 동향

1) 일본 프롭테크의 도입경과[15]

(1) 일본 프롭테크의 도입배경

일본은 생산인구의 감소와 고령화, 그에 따른 가구 구성의 변화를 겪으면서 빈집이 늘어나고 건물이 노후화 되는 등의 부동산 문제에 직면하고 있다. 게다가 일본 부동산업계는 부동성, 정보의 비대칭성,[16] 낮은 유동성 등 부동산업의 특성으로 인해 미국과 유럽에 비해 프롭테크 활용이 더디다. 일본은 현재까지도 FAX나 유선전화를 사용하는 경우 등 ICT에 대한 수용도는 사회 전반적으로 우리나라 보다 낮은 편이다. 특히 이러한 경향은 부동산업계에서 더 심한 편이다. 이처럼 일본 부동산업계는 사회 변화와 디지털전환 지연 등의 문제가 결합하면서 최근 4차 산업환경 변화에 적응하는 속도가 다른 나라에 비해 늦다. 일본 부동산업계는 이러한 문제점을 인식하고 일본 부동산학회를 중심으로 문제 해결을 위해 2017년부터 일본 고유 부동산 시장의 특성과 법제도, 실무관행, 국민성

---

14) 씨비알이(CBRE)는 상업용 부동산을 대상으로 전문적인 컨설팅을 제공하는 기업으로서 포춘(Fortune) 선정 500 대 기업 중 122위에서 선정된 대형 기업이다. 한국에도 지사를 두고 있으며 오피스나 물류창고, 호텔 등의 산업용 부동산에 대한 컨설팅뿐만 아니라 자산관리 및 자금흐름 등에 대한 금융 컨설팅도 제공하고 있다. 박용원(2022), 41쪽 참조.

15) 박용원(2022), 47-54쪽 참조.

16) (주)다이와하우스의 컬럼(No.82-1)에 따르면 일본 부동산업계는 서비스 제공자인 부동산업자가 가진 데이터베이스와 소비자에게 제공되는 부동산정보의 차이가 크기 때문에 미국이나 유럽에 비해 정보의 비대칭성이 강한 특징이 있다. 박용원(2022), 47쪽 참조.

등을 고려한 프롭테크 모델에 대해 연구하기 시작했다.

초창기 일본 프롭테크는 중개서비스를 중심으로 많은 관심이 몰리기 시작했지만, 초기 비즈니스 모델은 주로 미국이나 유럽에서 성공한 모델을 그대로 답습한 수준이었다. 그러나 최근에는 중개서비스 영역에서 가상현실(VR)과 증강현실(AR), 사물인터넷(IoT) 등을 활용하여 중개물건을 소개하는 등 기존 오프라인 중심의 활동에서 디지털전환으로의 변화가 일어나고 있다. 또한 인공지능과 빅데이터를 활용해서 고객 맞춤형 정보를 고도화하고, 최첨단 화상처리기술을 이용해서 3D 데이터를 구축하고, 블록체인 기술을 기반으로 한 등기시스템을 구축하는 등 부동산정보 활용의 다각화·고도화를 위한 다양한 시도를 선보이고 있다. 2018년에는 스타트업을 중심으로 프롭테크협회를 설립하여 매년 프롭테크 카오스맵17)을 제시하고 있는 등 프롭테크의 개념 정립과 유형화를 위해서도 노력하고 있다.

(2) 일본 프롭테크 도입이 늦어진 이유

일본의 부동산 투자 컨설팅 전문 업체인 도쿄 리스타일은 '일본 부동산업계의 프롭테크 도입이 늦은 이유'에 대해 다음 세 가지를 제시한다.18)

첫째, 소규모 부동산업자의 과다이다. 일본 부동산유통센터가 발표한 부동산 통계집에 따르면 부동산 관련 법인 수는 약 35만 개로 일본 전체의 법인 수 중 12.3%(2017년 기준)를 차지한다. 이 수치는 우리가 흔히 볼수 있는 일본 편의점의 점포 수 약 5.5만 개(2022년 기준)와 비교해서 6배 이상이다. 그 만큼 일본의 부동산 관련 법인은 대다수 종업원 수가 5명 미만의 소규모 법인이다. 도쿄 리스타일은 이런 원인으로 부동산의 고유한 특성인 '지역성'과 '부동성(不動性)'을 지목한다. 즉 일본 부동산업계에서는 부동성에 기반한 지역성이 강하게 자리잡고 있다는 것이다. 이러한 특성으로 소규모 부동산업자들 간에는 다른 지역의 부동산을 암묵적으로 침범하지 않기 때문에 서로 간에 경쟁 관계가 성립하지

---

17) 카오스맵이란 해당 업체의 제품이나 기업 등 참여자를 정렬하여 산업 동향을 쉽게 파악할 수 있는 업계지도로 나타내는 것을 말한다. 영역확장이 빠른 Tech 분야에서는 산업별로 카오스맵을 생성하는 것이 일반적이며 카오스맵을 통해 분야별 산업동향을 쉽게 파악할 수 있다. 한국도 2018년 프롭테크 포럼을 설립하고 한국 프롭테크 카오스맵을 제시하고 있다. 박용원(2022), 48쪽 참조.

18) 박용원(2022), 48-49쪽 참조.

않는다. 경쟁 관계에 놓이지 않기 때문에 프롭테크와 같은 새로운 기술의 도입 필요성을 느끼지 못한다. 그 결과, 전반적으로 일본 부동산업계에 프롭테크의 도입이 뒤처지게 됐다는 설명이다.

둘째, 업무 속인성(屬人性)이다. 업무 속인성은 사업의 성패가 업무시스템보다 담당자의 역량에 따라 크게 좌우된다는 것을 말한다. 지역성이 강한 업무환경에서는 그 지역의 부동산을 가장 잘 아는 수준이 곧 그 담당자의 역량을 결정한다. 따라서 해당 지역 출신이거나 오랫동안 거주하고 있는 사람을 중심으로 부동산 업무가 이루어져 왔다. 이렇듯 잘게 쪼개진 소규모 법인의 중심으로 부동산업이 전개되어 왔기 때문에 일본 부동산업계는 굳이 많은 비용을 수반하는 프롭테크와 같은 새로운 시도를 하지 않아도 생존할 수 있었다.

마지막 세 번째 이유는 정보의 비대칭성이다. 일본 부동산업계는 일반적으로 레인즈(REINS, Real Estate Information Network Systems)[19]라는 부동산정보시스템을 통해 상호 간에 부동산 가격정보, 물건정보, 거래정보 등을 등록하고 공유해 왔다. 하지만 레인즈는 일반인에게는 그 정보를 공개하지 않고 회원 가입한 부동산업자에게만 공개해 왔다. 이러한 폐쇄적인 부동산정보시스템 운영에 대해서 부동산정보의 비대칭성 문제가 끊임없이 제기됐다. 최근 4차 산업혁명이 산업 전반에 빠르게 확산하면서 이러한 비판은 더욱 거세졌다. 그럼에도 불구하고 일본 부동산업계는 정보의 비대칭성 문제를 해소하기보다는 여전히 기존 관행에 머물러 있다. 따라서, 일본 부동산업계에서 정보의 비대칭성을 해소하기 위해서는 정보를 공유하는 것에 대한 강력한 인센티브 등의 다양한 시도가 필요해 보인다. 그러나 일본 부동산업계에서는 정보의 비대칭성 그 자체가 부동산업자에게 이익이 되기 때문에 쉽사리 정보를 공유하지 않는다. 굳이 프롭테크를 도입해서 황금알을 낳는 거위의 배를 가를 필요가 없다는 인식이다.

(3) 일본 프롭테크 발전을 위한 당면 과제

이처럼 일본 부동산업계는 지역성과 부동성으로 인한 소규모 사업자의 과

---

19) 레인즈는 일본 국토교통대신으로부터 지정받은 부동산유통기구가 운영하는 네트워크 시스템을 말한다. 부동산업자는 레인즈를 통해 부동산정보를 등록하고 다른 부동산업자와 제휴하여 부동산정보를 공유한다. 레인즈를 이용하려는 부동산업자는 회원가입을 해야 한다. 박용원(2022), 47쪽 참조.

다, 업무의 속인성, 일반 부동산업자 간의 정보 비대칭성 심화로 인해 경쟁이 사라지고 현실에 안주하며 프롭테크 도입에 소극적인 태도를 보여 왔다. 일본의 학·관·연은 이러한 부동산업계의 관행을 극복하기 위해 많은 연구를 시도하였다. 그들은 프롭테크 도입을 위해 해결해야 하는 당면 과제로 다음 세 가지를 제시하였다.

첫째, 업무 세분화와 시스템을 위한 노력이다. 일본에서는 부동산업계의 관행으로 인해 프롭테크 도입이 늦어졌지만 빠른 속도로 프롭테크 스타트업이 늘어나고 있다. 이들 스타트업의 가장 큰 특징은 수많은 부동산 업무 중에서 일부 업무에 특화된 서비스를 제공한다는 점이다. 미국 프롭테크 기업과 마찬가지로 일본 프롭테크 기업의 대다수는 자신만의 특화된 서비스를 주요 비즈니스 모델로 삼고 있다. 이들 프롭테크 기업들은 기존의 부동산업계에서 제공하는 있는 서비스의 품질이나 업무의 효율성을 대폭 향상시킬 수 있는 것으로 기대된다.

그러나 여전히 일본 부동산업계는 이러한 프롭테크의 강점을 활용하기 어려운 구조이다. 업무 속인성이 너무 강하기 때문이다. 아직까지도 일본 부동산업계는 업무 세분화와 시스템을 활용한 업무방식이 아닌 개인 역량에 의존한다. 따라서 프롭테크가 업무에 활용되기 위해서는 업무 세분화와 시스템화가 필요하고, 외부 서비스를 받아들이는 등 개방적이고 유연한 자세가 요구된다.

둘째, 기존 부동산업자와의 공생이다. 부동산 정보의 비대칭성은 일반인과 부동산업자가 가진 정보의 격차를 의미한다. 즉, 일반인과 부동산업자가 알고 있는 부동산 가격 및 임대료 수준 등의 시세정보에 차이가 있고 이로 인해 부동산업자가 일반인 보다 정보 우위에 있다는 것이다. 그러나 프롭테크가 도입되면 정보의 비대칭성을 점차 해소될 것으로 예상된다. 일반인이 프롭테크를 활용하여 부동산업자 가지고 있는 시세 정보를 확보할 수 있기 때문이다. 일본의 밀레니얼 세대는 이러한 정보의 비대칭성을 해소하는데 결정적인 기여를 할 것이다. 일본의 밀레니얼 세대는 다른 나라와 마찬가지로 인터넷이나 스마트폰 등에 친숙하기 때문에 프롭테크를 활용한 정보 접근성이 높다.

한편, 프롭테크로 인해 전통적 정보의 비대칭성이 아닌 새로운 정보의 비대칭성 문제가 발생할 수 있다는 우려의 목소리도 있다. 새로운 정보 비대칭성이란 부동산업자 간에 발생하는 정보격차를 말한다. 즉 일본 부동산업계에서도 프롭테크를 활용하는 부동산업자와 그렇지 않은 부동산업자 간의 새로운 정보격차가 발생할 수 있다. 이러한 정보격차는 기존 부동산업자들 간에 경쟁이 도입되면서 기존 시장질서가 붕괴될 것이라는 우려를 낳는다. 또한 프롭테크가 기존 부동산업자를 위협하고 있다는 주장도 있다.

그러나 프롭테크가 기존 부동산업자들의 모든 역할을 대체하는 것은 아니다. 그럴수도 없다. 프롭테크를 선도하는 미국에서도 프롭테크가 모든 부동산 업무를 대체하는 것이 아니라 상호협력을 통해 업무 효율을 개선시킨다. 실례로 미국에서 부동산 중개 플래폼을 제공하는 다수의 프롭테크 기업들은 매물정보를 효율적으로 정리하여 중개 부동산업자 업무를 지원한다. 중개 부동산업자는 앱과 웹을 통해 해당 정보를 활용하여 고객 응대시간을 크게 줄이고 제공하는 서비스 품질도 향상시킨다. 중개 부동산업자 입장에서 보면 프롭테크는 이들에게 업무효율을 제공해주는 협력자인 것이다. 그러므로 프롭테크는 기존 부동산업자들에게 장려해야 하고, 그들이 서비스 품질을 향상시킬 수 있는 기회로 활용할 수 있게 해야 한다. 이러한 점에서 프롭테크는 기존 부동산업자와 공생할 수 있다.

셋째, 부동산정보의 중요성을 인식하는 것이다. 4차 산업혁명시대에 첨단 ICT기술을 활용하여 수많은 부동산정보를 수집·가공하여 새로운 통찰을 제공하는 것은 중요하다. 공공데이터 개방정책으로 인해 이미 부동산업 전반에서 프롭테크가 활용할 수 있는 정보는 다양하다. 중요한 것은 산재된 공공데이터를 집약하여 일원화하는 것이다. 필요한 상황에 따라 목적에 맞게 부동산정보를 활용할 수 있어야 정보의 가치가 극대화된다. 예를 들어 주택 중개 플랫폼 기업은 기존의 기초정보에 주변 학군 및 주거환경, 인구 및 개발정보 등 다른 정보를 결합하여 보다 다양한 양질의 서비스를 제공할 수 있다. 또한 부동산업자 간의 협약을 통해 각자 독자적으로 구축한 정보를 공유하는 계약을 체결할 수 있다. 독자적으로 구축한 정보에는 아날로그 정보를 디지털화하여 새롭게 생성된 정보도 포함된다. 대표적으로 이동 동선이나 열화상 데이터를 디지털화한 정보 등이다. 이러한 정보는 독자성을 인정받아 특허권 등으로 보호받을 여지가 있기 때문에 다른 기업이 모방하기 어렵고 막강한 힘을 가진다. 정보공유 협약을 통해 임차관리, 시설관리, 공간 최적화, 마케팅 등 다양한 영역에서 독자적으로 구축한 정보들을 공유하며 종합 부동산관리 서비스를 제공할 수 있다. 게다가 아직 비즈니스에 활용되고 있지 않은 부동산 정보들도 많을 것으로 예상되므로 앞으로 정보결합 및 공유영역의 발전 가능성은 열려있다고 볼 수 있다.

마지막으로 부동산 정보 수집을 위한 관련 법률의 개정이다. 레인즈를 통해 폐쇄적으로 운영했던 부동산정보 활용방식의 관행을 깨고 새로운 형태의 부동산정보시스템을 구축하기 위해서는 부동산정보의 수집이나 활용에 관한 법적인 문제를 해결해야 한다. 2017년 일본은 「개인정보보호법」의 개정을 통해, 빅데이터 및 인공지능의 사용범위 확대를 위해서 '익명가공정보' 개념을 도입했다. 익명가공정보는 정보를 가공할 때 개인정보를 식별 또는 복원할 수 없도록 처리한 정보를 말한다. 법 개정의 취지는 인공지능 및 빅데이터의 이용 목적으로 익명가공정보를 제공하는 경우 '개인정보에 관한 개인의 동의'를 받지 않아도 된다는 것이다. 일본에서도 빅데이터 및 인공지능의 활용을 촉진할 수 있는 법적 개선을 이룬 것이다. 그러나 인터넷 상의 웹 페이지를 그대로 가져와서 데이터를 자동으로 수집하는 크롤링(crawling)[20] 서비스는 수집한 정보가 다른 법에 의해 보호받는 경우에 위법에 해당할 수 있다. 위법행위로 판결나면 손해배상책임의 가능성도 배제할 수 없다. 현재 일본에서 크롤링에 대한 위법성 판단은 사안별로 이루어지고 있으나, 앞으로 원활한 부동산정보 이용과 촉진을 위해서는 「저작권법」, 「부정경쟁방지법」, 「특허법」 등에 위배되지 않도록 크롤링 이용지침을 명확히 할 필요가 있다.

한편, 일본의 「개인정보보호법」이나 「저작권법」, 「부정경쟁방지법」, 「특허법」 등에 위배되지 않지만 계약 상의 이유로 정보의 공개나 다른 목적으로 정보

---

20) 크롤링은 웹사이트(website), 하이퍼링크(hyperlink), 데이터(data), 정보 자원을 자동화된 방법으로 수집, 분류, 저장하는 것을 말한다. 크롤링을 위해 개발된 소프트웨어를 크롤러(crawler)라 한다. 크롤러는 주어진 인터넷 주소(URL)에 접근하여 관련된 URL을 찾아내고, 찾아진 URL들 속에서 또 다른 하이퍼링크(hyperlink)들을 찾아 분류하고 저장하는 작업을 반복함으로써 여러 웹 페이지를 돌아다니며 어떤 데이터가 어디에 있는지 색인(index)을 만들어 데이터베이스(DB)에 저장하는 역할을 한다. 네이버 지식백과 참조. https://terms.naver.com/entry.naver?docId=6559363&cid=59277&categoryId=69439

이용을 제한하는 경우가 있다. 이 경우는 부동산정보의 비대칭성을 해소하고 균형적인 정보이용을 촉진한다는 측면에서 계약 상의 이유로 정보를 폐쇄적으로 다루는 것은 바람직하지 않다. 개정된 「개인정보보호법」의 익명가공정보 개념처럼 어떤 계약에 있어서 해당 물건정보의 당사자를 식별할 수 없는 경우에는 계약 내용을 공개할 수 있어야 한다.

2) 일본 프롭테크 기업 소개[21]

일본의 프롭테크 시장규모는 2020년 기준 약 6,300억 엔(6조 5,000억 원) 수준으로 미국과 영국대비 초기 단계이다. [표 6-5]에서 보듯이 일본 프롭테크협회는 프롭테크의 기술을 12가지 유형으로 분류한다.

표 6-5 **일본 프롭테크협회의 프롭테크 기술 분류**

기술	정의
VR · AR	VR · AR 기기를 활용한 체험 및 데이터 가공에 관한 서비스
IoT	네트워크에 접속된 장치로부터 얻은 부동산정보 등을 분석하는 서비스
공유공간	단기~중장기로 부동산이나 빈 공간을 공유하는 서비스 또는 그것을 연결해 주는 서비스
리폼 · 리노베이션	리폼 · 리노베이션의 기획 · 설계 · 시공. 웹 플랫폼 상에서 리폼업자를 연결해 주는 서비스
부동산정보	물건정보를 제외하고 부동산에 관한 데이터를 제공 · 분석하는 서비스
중개업무지원	부동산 판매 및 임대의 중개업무를 지원하는 서비스
관리업무지원	부동산 관리회사 등이 PM 업무를 효율적으로 하기 위한 지원서비스
대출 · 증권	부동산 취득에 관한 대출이나 보증서비스를 제공, 중개, 비교하는 서비스
크라우드 펀딩	개인의 복수 투자자로부터 웹 플랫폼에서 자금을 모으고 부동산에 투자하거나 부동산 사업을 목적으로 자금수요자와 제공자를 연결해 주는 서비스
가격가시화 · 사정	다양한 데이터 등을 이용하여 부동산가격 및 임료 산정, 미래를 전망하는 서비스
알선	물건소유자와 이용자, 노동력과 업무 등을 알선해주는 서비스
물건정보 · 미디어	물건정보를 집약하여 게재하는 서비스나 플랫폼 또는 부동산에 관한 미디어 전반

출처: 일본 프롭테크협회 홈페이지(https://retechjapan.org/). 박용원(2022). 55쪽에서 재인용.

---

21) 박용원(2022), 54-68쪽 참조.

한편, 일본 정보통신종합연구소의 요시다(吉田忠良, 2021)는 일본의 프롭테크 유형을 세 가지로 분류했다.

첫째, **거래(Transaction) 유형**이다. 거래 유형은 부동산과 관련된 각종 정보를 플랫폼에서 제공하여 임대, 매매 등의 거래를 성사시키는 중개서비스를 말한다. 새로운 거래방식의 서비스를 통해 부동산 매매, 임대, 투자 등의 거래 증가와 시장확대를 기대하는 영역이다. 이 유형의 주 수익원은 거래 수수료와 광고료이다. 사업 성공의 관건은 대량의 부동산정보를 효율적으로 취합하여 신속하게 필요한 고객에게 전달하는 플랫폼의 성능과 고객 규모이다. 이를 위해서는 기업의 자본력이 요구된다.

둘째, **평가(Valuation) 유형**이다. 평가 유형은 AI나 빅데이터 등의 정보기술을 활용하여 기존에 전문경험을 가진 감정평가사가 부동산의 시세나 임료, 부가가치 등을 평가하는 서비스를 말한다. 평가 유형의 프롭테크 서비스는 정보격차를 줄이고 거래의 투명성을 높이는 등 부동산에 관한 의사결정을 지원하고 자산의 유효활용을 촉진할 수 있다. 다만, 이 유형은 데이터를 분석하여 추정한 결과가 받아들여졌을 때 비로소 수익이 나기 때문에 분석결과의 정확성이 중요하다. 또한, 부동산평가는 감정평가사의 전문영역인데 프롭테크가 감정평가의 고유 영역을 침범하지 않는 범위에서 활용할 수 있는 방안에 대한 논의가 필요하다.

셋째, **업무지원(Operation) 유형**이다. 업무지원 유형은 센서, 로봇 등의 새로운 기술과 서비스를 활용하여 부동산 업무의 효율성을 높이고 인력 절감 및 생산성 향상을 도모하는 서비스를 말한다. 이 유형은 서비스를 사용해야 수익이 발생하기 때문에 서비스의 품질이나 희소성, 창의성 등이 중요하다. 그에 따른 기술개발을 위한 기업의 자본력이 요구된다.

(1) 거래 유형

거래 유형에는 [표 6-5]의 프롭테크 기술 유형 중에서 알선, 공유공간, 크라우드펀딩, 대출·증권 등이 해당한다. 알선 서비스를 제공하는 대표적인 기업은 '야후 재팬 부동산'이다. 야후 재팬 부동산은 임대인과 임차인이 부동산업자를 통하지 않고 각자가 거래가격 및 요건을 설정하여 인터넷을 통해 거래할 수 있는 중개 플랫폼을 제공한다. 공유공간 서비스를 제공하는 대표적인 기업은 'Airsalon'이다. 이 기업은 최근 공유 오피스의 사용이 증가함에 따라 미용사 전용 공유공간(미용실)을 대여해 주고 있다. 크라우드펀딩과 대출·증권 서비스를 제공하는 대표적인 기업은 '로드스타 캐피탈'과 'WhatzMoney'이다. 로드스타 캐피탈은 인터넷을 통해 불특정 다수의 소액 일반 개인 투자자 및 법인으로부터 자금을 모아 펀드를 운영한다. WhatzMoney는 일본의 모든 은행을 포함한 17,000개가 넘는 금융기관에서 대출 정보를 취합하고 고객에게 제공하여 최적의 대출 상품을 선택할 수 있게 지원하는 서비스를 제공한다.

이처럼 거래 유형 프롭테크는 주로 거래 당사자를 알선하거나 수익모델과의 연결을 통해 수수료를 받는 중개 플랫폼사업자로 중개업무와 금융업무가 주를 이루고 있다.

(2) 평가 유형

평가 유형에는 [표 6-5]의 프롭테크 기술 유형 중에서 물건정보·미디어, 부동산정보, 가격가시화·사정 등이 해당한다. 물건정보·미디어 서비스를 제공하는 대표적인 기업은 '동경감정'과 '리쿠르트 홀딩스'이다. 동경감정은 부동산 감정평가사의 전문적인 지식과 풍부한 부동산정보를 기반으로 맨션의 수익성이나 변동성 등에 대한 객관적인 지표를 제시하고 지역특성 및 시장분석을 수행하는 맨션 전문 종합정보 사이트 서비스를 제공한다. 리쿠르트 홀딩스는 인적자원회사로서 맨션이나 단독주택, 토지 등 부동산 전반에 대해 판매·매각부터 임대·리폼까지 주거에 관한 종합적인 정보를 제공한다. 부동산정보를 제공하는 대표적인 기업은 '홈즈'와 '지반 네트워크'이다. 이들 기업은 등기 및 지반정보를 제공하여 일반적으로 알기 어려운 부동산정보를 쉽게 접근할 수 있게 지원한다. 가격가시화·사정 서비스를 제공하는 대표적 기업은 '리웨이즈'와 '하우스두'이다. 리웨이즈는 2억 건 이상의 부동산 빅데이터와 인공지능 기술을 탑재하여 해당 부동산의 임료나 가격, 지역분석 등을 수행하는 부동산 업무 패키지인 게이트(Gate)를 제공한다. 이러한 분석을 토대로 다른 부동산 회사나 금융기관에게 디지털전환을 위한 컨설팅을 제공한다. 하우스두는 인공지능을 통해 해당 부동

산의 우편번호나 주소, 면적 등의 기초정보를 입력하면 중개가격이나 매수가격
등 시장가격에 대한 정보를 제공한다.

평가 유형은 전반적으로 대량의 정보를 취합·제공하여 소비자가 부동산 활
동에서 결정을 도울 수 있는 근거로 활용되는 등 활용범위는 넓으나 정보의 신
뢰성이나 전문성에 대해서는 아직 많은 논의가 필요해 보인다.

(3) 업무지원 유형

업무지원 유형에는 [표 6-5]의 프롭테크 기술 유형 중에서 VR·AR, IoT,
업무지원 등이 해당한다. VR·AR 서비스를 제공하는 대표적인 기업은 '나브'이
다. 나브는 2013년부터 VR 개발을 시작하여 2015년에 창업했다. VR을 이용한
새로운 체험을 제공하고 있으며 부동산, 관광, 교육 등 다양한 분야에서 VR 플
랫폼을 구축하고 있다. IoT를 활용한 방법 서비스를 제공하는 대표적인 기업은
'세이피'이다. 세이피는 얼굴 인증을 통해 핸즈프리로 입·퇴실을 관리하며, 외
부에서도 스마트폰이나 태블릿을 통해 집의 방범 상황 등을 확인할 수 있는 서
비스를 제공한다. 최근에는 인공지능을 동원하여 점포 내 인원수 추이를 그래프
로 나타내거나 시간별로 매장 혼잡도를 추산하여 종업원 배치를 최적화하는 등
사업 범위를 확장하고 있다. 그 밖에 '라이나프' 및 '이에라브' 등의 기업은 분야
별 특화 UI를 통해 부동산 업무지원 서비스를 제공한다. 이들의 기업들은 부동
산 관리 및 전반적인 업무를 보다 효율적으로 수행할 수 있도록 돕는 서비스를
제공하여 수익을 창출한다.

지금까지 설명한 일본 프롭테크 유형별 대표적인 기업을 정리하면 [표 6-6]
과 같다. 이번 장에서는 미국과 일본의 프롭테크 동향과 대표적 기업을 살펴보
았다. 미국은 개방정부지침이후부터 프롭테크가 매우 활성화되었으며, 다양한
영역에서 프롭테크의 발전을 주도하고 있음을 알았다. 반면 일본은 일본 부동산
업계 고유의 폐쇄성으로 인해 프롭테크의 진행 속도가 다른 나라에 비해 더디
었다. 그럼에도 불구하고 일본의 학·관·연의 노력으로 다양한 영영에서 프롭
테크 서비스가 선보이고 있음을 알 수 있었다. 다음 7장 국내 프롭테크의 동향
에서는 한국프롭테크포럼의 자료를 인용하여 국내프롭테크의 현황과 투자 동향

을 살펴보고, 주요 6대 프롭테크 영역별로 5개씩 서비스를 선정하여 총3개 프롭테크 서비스를 소개한다.

표 6-6 일본 프롭테크 유형별 대표적 기업

유형		대표적 기업	내용
거래유형	알선	야후 재팬 부동산	부동산업자를 통하지 않고, 임대인이 스스로 정한 가격으로 부동산을 판매할 수 있고, 임차인은 직접 임대인에게 질문하는 등 인터넷을 통해 거래를 중개하는 부동산 판매 플랫폼
	공유공간	Airsalon	1개 살롱에 소속되지 않고 자유롭게 움직이는 프리랜서 미용사가 필요한 시간에 미용실을 대여 해주는 등 미용업계의 프리랜서와 살롱을 연결시켜 주는 공유 오피스
	크라우드펀딩	로드스타 캐피탈	주로 인터넷을 통해 불특정 다수의 일반 개인 또는 법인으로부터 자금을 모아 펀드를 운영. 부동산전문가가 엄선한 물건을 소액부터 투자할 수 있어 소액 개인투자자의 투자 접근성이 높음
	대출·증권	WhatzMoney	모든 일본 은행 등 763개 금융기관에서 17,000개가 넘는 주택대출 정보 제공을 통해 최적의 주택대출을 비교해 주는 서비스
평가유형	물건정보·미디어	동경감정	풍부한 데이터베이스를 기반으로 물건의 수익성이나 자산성 등의 지표와 부동산감정사의 코멘트, 지역특성 등 객관적인 정보를 제공하는 맨션 전문 종합정보 사이트
		리쿠르트 홀딩스	맨션이나 단독주택, 토지 등 판매·매각 정보부터 임대·리폼까지 주거에 관한 부동산 종합 서비스 제공
	부동산정보	홈즈	민사법무협회가 제공하는 대량의 등기정보를 일괄로 취득·가공하여 디지털 활용할 수 있는 사이트
		지반 네트워크	지반 위험정보를 핀포인트로 나타내 지반상태를 확인할 수 있고, 웹상에서 주소를 입력하면 지반의 강약 등 지반 정보를 무상으로 제공하는 서비스
	가격가시화·사정	리웨이즈	2억 건이 넘는 부동산 빅데이터와 인공지능을 통해 임료나 가격의 사정, 지역분석 등의 업무효율 향상을 지원하는 업무패키지
		하우스두	부동산 우편번호, 주소, 면적, 건축 연도 등의 정보를 입력하면 중개가격이나 매수가격 등 시장가격이 인공지능에 의해 자동으로 사정·표시되는 서비스

	VR · AR	나브	VR로 점포 내부를 관찰하여 접객 서비스를 지원하는 기능
업무지원유형	IoT	세이피	PC, 스마트폰, 태블릿 등을 통해 어디서든 확인 가능한 녹화형 방범카메라 서비스와 점포 이용 상황을 파악할 수 있게 지원
	업무지원	라이나프	스마트락, 스마트 키박스와 자동 연동하여 내람 관리의 업무효율을 높일 수 있는 서비스
		이에라브	"물건 입력, 고객관리 등 중개회사 전용", "공실대책부터 물건 확인, 임대관리 등 관리회사 전용" 등 부동산업에 특화된 업무지원 Cloud 서비스

출처: 요시다(吉田忠良, 2021), 박용원(2022), 59쪽에서 재인용.

07

국내 프롭테크의 동향

7 국내 프롭테크의 동향

1 국내 프롭테크의 현황[1]

국내 프롭테크 산업은 2000년대 중반 포털 사이트에 부동산 정보를 제공하는 데서 시작했다. 2018년 11월 국내 프롭테크 기업들의 모임인 한국프롭테크포럼 설립을 전후해 본격적으로 성장했다. 비록 국내 프롭테크의 역사는 미국이나 유럽에 비해 짧지만, 초기 다양한 유형의 프롭테크 기술 개발과 적극적인 투자를 통해 시장이 상대적으로 빠르게 성장하였다. [그림 7-1]에서 보듯이 2018

그림 7-1 한국프롭테크포럼 회원사 구성(2023년 8월 기준)

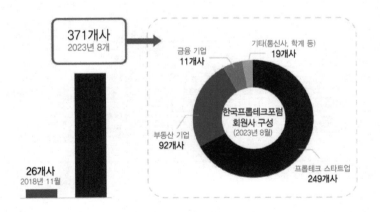

출처: 한국프롭테크포럼(2023), 「Korea Proptech Startup overview 2023」, 19쪽.

---

1) 한국프롭테크포럼(2023), 「Korea Proptech Startup overview 2023」, 19-20쪽 참조.

년 26개 사로 출범했던 한국프롭테크포럼의 회원사가 2023년 8월 기준 371개 사로 늘어난 것은 이를 반증한다(2024년 1월 기준 390개 사로 증가하였음). 포럼 회원사 가운데 스타트업은 249개 사로 전체의 67.1%이며 프롭테크 도입과 적용에 관심을 갖는 기존의 부동산 및 금융 기업도 103개 사(27.8%)나 된다. 이러한 구성은 공간 자산과 기술이 결합되어야 하는 프롭테크 산업의 근원적 구조를 반영하고 있다.

[그림 7-2]는 한국프롭테크포럼에서 390개 회원사(2024년 1월 기준)를 16개 유형별로 분류하여 매팅한 프롭테크 맵이다.

그림 7-2 **한국프롭테크포럼의 프롭테크 맵**

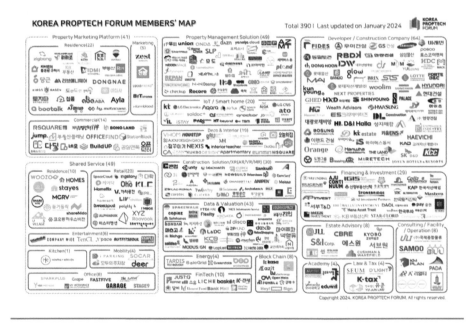

출처: 한국프롭테크포럼의 홈페이지 참조.

[그림 7-3]은 국내 프롭테크 산업의 투자, 매출, 채용 현황을 보여준다. 프롭테크의 매출은 도입 초기인 2018년 5,472억 원에서 2022년 1조 9,445억 원으로 255% 증가했다. 프롭테크 종사자 수는 2018년 1,466명에서 2023년 10,965

그림 7-3 국내 프롭테크 산업 현황

출처: 한국프롭테크포럼(2023), 「Korea Proptech Startup overview 2023」, 20쪽.

명으로 648% 증가했다. 투자금액은 2019년 9월 기준 5,050억 원에서 2023년 6월 기준 5조 7,278억 원(누적)으로 1,034% 증가했다. 코로나 팬데믹 등의 대형 경기 불안 요소에도 불구하고 국내 프롭테크 산업은 최근까지 급성장 하였다.[2]

2 국내 프롭테크 투자 동향[3]

2011년 이후 국내 프롭테크 스타트업에 대한 누적 투자는 총 5조 7,278억 원(2023년 7월 기준)이다. 이 기간 동안 151개 프롭테크 스타트업을 대상으로 총 484건의 투자가 진행됐다. 투자 이력과 금액을 공개하지 않은 기업까지 따지면 실제 투자 규모는 더 크다. [그림 7-4]는 국내 프롭테크 스타트업에 대한 연도별 투자추이를 보여준다. 2015년에 투자 금액(1,390억 원)이 처음으로 1천억 원을 넘었고, 2019년에는 5,000억 원을 넘어섰으며(7,316억 원), 2021년에는 2조 6,943억 원으로 사상 최대치를 기록했다. 2022년 들어 경기침체와 고금리의 영향으로 투자 금액은 전년보다 감소했으나, 1조 원 규모를 유지했고 투자 횟수는

---

2) 해당 매출 수치는 매출 정보를 공개한 스타트업 회원사를 기준으로 한 것으로, 프롭테크 시장 전체의 절대적인 매출 규모 추정 및 비교에는 한계가 있을 수 있다. 한국프롭테크포럼(2023), 20쪽.

3) 한국프롭테크포럼, 2023, 「Korea Proptech Startup overview 2023」, 21-28쪽 참조.

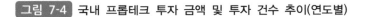

그림 7-4 국내 프롭테크 투자 금액 및 투자 건수 추이(연도별)

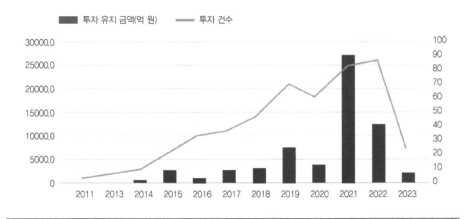

출처: 한국프롭테크포럼(2023), 「Korea Proptech Startup overview 2023」, 21쪽.

전년보다 증가(83회 → 89회)해 오히려 투자 다각화가 이뤄지는 모습을 보였다. 그러나 2023년 상반기에는 시장 침체와 고금리의 여파가 심해지면서 투자가 급감해 26건, 1,307억 원에 그쳤다.

1) 국내 프롭테크 스타트업 영역별 투자 현황

[그림 7-5]는 국내 프롭테크 스타트업의 주요 영역별 투자 현황을 보여준다. 주거, 오피스, 숙박 등을 포함하는 마케팅 플랫폼 영역이 3조 1,142억 원(54.2%)으로 가장 크다. 이는 2위를 기록한 공유서비스 투자 비중(19.4%)을 크게 뛰어넘는 규모다. 이는 도입 추기부터 부동산 플랫폼이 시장에서 주목받으면서, 야놀자, 직방 등이 대규모 투자 유치에 성공했기 때문에 기인한다. 마케팅 플랫폼 영역은 상업부동산 부문과 주거부동산 부문으로 구분되는데, 주거부동산 부문(56.3%)에서 더 활발한 투자 활동이 나타났다. 공유오피스, 코리빙, 공유주차 등 공유서비스가 1조 1,112억 원(19.4%)으로 그 뒤를 이었으며, 이어서 데코&인테리어(8.1%), 데이터&밸류에이션(4.5%), 건설 솔루션(4.3%), 에너지(4.1%) 등의 순으로 나타났다. 부동산관리 솔루션, IoT/ 스마트홈, 블록체인, 핀테크, 공간 개발 등의 분야는 전체 투자액의 1%씩 정도를 차지하였다.

그림 7-5 국내 프롭테크 스타트업 영역별 투자 금액

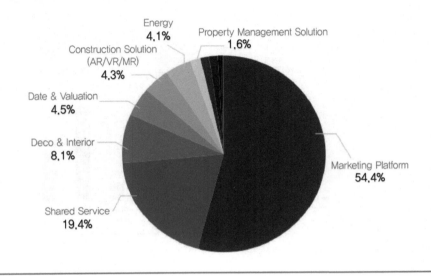

출처: 한국프롭테크포럼(2023), 「Korea Proptech Startup overview 2023」, 22쪽.

2) 국내 프롭테크 스타트업 최근 10년 투자

[그림 7-6]은 프롭테크 스타트업에 대한 투자를 최근 10년(2013~2022)을 기준으로 전/후반기로 나눠서 살펴본 것이다. 두 기간 동안에 프롭테크 스타트업 투자는 양적·질적으로 변화가 있었다. 2013년부터 2017년까지 5년 동안(전반기)에는 44개 기업을 대상으로 총 107건의 투자가 이뤄져 총 3,761억 원의 투자가 일어났다. 이에 비해, 2018년부터 2022년까지 최근 5년(후반기)에는 144개 기업 대상으로 총 349건의 투자가 이뤄져 총 5조 2,195억 원으로 괄목할만한 투자 확대가 일어났다. 이 기간 동안 투자유치 기업은 44개 사→144개 사(227%), 투자 건수는 107건→349건(226%), 투자 금액은 3,761억 원→5조 2,195억 원(1,288%) 증가했다. 투자유치 기업과 투자 건수는 각각 3배 이상 증가, 투자 금액은 14배가량 증가하였다.

그림 7-6 **국내 프롭테크 투자 최근 10년 비교**

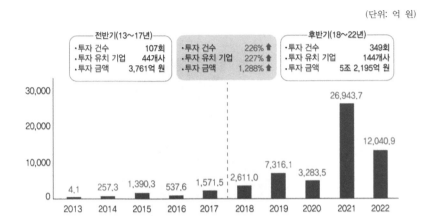

(단위: 억 원)

출처: 한국프롭테크포럼(2023), 「Korea Proptech Startup overview 2023」, 25쪽.

[그림 7-7]과 [그림 7-8]은 국내 프롭테크 영역별 투자 건수 추이를 보여준다. 전반기(2013~2017년)에 프롭테크 투자(건수 기준)가 가장 활발한 영역은 마케팅 플랫폼으로 총 26건 투자가 이뤄져 전체의 24.3%를 차지했다. 공유서비스(19.6%), 데이터&밸류에이션(15.9%), 데코&인테리어(13.1%), 건설 솔루션(10.3%)이 뒤를 이었다. 이 가운데 데이터&밸류에이션 영역은 2015년 투자가 시작되어 후반기까지 꾸준한 상승세를 보였다.

후반기(2018~2022년)에 프롭테크 투자(건수 기준)가 가장 활발한 영역은 공유서비스로 총 100건 투자가 이뤄져 전체의 28.7%를 차지했다. 건설 솔루션(17.5%), 데이터&밸류에이션(13.5%), 마케팅 플랫폼(12.3%), 부동산관리 솔루션(8%), 데코&인테리어(8%)가 뒤를 이었다. 이 시기에 전반기부터 꾸준히 투자를 유치해온 공유서비스의 투자 건수 비중이 더욱 커졌고, 건설 솔루션과 부동산 관리 솔루션의 투자 건수도 크게 증가하였다.

주목할 만한 것은 하반기에 블록체인, 공간 개발, 에너지 등 프롭테크 신규 분야에 대한 투자가 시작됐다는 점이다. 블록체인은 부동산과 블록체인의 결합을 통한 조각투자 플랫폼의 등장으로 이어졌고, 공간 개발에 대한 투자는 도시

재생 등의 공간 브랜딩 기업(어반플레이 등)의 출현을 가져왔다. 에너지 분야 투자는 청정 에너지 인프라 기업(브라이트에너지파트너스)과 같은 친환경 움직임으로 확대되고 있으며 추세는 점점 비즈니스에서 중요도가 커지고 있는 ESG 경영 확대와 맞물려 지속적으로 이어질 것으로 예측된다.

그림 7-7 **국내 프롭테크 영역별 투자 추이 비교(1)**

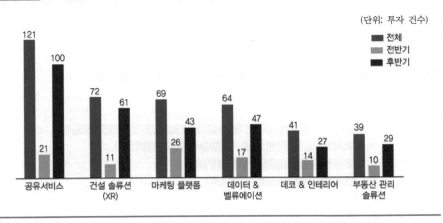

출처: 한국프롭테크포럼(2023), 「Korea Proptech Startup overview 2023」, 26쪽.

그림 7-8 **국내 프롭테크 영역별 투자 추이 비교(2)**

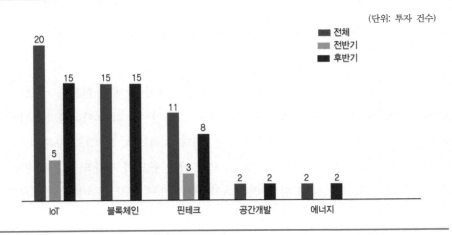

출처: 한국프롭테크포럼(2023), 「Korea Proptech Startup overview 2023」, 26쪽.

3) 국내 프롭테크 투자 단계별 변화

[그림 7-9]는 국내 프롭테크 투자 단계별 분포를 보여준다. 2011년 이후 2023년 상반기까지 진행된 484건의 투자를 분석한 결과, 국내 프롭테크 스타트업 투자는 시드(Seed) 단계가 총 150건으로 전체의 31.3%를 차지했다. 시리즈 A[4]와 시리즈 B[5]도 각각 125건(26.0%)과 87건(18.1%)를 차지해 투자 시장 호황으로 시드 → 시리즈 A → 시리즈 B까지 무리없이 이어진 비중이 적지 않았던 것을 알 수 있다.

그림 7-9 국내 프롭테크 투자 단계별 분포(2011~2023 상반기)

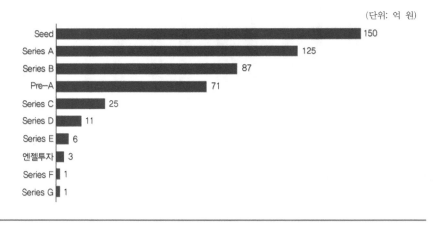

출처: 한국프롭테크포럼(2023), 「Korea Proptech Startup overview 2023」, 27쪽.

[그림 7-10]은 지난 10년 간 국내 프롭테크 투자 단계별 현황을 비교한 것인데, 전반 5년에 비해 후반 5년의 투자 스케일이 대폭 확대됐다. 전반기(2013~2017년)에는 5개 투자 단계(프리 A, 시드, 시리즈 A, B, C)로 구분된 반면, 후반기(2018~2022년)에는 시리즈 D, E, F, G까지 규모가 확대되었다. 후반기의 투자 단계별 분포를 살펴보면 시리즈 A가 100건으로 가장 큰 비중(26.9%)을 차

---

4) 프로토타입 개발부터 본격적인 시장 공략 직전까지 받는 투자로 통상 수억 원 규모로 이뤄진다.
5) 일정 규모의 고객을 확보하여 비즈니스 확장이 필요한 시기의 투자로 수십 억 원 규모로 이뤄진다.

지했고, 시드(95건), 시리즈 B(76건), 프리 A(56건)가 뒤를 이었다. 전반기에 3건에 그쳤던 시리즈C가 22건으로 대폭 증가했고, 한 건도 없던 시리즈 D, E 등도 각각 11건, 6건으로 늘어났다.

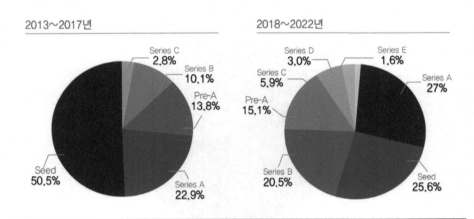

그림 7-10 국내 프롭테크 투자 단계별 현황 비교

출처: 한국프롭테크포럼(2023), 「Korea Proptech Startup overview 2023」, 27쪽.

4) 국내 프롭테크 유치 금액

[그림 7-11]은 국내 프롭테크의 투자유치 분포를 보여준다. 프롭테크의 투자유치 금액은 10억~50억 원 사이가 총39개 사(28.3%)로 가장 많았다. 100억~300억 원 사이가 30개 사(21.7%), 1억~10억 이하가 28개 사(20.3%)로 그 뒤를 이었다. 1,000억 원 이상의 투자를 유치한 기업도 10개 사(7.2%)에 달했다.

1,000억 원 이상 투자를 유치한 기업은 ▲야놀자(마케팅 플랫폼) ▲쏘카(공유서비스) ▲직방(마케팅 플랫폼) ▲버킷플레이스(데코&인테리어) ▲브라이트에너지파트너스(에너지) ▲당근마켓(마케팅 플랫폼) ▲한국신용데이터(데이터&밸류에이션) ▲파킹클라우드(공유서비스) ▲알스퀘어(마케팅 플랫폼) ▲패스트파이브(공유서비스) 등이다.

1,000억 원 이상의 투자를 유치한 프롭테크 영역 분포를 보면, ▲마케팅 플랫폼(4개) ▲공유서비스(3개) ▲데코&인테리어(1개) ▲데이터&밸류에이션(1개) ▲

에너지(1개) 로 나타났다. 대형 투자가 마케팅 플랫폼과 공유서비스를 중심으로 이뤄지는 영향을 보였다.

그림 7-11 프롭테크 투자 유치 금액별 분포

(단위: 억 원)

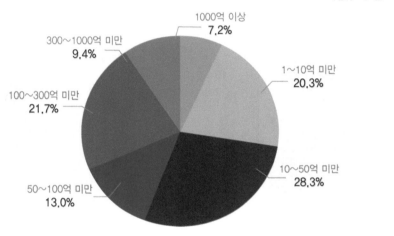

출처: 한국프롭테크포럼(2023), 「Korea Proptech Startup overview 2023」, 27쪽.

3 국내 프롭테크 기업 소개

한국프롭테크포럼은 국내 프롭테크 기업의 유형을 크게는 중개·임대 영역, 부동산 관리 영역, 프로젝트 개발 영역, 투자 및 자금조달 영역으로 구분하고 있다. 그리고 이를 [그림 7-2]의 프롭테크 맵에서 보여 주듯이 16개 분야로 세분화하여 관리하고 있다. 여기서는 그중에서 부동산 마케팅 플랫폼(Property Marketing Platform), 부동산 관리 서비스(Property Management Solution), 공유 서비스(Shared Service), 데코 & 인테리어(Deco & Interior), 데이터 & 벨류에이션(Data & Valuation), 블록체인/핀테크(Block Chain/Fintech) 등 주요 6개 영역을 대상으로 국내 대표적 서비스를 소개한다.

1) 부동산 마케팅 플랫폼(Property Marketing Platform)

부동산 마케팅 플랫폼(Property Marketing Platform)은 온라인(웹/앱) 플랫폼 기반 주거용 부동산, 상업용 부동산, 물류창고, 지식산업센터 등의 부동산 정보를 제공하고 거래를 중개하는 프롭테크 영역이다. 부동산 마케팅 플랫폼 영역에 해당하는 프롭테크 서비스는 [표 7-1]과 같다.

표 7-1 부동산 마케팅 플랫폼 영역의 프롭테크 서비스

서비스명	사업모델
① KB부동산	클라우드 시스템을 기반. 고객이 무료로 이용할 수 있는 개방형 플랫폼 제공 (부동산시세 등). 최근 집봐줌(전세 안전진단, 등기변동 알림) 서비스 제공.
② 부동산114	HDC그룹의 부동산 정보분석 자회사. 부동산 데이터베이스를 구축하여 주거용에서 상업용까지 각종 부동산 정보 제공. 직거래 서비스 제공.
③ 알스퀘어	국내외 30만 사업용 부동산을 전수 조사해 구축한 데이터베이스를 기반 오피스 임대차, 매입매각, 인테리어·리모델링, 알스퀘어파인드 등의 서비스 제공.
④ 직방	아파트, 원룸, 오피스텔, 빌라 등 부동산 거래 플랫폼에서 최근에는 주거관리 영역 및 메타버스 가상오피스(SOMA)로 확장. 기업가치 2조5천억 원.
⑤ 호갱노노	15종 이상의 공공데이터를 아파트 정보 플랫폼서비스 제공(아파트 단지 정고, 지역정보, 내집 내놓기 등). 2018년 직방이 인수(230억 원). 기업가치 7,000억 원

(1) KB부동산

KB부동산은 KB국민은행이 운용 중인 종합부동산플랫폼이다. 클라우드 기반으로 고객이 무료로 이용할 수 있는 개방형 플랫폼을 지향하고 있다. 예전 KB부동산은 대출 가능 금액 산정의 기준가가 되는 KB시세 중심으로 정보를 제공했으나, 스마트폰에서 제공되는 여러 앱들이 다양한 기능을 탑재하고 나오자 KB부동산에서도 비슷한 기능을 추가해 제공해 주고 있다. KB부동산의 홈페이지 화면은 [그림 7-12]와 같다. 맨 왼쪽에는 세로로 홈, 지도, 내집내집, 커뮤니티, 메뉴 등의 버튼이 있다. 홈을 클릭하면 KB부동산에서 바로 볼 수 있는 매물 수, 검색 창, 지도에서 바로 보여드릴께요, 빠른 메뉴 등으로 구성된 화면이 보인다. 지도 화면 위에는 MY필터, 아파트, 매매/전세/월세 등의 메뉴가 있어서 해당 지역의 아파트의 매물 현황을 지도에서 확인할 수 있다. 만약 아파트가 아

닌 다른 유형의 부동산 매물 현황을 보고 싶으면 메뉴에서 '아파트'를 클릭하면 된다. 그러면 아파트 이외에 오피스텔, 빌라(연립/다세대), 원룸/투룸 등 다른 유형의 부동산을 설정할 수 있는 메뉴 화면이 뜬다. 지도화면에는 다양한 크기의 원들이 있는데, 이 원을 클릭하면 그 해당 지역의 매물을 원 안의 숫자만큼 볼 수 있다.

'내집내집' 서비스는 지금 살고 있는 내 집을 등록해 두면 유용한 정보와 알림 서비스를 제공해 준다. 전세와 매매별로 KB시세와 최근 실거래가 정보를 보여준다. 그리고 등기변동알림 서비스와 예상 세금을 자동으로 계산해 주는 서비스도 있다. 최근 3년, 5년 기간 동안의 우리집 시세 추이를 그래프로 보여주는 기능도 있다. 대출 상담도 바로 가능하다.

KB부동산은 웹 방식보다는 앱에서 더 다양한 서비스를 제공하고 있다. 대표적인 것이 빠른 메뉴에서 보이는 '전세 안전진단' 서비스이다. '전세 안전진단' 서비스는 전세사기를 당하지 않을까 불안해 하는 세입자들을 위해 주소와 보증금 입력만으로 전세계약이 안전한지 알아보는 '전세보증금 안전진단'과 내가 살고 있는 집에 등기 상 변동사항이 있는지 알림으로 알려주는 '등기변동알림' 서

그림 7-12 KB부동산의 홈페이지 화면

출처: KB부동산 홈페이지(https://kbland.kr/map?xy=37.5205559,126.9265729,17)

비스를 제공한다.

(2) 부동산114

1999년에 설립한 부동산114(대표 김희방)는 부동산 시장의 선진화 및 과학화를 위해 신뢰할 수 있는 데이터베이스를 기반으로 부동산 종합전문 정보 서비스 제공에 주력하고 있는 대표적 부동산 전문 포털 사이트이다. 그동안 축적해 놓은 데이터베이스를 바탕으로, 주거용에서 상업용까지 각종 부동산 정보 제공과 시장 분석 등을 통해 고객들의 원활한 부동산 거래와 현명한 투자 판단에 도움을 주는 부동산 종합 솔루션 제공 회사를 지향하고 있다.

[그림 7-13]은 부동산114의 홈페이지 화면이다. 홈페이지 초기 화면 메뉴는 크게 매물, 시세, 부동산뉴스, 매물의뢰, 직거래로 구성되어 있으며, 화면 우측 상단에는 메뉴 바 형태로 다양한 솔루션을 제공하고 있다. 매물과 시세에서는 KB부동산과 유사한 정보를 제공하고 있다. 부동산 뉴스에서는 부동산과 관련한 다양한 정보와 심층적인 분석 리포트를 제공하고 있다. 부동산 관련해서 보다 심층적인 정보를 수집하고자 하는 사람들에게 유용하다. 매물의뢰는 매물을 중개하는 서비스인데 매물 내놓기와 매물 구하기로 구성되어 있다. 홈페이지에 나

그림 7-13 **부동산114의 홈페이지 화면**

출처: 부동산R114의 홈페이지(https://www.r114.com/)

그림 7-14 부동산114의 매물의뢰 서비스 화면

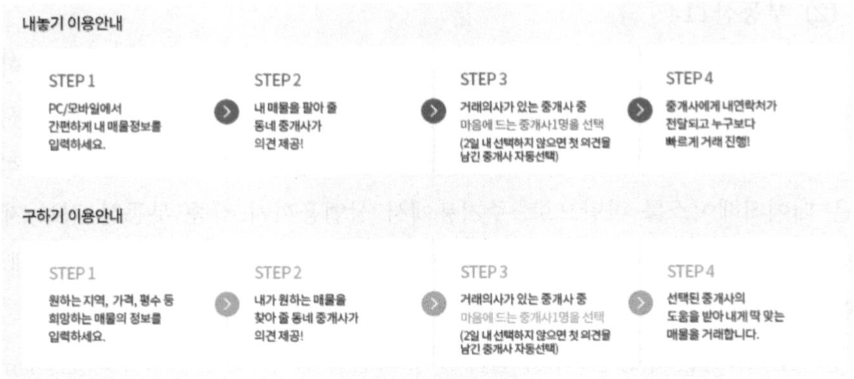

내놓기 이용안내

STEP 1
PC/모바일에서
간편하게 내 매물정보를
입력하세요.

STEP 2
내 매물을 팔아 줄
동네 중개사가
의견제공!

STEP 3
거래의사가 있는 중개사 중
마음에 드는 중개사1명을 선택
(2일 내 선택하지 않으면 첫 의견을
남긴 중개사 자동선택)

STEP 4
중개사에게 내연락처가
전달되고 누구보다
빠르게 거래 진행!

구하기 이용안내

STEP 1
원하는 지역, 가격, 평수 등
희망하는 매물의 정보를
입력하세요.

STEP 2
내가 원하는 매물을
찾아 줄 동네 중개사가
의견제공!

STEP 3
거래의사가 있는 중개사 중
마음에 드는 중개사1명을 선택
(2일 내 선택하지 않으면 첫 의견을
남긴 중개사 자동선택)

STEP 4
선택된 중개사의
도움을 받아 내게 딱 맞는
매물을 거래합니다.

출처: 부동산R114의 홈페이지(https://www.r114.com/?_c=ask)

와 있는 서비스 이용안내는 [그림 7-14]를 보면 도움이 된다. 부동산114에서 특이한 점은 공인중개사를 거치지 않고 바로 개인들 간 직거래하는 서비스를 제공한다는 점이다. 토지, 상가주택, 아파트, 빌라, 상가 등 다양한 부동산을 매매, 전세, 월세 등의 형태로 거래를 하고자 하는 사람은 이 서비스에 매물을 등록하기만 하면 된다. 직거래가 이뤄지다 보니 중개보수가 발생하지 않는 잇점이 있다. 그러나 직거래이다보니 사기나 거래실수 등의 위험에 주의해야 한다.

(3) 알스퀘어

2009년에 설립한 알스퀘어(대표 이존우)는 국내외 30만 상업용 부동산을 전수 조사해 구축한 압도적 데이터를 기반으로 오피스 임대차와 매입매각 자문, 인테리어·리모델링, 데이터 애널리틱스 등의 서비스를 제공한다. 주요 사업으로는 알스퀘어 파인드, 알스퀘어 애널리틱스, 알스퀘어 위드가 있다. 알스퀘어 파인드는 전수조사 기반 허위 매물없는 사무실 임대 맞춤 솔루션인데, 원하는 위치, 인원 수, 월 고정비 그리고 원하는 옵션(신축, 인테리어 완료, 역세권, 주차가능, 24시간 개방, 공휴일 개방)을 입력하면 30초 만에 맞춤형 사무실을 추천해 준다. 알스퀘어 애널리틱스는 상업용 부동산에 집중한 임대/매매/공급 시장의 데이터를 활용해 전문성과 신뢰도를 높이고 비정형 데이터를 정형화한 독보적 분

석 서비스를 제공한다. 알스퀘어 파인드와 알스퀘어 애널리틱스는 모두 알스퀘
어가 직접 모은 데이터를 바탕으로 만든 솔루션이다. 하지만 소규모 사무실과

그림 7-15 **알스퀘어 파인드**

출처: 알스퀘어 파인드 홈페이지(https://find.rsquareon.com/)

그림 7-16 **알스퀘어 위드의 홈페이지 화면**

출처: 알스퀘어 위드 홈페이지(https://with.rsquareon.com/)

지식산업센터로 서비스를 확장하는 데는 한계가 있다. 지식산업센터의 경우 호실마다 소유주가 다르고 게다가 소유주가 개인인 경우가 많기 때문에 중대형 오피스 건물이나 물류센터와는 달리 정보를 수집하고 업데이트하기 용이하지 않기 때문이다. 이를 해결하기 위해 만든 플랫폼이 알스퀘어 위드이다. 알스퀘어 위드는 소규모 사무실과 지식산업센터를 대상으로 임대인과 중개인을 위해 만든 중개플랫폼이다. 아직까지 알스퀘어 위드에서는 임차인을 위한 기능을 추가할 계획은 없어 보인다. 대신 임차인을 위한 정보는 알스퀘어 파인드에서 제공하고 있다.

(4) 직방

2010년에 설립한 직방(대표 안성우)은 우리나라의 제1세대 프롭테크 스타트업이며, 기업가치가 1조원 이상인 스타트업에 해당하여 유니콘 기업의 반열에 올라섰다. 직방은 2010년에 설립하여 2012년부터 온라인 부동산 중개서비스를 시작했다. 직방은 부동산 중개 플랫폼의 고질적인 문제로 지적되어 왔던 허위매물 차단을 위해 검증 과정을 강화하여 허위 매물에 대해 강경하게 대처함으로써 서비스 신뢰도를 꾸준히 높여왔다. 최근에는 완공 부동산의 유통뿐만 아니라 개발 및 운영까지 확장하였으며, 그 결과 2022년 기준 매출액은 882억 원으로 전년대비 58% 증가하였다. 그러나 계속된 공격적인 투자로 2022년 기준 영업이익은 적자 폭이 370억 원으로 전년 대비 4배 늘어났다.

2012년, 직방이 온라인 부동산 서비스를 제공하기 시작했을 당시 거래의 주를 이뤘던 것은 소형 주거 형태의 임대차 정보였다. 그렇다보니 주요 고객층은 주로 20대였고 생애 최초 집을 구하던 20대가 점차 3040세대가 되면서 직방의 서비스도 아파트 정보까지 확대하였다. 고객층이 3040세대까지 확대된 이후 직방은 카카오와 위탁운영 업무협약을 맺어 아파트 투자매매 수요가 가장 많은 세대인 4050세대까지 고객층을 넓힘으로써, 모든 연령층을 겨냥한 종합 플랫폼으로 거듭나면서 개인의 생애주기에 모두 관여하는 라이프 플랫폼으로서의 성장 기반을 확보하였다.

뿐만 아니라 직방은 2021년 5월 3D 단지 투어를 도입해 화제가 되었다. 3D

단지 투어는 매매를 원하는 아파트의 단지를 사진 같은 2D가 아닌 3D 입체 화면으로 둘러볼 수 있는 기술로서 거실과 각 방에서 창문으로 내다보이는 조망의 모습과 각 시간대에 따른 방들의 일조량이 얼마나 다른지도 체크해볼 수 있도록 정교하게 구현했다.

또한 2021년 7월에는 가상오피스 소마(SOMA)를 출시하여 눈길을 끌었다. 모바일과 PC를 통해 접속할 수 있으며, 사실상 오프라인과 동일한 형태의 효율적인 업무 환경을 구축할 수 있다. 직방 소마에 처음 접속하면 회원가입을 진행한 뒤 아바타 생성 단계를 거치는데 마치 게임 캐릭터와 같은 자신의 아바타를 생성할 수 있다. 메타버스 공간에서는 아바타뿐만 아니라 카메라, 마이크 기능을 활용할 수 있는 만큼 실제로 옆에 있는 것처럼 의사소통을 진행할 수 있다. 직방은 2021년 7월부터 본사 건물을 오프라인 공간에서 가상공간으로 옮겼다. 전 직원 100% 원격근무 체제를 도입하여 소마에 위치한 가상 오피스를 본사로 이용하고 있다. 직방은 전체 구성원들이 2년 넘게 소마를 직접 이용하며 실시간으로 피드백을 수집, 개선해오면서 솔루션 자체의 안정성을 개선시키고 오프라인 사무실 대체에 필요한 세세한 기능과 공간들까지 갖춰나갔다. 현재 재택근무

그림 7-17 직방의 메타버스 가상 오피스(Soma) 화면

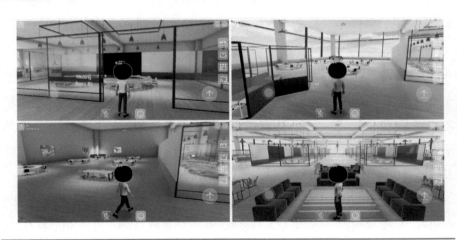

출처: https://blog.naver.com/louis0826/222901081766

또는 하이브리드 근무제를 선택한 기업 20곳 이상이 소마 가상오피스를 이용 중이다. 2021년 8월부터 2년간 하루 평균 소마 이용자는 1,500명이 넘는다. 이들의 하루 평균 소마 체류시간은 6.35시간이다(직방 홈페이지).

(5) 호갱노노[6]

2015년에 설립한 호갱노노(대표 심상민)는 아파트 매물을 보는 사람들 사이에서는 인기가 높은 애플리케이션이다. 보통 잘 속거나 만만한 사람을 보고 우리는 '호구'라고 부른다. 비슷한 맥락에서 이용하기 좋은 고객을 우리는 '호갱'이라고 얕잡아 부른다. 호갱노노는 말 그대로 '더는 호갱이 되지 말자'는 의미다. 아주 직관적인 이름이다. 호갱노노는 네이버, 다음, 카카오 출신의 엘리트 개발자들이 뭉쳐 만들었다. 이 서비스는 단순히 아파트 가격이나 면적 등 기본적인 매물 정보만 제공하지 않는다. 아파트를 구하는 소비자가 궁금해 하는 거의 모든 정보를 담고 있다.

웹 페이지와 모바일에서 둘 다 사용할 수 있는데, 웹 페이지에서 사용할 경우 포털 사이트에서 검색창에 호갱노노를 치고 해당 사이트에 들어가면 첫 화면에 지도와 검색창이 뜬다. 그 검색창에 원하는 아파트, 지역 또는 학교명을 검색하면 된다. 검색창 바로 아래에는 현재 실시간 인기 아파트 순위와 지금 관심 있게 보고 있는 사람의 수가 나온다. 이 순위를 참고하면 어떤 지역, 어느 아파트에 사람들의 이목이 얼마만큼 쏠렸는지 확인할 수 있다.

이 밖에도 호갱노노의 장점이 많다. 그중 필터 기능이 세분화되어 있다는 것이 주목할 만하다. 이 서비스를 이용하면 필터를 통해 지도에 나오는 단지들을 선별해서 볼 수 있다. 매매·전세 여부, 평형, 가격, 세대수, 입주년차, 용적률, 건폐율, 전세가율, 갭 가격, 임대사업률, 월세 수익률, 주차 공간, 현관구조 및 난방방식 등도 필터링해서 원하는 조건의 단지만 지도에 나타나게 할 수 있다. 모바일 화면도 크게 다르지 않다.

또한 이 서비스를 이용하면 시세도 쉽게 확인할 수 있다. 평형별로 시세가 어떤지, 시세 추이는 어떻게 변화하는지, 최근 거래된 실거래가는 어땠는지, 몇

---

6) 이상빈(2021), 86-92쪽 참조.

명이 이 단지를 관심 있게 보고 있는지 등을 알려준다. 평당 가격을 계산해서 다른 단지나 지역 내 다른 아파트의 평균 가격과 비교해서 보여주고, 온라인 매물 중 가장 싼 것과 비싼 것을 알려주기도 한다.

이 밖에도 부동산을 거래할 때 드는 세금과 중개보수를 한 화면에서 보여준다. 새로운 단지 정보가 올라오면 안내받겠다는 알림을 설정해놓으면 휴대전화로 그때마다 알아서 알려준다. 내가 가지고 있는 자본금을 입력하면 해당 아파트 시세에 맞춰 대출액과 월 납입금이 얼마나 되는지 계산해 주는 기능도 있다. 주변의 학교, 어린이집도 확인할 수 있고 가까운 편의시설이 몇 분 거리에 있는지 등의 정보도 제공해 준다.

만약 호갱노노와 같은 서비스를 이용하지 않고 해당 조건의 아파트를 구해야 한다면 어떨까? 일단 아파트 매물을 알아볼 때 가격은 국토교통부 실거래가 사이트에 들어가서 확인해야 한다. 거시적인 시세는 한국감정원이나 네이버 부동산이나 다음 부동산, KB국민은행 리브온 사이트를 이용해 따로 확인할 수 있

그림 7-18 서울 성북구 보문동1가 인근을 검색한 호갱노노 화면

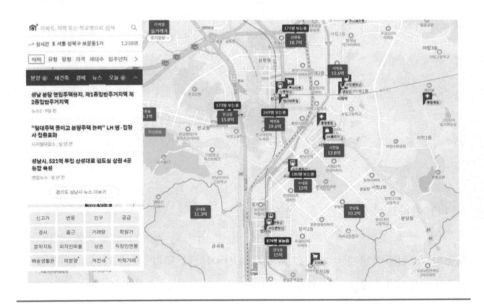

출처: 호갱노노 홈페이지(https://hogangnono.com/)

다. 그다음에는 네이버나 카카오 지도를 켜서 주변 교통과 편의시설을 확인한다. 추가로 해당 지역 아파트 거래량이나 인구변화 등 필요한 정보를 엑셀 파일로 다운로드한 다음, 직접 원하는 조건에 맞게 필터링을 해야 한다. 이 모든 과정은 발품을 파는 일만큼이나 번잡하다. 하지만 호갱노노는 이 모든 자료를 한군데에 모아 놓아서 이런 불편한 과정을 생략할 수 있는 사업모델을 만들었다.

2) 부동산 관리 서비스(Property Management Solution)

부동산 관리 서비스(Property Management Solution)은 웹/앱 기반으로 주거 편의와 FM 중점 건물 관리, 자산 통합관리 및 운영 등의 서비스를 제공하는 프롭테크 영역이다. 부동산 관리 서비스 영역에 해당하는 프롭테크 서비스(또는 기업)는 [표 7-2]와 같다.

표 7-2 보동산 관리 서비스 영역의 프롭테크 서비스

서비스명(기업명)	사업모델
① 아파트너	아파트 커뮤니티 플랫폼 서비스 제공(입주민 생활 편의 서비스, 관리자 스마트워크 시스템 등)
② 어반플레이	도시의 하드웨어(공간)에서 소프트웨어(콘텐츠)가 실행되도록 하는 동네/공간 운영시스템 제공(공실 상가, 빈집, 폐공장, 노후 중소형 건물 등 대상)
③ 이지랜스(제온스)	클라우드 기반 부동산 임대·자산 관리 통합 서비스 제공(계약관리, 임대료·관리비 청구, 세금계산서 발행, 세무신고, 출입통제, 주차관리 등)
④ 홈체크	입주자가 알지 못하는 하자, 살면서 문제가 될 만한 누수, 단열 등을 사전 점검하는 서비스 제공
⑤ 유니언플레이스	공유 주거 시설, 호텔, 공유오피스, 헬스클럽, 레스토랑, 카페 등 '유니언타운' 직접 개발·운영(현재 5개). 도시의 하드웨어(공간)와 소프트웨어(문화)를 융합 추구.

(1) 아파트너

2017년에 설립한 아파트너(대표 유광연)는 아파트 커뮤니티 플랫폼 서비스를 제공한다. 입주민에게는 디지털로 똑똑해진 아파트 생활 편의 기능 서비스를 제공하며, 관리자에게는 스마트워크 시스템을 통한 업무 자동화 및 빠르고 안정적인 업무 처리를 지원한다. 아파트너는 전국 아파트 3,300단지에 전사적자원관리

(ERP) 시스템을 제공 중이다. 주요 서비스로는 입주민 생활편의 서비스, 입주민 소통/정보 공유, 관리자 스마트워크 시스템 등이다. 입주민 생활편의 서비스는 민원 하자 접수, 방문 차량 예약, 주차 안심번호 연결, 모바일 출입카드, 커뮤니티 센터 예약, 입주 예약(이사 예약), CCTV, 전자 투표, 실시간 차량 위치 알림 등을 제공한다. 입주민 소통/정보 공유 서비스는 입주민 게시판(카페), 동네 게시판, 중고마켓, 아파트 공지 알림, 아파트 관리비 조회, 아파트 주요 일정, 아파트 주요 정보 등을 제공한다. 관리자 스마트워크 시스템 서비스는 전자결재, 공문서 수발신, 전자 관리비 고지서 등을 제공한다. 또한 아파트 간 스포츠 친선경기, 공동구매, 자동차 수리 서비스 등 이색 서비스를 제공할 예정이다. 그리고 2023년 11월부터는 '스마트아이오티'와 '살다' 플랫폼 이용 단지를 이관받아 운영한다. 스마트아이오티와 살다는 아파트 생활 편의서비스 플랫폼인 '아파트키퍼'와 '잘살아보세'를 운영했지만 자금난으로 인해 사업을 접고 각각 182개 단지와 약 100개 단지 운영을 아파트너에 위임했다.

그림 7-19 **아파트너의 홈페이지 화면**

출처: 아파트너 홈페이지(https://www.aptner.com/)

(2) 어반플레이

2013년 연남동 반지하에서 시작한 어반플레이(대표 홍주석)는 '도시에도 OS가 필요하다'라는 슬로건 하에 콘텐츠의 가치가 비즈니스적인 가치로 이어져 지속적인 비즈니스가 이루어지는 것을 추구한다. 어반플레이는 지역성을 반영한 온·오프라인 미디어, 공간, 콘텐츠, 이벤트 등을 통해 우리가 살아가는 도시를 새로운 방식으로 경험하게 한다. 도시의 좋은 콘텐츠를 앞서 발굴하고, 더 많은 사람이 이를 경험할 수 있도록 솔루션과 플랫폼을 제공하여 도시에 다양성과 활기를 불어넣고자 한다. 2018년에는 어반플에이의 대표적인 브랜드인 '연남방앗간'과 '연남장'의 문을 열었다. '연남방앗간'은 방앗간을 현대적으로 재해석한 한국식 식음료 편집상점이다. 고즈넉한 정서가 남아있는 공간에서 지역 장인으로부터 공수받은 건강한 한국식 먹거리를 선별해 소개한다. 연남방앗간은 로컬 먹거리를 통해 지역 소상공인과 소비자를 연결하고, 먹고 마시는 행위를 콘텐츠

그림 7-20 **어반플레이의 연남방앗간 화면**

출처: 어반플레이 홈페이지(https://www.urbanplay.co.kr/yeonnam_bangagan)

그림 7-21 어반플레이의 연남장 화면

출처: 어반플레이 홈페이지(https://www.urbanplay.co.kr/yeonnam_hotel)

안에 녹여 내 더욱 다채로운 식음료 경험을 선사한다.

연희동 유휴 유리공장에 만들어진 '연남장'은 문화예술에 종사하는 크리에이터들의 열린 작업실이자 쇼케이스 공간의 역할을 하는 로컬 크리에이터 라운지이다. 개성 있는 크리에이터의 콘텐츠를 한데 모아 소개하는 연결의 '장'으로서 상생의 가치를 담아내는 복합문화공간이다. 다양한 형태로 나뉘어 구성된 공간은 각자의 성향과 취향에 따라 작업에 열중할 수 있는 편안한 아지트가 되어 준다. 또한 아름다운 음악을 빚어내는 공연장으로, 인사이트를 주는 저자와 대면하는 장으로, 감각 있는 작품을 선보이는 전시장으로 매순간 다채롭게 변모한다.

어반플레이는 이들에게 입점료를 받고 있지만, 이들의 지적재산을 확보해 굿즈(goods)도 제작하고 있다. 크리에이터들과 계약을 맺고 어반플레이가 지적재산을 확보해 포스터나 굿즈 등을 직접 제작해 판매 수익을 나눈다.

(3) 이지램스(제온스)

2014년에 설립한 제온스(대표 김인섭)는 약 20년의 부동산 업무 경험 및 전문지식과 IT 기술을 기반으로 모든 공간에 대한 자산관리 및 임대관리를 할 수 있는 클라우드 기반의 서비스 플랫폼인 이지램스(ezREMS)를 개발하고 운영하고 있다. 이지램스는 국내 최초 기업형 임대주택 운영시스템이다. 20년 간의 부동산 자산관리 노하우와 국내 최초 임대주택 운영 노하우를 바탕으로 임대주택 운영시스템의 표준을 만들어 가고 있다. 이지램스는 부동산, 금융, 세무 서비스

그림 7-22 이지램스의 홈페이지 화면

출처: 이지램스 홈페이지(https://www.ezrems.com/)

를 결합한 부동산 종합 자산관리의 표준을 지향한다. 웹과 앱을 통해 입주민 편의 서비스를 제공하며, 임대료/관리비 청구 및 수납내역 조회, 온라인 결제서비스, 공간서비스, 커뮤니티, 중개서비스 등을 제공한다. 자산관리사에게는 웹 표준 기반 부동산관리 플랫폼을 통한 임대차계약 전자계약처리, 수납처리 자동화, 보고서 자동 생성, 부동산 통합관리 등 업무의 접근성, 효율성, 편리성을 제공한다. 기업에 맞게 구축하는 구축형(On-Premise)과 클라우드 기반에 서비스 임대형(SaaS)으로 제공한다. 또한 위치 기반 정보를 바탕으로 지역 소상공인과 상생하는 서비스를 발굴하여 주거편의 서비스 시장으로 사업을 확대하고자 한다.

(4) 홈체크

2017년에 설립한 홈체크(대표 이길원)는 주거·아파트 등 입주 전 시설 이상 유무를 점검하는 플랫폼을 운영하고 있다. 홈체크는 건축 전문가와 장비를 활용해 신축 아파트 입주민을 위한 기본 마감재 상태, 단열, 누수, 공기질 상태 확인을 돕는다. 주요 사업분야는 아파트 사전점검, 건축물 안전진단, 앱솔루션, 주거통합 솔루션이다. '아파트 사전점검'은 약 420여 가지의 점검 항목을 건축 전문가가 엄격하게 점검한다. 15~20년 이상의 공동 주택 시공 및 관리 경력을 쌓아온 건축을 잘 아는 전문가가 전문 장비를 사용하여 보이지 않는 하자와 누수, 단열상태, 보일러 배관까지 확인한다. 서비스를 시작한 2018년부터 최근까지 누적으로 총 60,000세대가 이 서비스를 이용했다. '건축물 안전진단'은 시설물 안전점검, 내진성능평가, 구조 안전진단, 건설공사 정기안전점검, 인접건축물 현황조사 등의 서비스를 제공한다. '앱솔루션'은 앱을 통해 점검하고 그 결과를 클라우드에 저장하는 서비스이다. 어플에 도면과 건물 정보를 전부 등록하고, 미리 저장해 둔 도면을 열고 원하는 지점에 정확하게 진단 내용을 기록한다. 현장 조사 내용을 기입하면 자동으로 계산되어 국토안전관리원에서 사용하는 상태평가와 같은 결과물을 출력할 수 있다. 또한 점검 내용(도면정보, 건물정보, 사진 촬영, 진단내용 기록)은 클라우드에 자동으로 저장된다. 주거통합솔루션은 집주인을 위한 임대관리 솔루션, 아파트 매매 계약 전 점검, 잔금 치루기 전 필수 인테리어 점검 등의 서비스를 제공한다.

그림 7-23 홈체크의 홈페이지 화면

출처: 홈체크의 홈페이지

(5) 유니언플레이스

2017년에 설립한 유니언플레이스(대표 이창호)는 도시의 하드웨어인 '공간'과 소프트웨어인 '문화'를 융합해 지속 성장하는 건강한 도시 생태계 구축을 추구한다. 온·오프라인의 경계를 허물고, 공간 개발과 콘텐츠 운영의 효율을 극대화하며 도시인의 삶과 공간, 문화와 로컬을 연결하고자 한다. 도심의 노후된 부동산을 매입하여 다양한 공간 콘텐츠가 한 건물 속에 유기적으로 연결된 새로운 도시 공간을 기획, 개발, 운영한다. '딜소싱-매입-리모델링-브랜딩-운영' 전과정을 직접 수행하는 소위 '디벨로퍼레이터(devel-operator)'로서 유니언플레이스는 전 개발사업을 총괄하며, 지분 투자를 통해 소유권을 획득한 건물에 책임임차를 맺어 전 층을 모두 직영하고 있다. 유니언플레이스는 건강한 도시의 얼굴을 만드는 '도시 하드웨어'인 유니언타운(신규 복합공간)을 개발하고 운영한다. 유니언타운은 공간에 양질의 경험을 더한 라이프-프로퍼티 브랜드이다. 주거와 업무, 휴식과 여가가 조화를 이루는 공간 콘텐츠가 우리의 일상을 풍요롭게 하도록 생활자 중심의 공간과 다채로운 경험 콘텐츠로 가득찬 유니언타운을 개발·운영하고 있다. 현재까지 서초, 당산, 강남, 한남, 선유 등 총 5개의 유니언타운을 개발하여 운영하고 있다.

그림 7-24 유니언플레이스의 유니언타운 화면

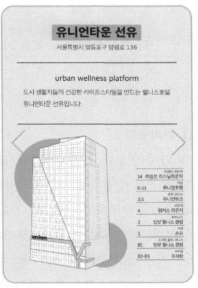

출처: 유니언플레이스 홈페이지(https://unionplace.kr/uniontown)

3) 공유 서비스(Shared Service)

공유 서비스(Shared Service)는 부동산 시장과 공유 서비스를 접목하여 공유 주거, 공유 오피스, 공유 주차, 공유 리테일 등의 서비스를 제공하는 프롭테크 영역이다. 공유 서비스 영역에 해당하는 프롭테크 서비스(또는 기업)는 [표 7-3]

표 7-3 공유 서비스 영역의 프롭테크 서비스

서비스명(기업명)	사업모델
① 가치공간	국내 1위의 팝업 스토어 공유 플랫폼. 공간 소유자에게는 유휴공간의 재발견, 브랜드에게는 홍보의 장, 소비자에게는 새로운 경험 제공
② 다락(세컨신드롬)	쾌적한 보관 환경 및 전문 보안 시스템을 갖춘 도심형 보관 편의 서비스(셀프스토리지). 사물인터넷(IoT) 기술을 접목한 무인 운영시스템. 다락이사 출시('21)
③ 모두의 주차장 (모두컴퍼니)	공영, 민영 등 주차장 정보 및 주차공간 공유, 모바일 주차 결제 서비스를 제공하는 온라인 주차 플랫폼. IoT 활용 스마트 파킹 사업 추진 예정. 2021년 12월 카세어링 플랫폼 쏘카가 인수(200억 원 이상).
④ 스파크플러스	대한민국 토종 공유 오피스 업체로 합리적인 공간과 실용적인 서비스를 제공. SK스퀘어 계열사. 지난해 국내 공유오피스 최초로 흑자 전환(총 31개점)
⑤ 홈즈컴퍼니	국내에서 처음 코리빙(공유 주거) 서비스를 시작해 홈즈스튜디오, 생활숙박시설 홈즈스테이, 기업형 부동산 중개법인 미스터홈즈 등을 운영

과 같다.

(1) 가치공간

2018년에 설립한 가치공간(대표 김성현)은 브랜드와 크리에이터, 소비자를 온오프라인으로 연결하여 공간의 새로운 가치를 창출하는 온라이프(On-Life) 리테일 플랫폼을 추구하고 있다. 4,000회 이상의 행사 데이터를 기반으로 최적의 공간과 브랜드를 매칭하여 팝업스토어를 진행할 수 있는 서비스를 제공하고 있다. 또한 기획 공간 전체에 대한 마스터 운영 대행, 대기업 및 지자체의 각종 프로젝트까지도 유휴 공간을 활용하여 보다 가치 있는 행사를 만들어 내고 있다. 가치공간은 가능성 속 잠재된 가치를 발굴하며, 공간 소유자에게는 유휴 공간의 재발견을, 브랜드에게는 홍보의 장을, 소비자에게는 새로운 경험을 선사한다.

그림 7-25 가치공간의 리테일 공간 대관 서비스 화면

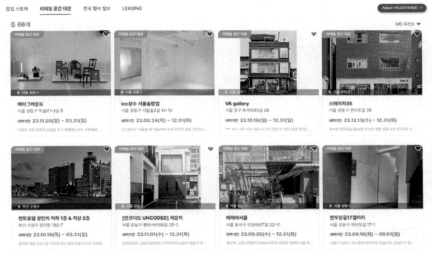

출처: 가치공간 홈페이지(https://www.valuevenue.co.kr/schedule/search?gubun=space)

(2) 다락(세컨신드롬)

2016년에 설립한 세컨신드롬(대표 홍우태)은 주거 공간의 물리적 한계성을 해결하고 보다 넓고 효율적으로 주거 생활을 영위할 수 있도록 라이프 스타일의 혁신을 꾀하는 '하이퍼스페이스 라이프 컴퍼니(Hyperspace Life Company)'를 지향한다. 도심형 보관 편의 서비스인 '다락'을 통해 많은 사람들이 주거 공간을 확장하고 삶의 질을 개선할 수 있도록 공간 아웃소싱이란 해결책을 통해 새로운 라이프 스타일을 재편하고 있다. 365일 항온·항습관리를 통해 최적화된 보관 환경을 제공하고 있으며, 사물인터넷(IoT) 기술을 접목한 무인 운영 시스템을 통해 고객 편의성을 향상하고 있다. 보관을 위한 배송 서비스도 제공하고 있어 고객 이용 과정에서 최적의 보관 서비스를 제공하기 위해 노력하고 있다. [그림 7-26]은 다락의 홈페이지 화면이다. 홈페이지 상단의 메뉴는 지점안내, 프로모션, 다락마켓, 다락이사, 다락 창업하기 등의 항목으로 구성되어 있다. '지점안내' 항목을 클릭하면 전국 지점의 위치가 지도에 표시된다. 현재(24년 1월

기준) 86개 지점이 있으며 대부분 수도권에 집중되어 있고, 지방에는 대전정부청사역점과 대구CGV점 등 2개소가 있다. 지도에 표시되어 있는 지점을 클릭하면 해당 지점의 사진과 함께 이용 안내가 상세하게 나온다. '프로모션' 항목을 클릭하면 다양한 프로모션 이벤트를 확인할 수 있다. '다락마켓'에서는 다양한 수납 및 보관 용품을 온라인으로 판매한다. '다락이사'에서는 특허 받은 AI 무인 관제 솔루션을 통해 24시간 온습도 유지 관리 환경 아래에서 쾌적하고 안전하게 보관이사 서비스를 제공한다. '다락 창업하기'에서는 소자본으로 다락을 창업할 수 있는 기회를 제공한다.

그림 7-26 다락의 홈페이지 화면

출처: 다락 홈페이지(https://www.dalock.kr/service/main/index)

(3) 모두의주차장(모두컴퍼니)

2013년에 설립한 모두컴퍼니(대표 김동현)는 모바일 기반 주차장 정보안내 및 주차공간 공유 플랫폼인 '모두의주차장'을 운영하는 기업이다. 핵심 사업인 주차공유사업을 통해 공영, 민영 등 주차장 정보를 제공할 뿐만 아니라 주차공

간 소유자와 운전자가 주차공간을 공유하게 하여 운전자는 쉽고 빠르게 주차장
을 찾을 수 있고 공간 소유자는 부가 수익을 창출할 수 있게 한다. 앞으로는
IoT 센서 등을 활용한 스마트 파킹 사업도 추진하고 다양한 모빌리티 관련 산
업들을 연결하는 허브 역할을 수행할 계획이다. 모두의주차장 서비스는 모바일
앱을 설치해서 이용하는 것이 편리하다. 모바일 앱을 설치하고 가입한 후에 목
적지 이름이나 주소 기입해서 검색하면 공영주차장부터 상시 무료인 주차장 그
리고 공유 주차장까지 지도에서 다 조회된다. 물론 내 차 정보와 카드나 페이를
미리 등록해 두면 편하게 이용할 수 있다.

그림 7-27 모두의주차장 홈페이지 화면

출처: 모두의주차장 홈페이지(https://www.moduparking.com/)

(4) 스파크플러스

2016년에 설립한 스파크플러스(대표 목진건)는 국내 공유 오피스 임대 서비
스인 '스파크플러스'를 운영하는 기업이다. 스파크플러스는 '당신에게 집중하는
오피스'라는 슬로건 아래 합리적인 공간과 실용적인 서비스를 제공한다. 고객의

니즈에 맞게 공간을 맞춤 설계해주는 '커스텀오피스'와 부동산 계약부터 시공, 커뮤니티관리까지 책임지는 종합 솔루션 서비스 '오피스 솔루션'을 시장에 선보였다. 지하철 역사는 물론 프라임 빌딩 내에도 비즈니스 라운지인 '스플라운지'를 오픈해 국내 'Work Anywhere' 문화를 이끌고 있다. 또한 공간 운영 역량과 경험을 녹여 출시한 오피스 운영 체계인 'SP 워크스페이스'를 선보이며 온·오프라인 플랫폼 기업으로 성장하고 있다. 지난해 처음으로 국내 공유오피스 최초로 영업이익이 흑자로 전환했다. 현재 총 31개점을 운영 중이다(2024년 1월 기준).

그림 7-28 스파크플러스의 홈페이지 화면

출처: 스파크플러스 홈페이지(https://sparkplus.kr/)

(5) 홈즈컴퍼니

2015년에 설립한 홈즈컴퍼니(대표 이태현)는 1인 가구를 대상으로 획일화된 주거방식에서 벗어나 변화하는 라이프스타일에 맞춘 다양한 주거 서비스를 제공하는 프롭테크 기업이다. 국내 최초로 코리빙 사업을 시작하였으며, 1인 주거 서비스의 글로벌 표준을 만들어 지속적으로 증가하는 1인 가구가 더 좋은 주거 환경에서 더 나은 삶을 살도록 연구, 개발, 실행하는 기업으로 성장하고 있으며, 기업형 부동산 중개 법인 미스터홈즈를 통해 온·오프 통합 플랫폼을 구축하였다. 공유 주거시장의 선두주자로서 입증된 실력과 수익모델로 시장을 리딩하고 있으며, 국내 브랜드 최초로 일본 진출을 통해 글로벌 브랜드로 그 영역을 확장해 나가는 등 임대관리 시장을 선도하는 종합부동산 회사로 성장하고 있다. 홈즈컴퍼니의 주요 사업은 웰컴홈즈, 미스터홈즈, 홈즈스튜디오, 홈즈스테이, 코빌리지 등이다. '웰컴홈즈'는 1인 가구를 대상으로 라이프스타일에 맞는 좋은 동네, 좋은 집 찾기 서비스 플랫폼이다. '미스터홈즈'는 본사가 직접 부동산 중개 일선에서 빌딩, 상가, 토지 등을 중개하는 현장 중심의 서비스를 제공한다. 신뢰와 실력 있는 각 지역의 전문가들을 구성하여 매매 및 임대차거래부터 개발, 분양, 임대관리, 금융, 부동산 세법 등 모든 분야에서 최적의 종합 솔루션을 제공한다. '홈즈스튜디오'는 1인 가구 대상 최적화되고 컴팩트한 독립 주거공간 브랜드이다. '홈즈스테이'는 워크앤스테이를 위한 라이프스타일 레지런스 브랜드이다. 현재 홈즈스테이 명동을 운영 중이며 서울에서 3일 이상 머물기 적합한 장소이다. '코빌리지'는 타운형 공유주거서비스이다. 코빌리지는 마을의 삶에 도시의 편리함이 깃든 자연 속 라이프스타일 빌리지를 추구한다.

그림 7-29 **홈즈컴퍼니의 홈페이지 화면**

출처: 홈즈컴퍼니 홈페이지(https://www.homes-co.kr/)

4) 데코 & 인테리어(Deco & Interior)

데코 & 인테리어(Deco & Interior)는 웹/앱 기반 인테리어 중개, 견적 비교, 소품 구매서비스, 인테리어 커뮤니티 및 3D 디자인 등의 서비스를 제공하는 프롭테크 영역이다. 데코 & 인테리어 영역에 해당하는 프롭테크 서비스(또는 기업)는 [표 7-4]와 같다.

표 7-4 데코 & 인테리어 영역의 프롭테크 서비스

서비스명(기업명)	사업모델
① 오늘의집 (버킷플레이스)	온라인 집들이 콘텐츠부터 스토어, 전문가 시공 서비스 등 인테리어에 필요한 모든 서비스 제공. 앱 다운로드 2,500만 이상. 월 거래액 1,800억 원. 기업가치 2조 원.
② 어반베이스	2D 건축 도면을 수초 만에 3D 공간으로 자동 모델링하는 특허 기술 및 VR/AR 기술 기반 부동산의 내부 공간을 시각화해서 보여주는 서비스 제공. 국내 아파트 97% 3D로 재현. 그러나 추가 투자유치 실패로 2024년 1월 법정관리 신청. 법정관리를 진행하면서 기업매각 추진.
③ 큐픽스	360도 비디오를 이용하여 인간이 만든 인공 구조물(Built World)의 3D 디지털 트윈을 생성하는 서비스를 제공. 기업가치 1,300억 원
④ 집닥	인테리어 중개 플랫폼 전문기업으로 고객에게 신뢰할 수 있는 전문업체 연결. 주거유형, 지역정보 등의 최소한의 정보를 입력하면 인테리어 비교 견적 진행. 최근 채팅 서비스 기능 추가로 소비자는 매칭된 인테리어 업체와 실시간 상담 가능.
⑤ 하우스텝	인테리어를 각 개별시공(도배, 장판, 마루, 창호 등)으로 세분화하고 디지털화하여 온라인 기반으로 판매하는 인테리어 시공 플랫폼.

(1) 오늘의집(버킷플레이스)

2014년에 설립한 버킷플레이스(대표 이승재)는 인테리어 콘텐츠 공유 커뮤니티 및 커머스 플랫폼인 '오늘의집'을 운영하고 있다. 오늘의집은 공간과 관련된 모든 문제를 해결하는 원스톱 인테리어 플랫폼이다. 온라인 집들이 콘텐츠부터 스토어, 전문가 시공 서비스 등 인테리어에 필요한 모든 서비스를 한 번에 제공한다. 2014년 2월 앱을 출시한 이후 2023년 11월에 누적 다운로드 수 2,500만을 돌파하면서 대한민국의 대표적인 인테리어 플랫폼으로 자리 잡았다. 성수기 기준 월 거래액은 1,800억 원 수준이며, 오늘의 집에서 가구가 7초에 1개씩 판

매되고 있다. 해외 투자기관들로부터 2022년 3월 2,000억 원 이상의 신규 투자를 유치했다. 인테리어 분야 전문몰 중 압도적으로 많은 거래액과 사용자 수를 달성한 덕분에 기업가치가 2조 원 이상으로 평가되어 설립 8년 만에 유니콘 기업이 되었다. [그림 7-30]은 오늘의집의 홈페이지 화면이다. 화면 맨 위에는 커뮤니티, 쇼핑, 이사/시공/생활 등의 항목이 있다. '커뮤니티'의 하위 메뉴는 홈, 추천, 채널, 집들이, 집사진, 3D인테리어, 살림수납, 콜렉터블, 홈스토랑, 핫플레이스, 육아, 플랜테리어, 캠핑, 취미, 이벤트 등으로 구성되어 있다. 오늘의집은 가구를 먼저 보여 주지 않고 인테리어 콘텐츠를 먼저 보여준다. 오늘의집이 성공한 배경에는 여러 이유가 있겠지만 1인 가구와 2인 가구가 늘어나면서 나만의 공간을 꾸미고자 하는 수요층이 많아졌기 때문이다. 혼자 살게 되면 공간을 오롯이 내 마음대로 꾸밀 수 있게 되니 인테리어 수요도 증가한 것이다. 온 가족이 사는 경우 집은 공동 공간이기 때문에 개인의 취향대로 집을 꾸밀 수가 없다. 혼자 살았다면 밥솥과 식탁이 없어도 되고 지나치게 큰 냉장고와 세탁기도

그림 7-30 오늘의집의 홈페이지 화면

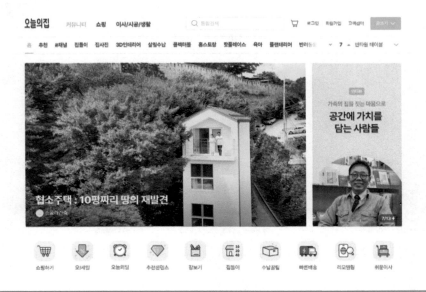

출처: 오늘의집 홈페이지(https://ohou.se/)

필요 없다. 대신 그 자리에 자신의 취양에 맞는 앙증맞은 가구와 인테리어를 장식할 수가 있다. 특히 오늘의집은 1인 가구를 구성하는 밀레니얼 세대를 겨냥하고 있다. 밀레니얼 세대의 특징은 나의 공간을 오롯이 내가 좋아하는 것들로만 채우고 싶은 경향이 강하다. 이로 인해 100인 100색의 라이프스타일과 인테리어 니즈가 나타나게 되었고, 개인별로 파편화된 다양한 인테리어 니즈를 충족시켜줄 서비스가 필요하게 되었는데 그 니즈를 바로 오늘의집이 충족시키고 있는 것이다.

(2) 어반베이스

2014년에 설립한 어반베이스(대표 하진우)는 3D 인테리어 플랫폼 '어반베이스'를 운영하는 기업이다. 어반베이스는 토탈 리빙 플랫폼으로 2D 건축 도면을 단 몇 초 만에 3D 공간으로 자동모델링 하는 특허 기술을 바탕으로 국내 아파트 97%의 3D 도면 데이터를 구축했으며, 1만여 개의 3D 제품 데이터를 보유하

그림 7-31 어반베이스의 홈페이지 화면

출처: 어반베이스 홈페이지(https://urbanbase.co.kr/)

고 있다. 신세계까사, LG전자, 퍼시스그룹 등을 비롯하여 국내외 가구, 가전 및 인테리어 브랜드 50여 곳에서 사용하고 있으며, 3D 데이터를 기반으로 홈 인테리어&스타일링 서비스와 다양한 프리미엄 홈퍼니싱 제품을 판매하는 스토어 서비스를 제공한다. 어반베이스는 4차 산업혁명 대상(과학기술정보통신부 장관상), 100만불 수출의 탑 수상(2021년), 300억 원 규모 누적 투자 유치액 확보, B2B에서 B2C로 사업 영역 확대 등 화려한 이력을 갖고 있다. 어반베이스는 국내보다는 해외 진출에 많은 공을 들였다. 재작년 전체 매출의 70%는 일본에서 나왔다. 그러나 이런 노력에도 불구하고 최근 추가 투자 유치에 실패하면서 누적 적자를 감당하지 못해 2024년 1월 법정관리에 들어갔다. 어반베이스는 법정관리를 진행하면서 기업 매각을 추진하기로 했다.

(3) 큐픽스

2015년에 설립한 큐픽스(대표 배석훈)는 클라우드 기반 실내 파노라마 사진을 3D VR 콘텐츠로 자동 생성하는 서비스 플랫폼인 '큐픽스'를 운영하는 기업이다. 큐픽스는 360도 비디오를 이용하여 인간이 만든 인공 구조물(Built World)의 3D 디지털 트윈을 생성하는 서비스를 제공하는 플랫폼이다. 3D 디지털 트윈을 통해 웹상에서 원격으로 공간을 방문하고, 이슈를 파악하며, 공정의 변화를 자동으로 확인하는 생산적인 프로젝트 관리가 가능하다.

디지털 트윈 기술은 실제 존재하는 건물이나 설비, 현장을 디지털 상에 그대로 복사하는 기술이다. 이 기술을 이용하면 실제 현장에서 발생할 수 있는 문제를 시뮬레이션해 보거나 공사가 실제대로 진행되고 있는지 확인할 수 있다. 세계적인 컨설팅 기업 맥킨지는 디지털 트윈을 건설 산업의 4가지 주요 트렌드 중하나로 꼽기도 했다. 큐픽스는 이 기술을 온라인 부동산 매물 중개 사이트에는 물론, 건축 현장 시공 과정 3D 문서화, 대규모 건축물 시설 관리 등에 쓸 수 있을 것으로 분석하고 있다.

큐픽스는 2015년 설립 첫해부터 시드 투자에 성공했으며, 2019년 시리즈A[7])

---

7) 스타트업 투자를 접하다 보면 시리즈 A, 시리즈 B, 시리즈 C라는 말을 자주 접하게 된다. 일반적으로 시리즈 A는 최초 투자금이 되는 시드머니, B는 기술이 본격적으로 상품화되는 단계의 투자, C는 시장을 늘릴 단계의 투자를 말한다. 투자를 A~C로 구분 짓는 것은 미국 실리콘밸리의 관행이 그대

단계에서 60억 원 규모의 투자를 받았다. 이어 2020년 130억 원, 2021년 160억 원의 추가 투자를 유치하는 데 성공했다. 주요 투자자는 DSC인베스트먼트, SDB인베스트먼트, 중소기업은행, KB증권, 우미건설, 브리즈인베스트먼트(직방) 등이다.

큐픽스는 360도 카메라로 촬영한 사진을 입체적으로 재구성해 실내 공간을 현실과 똑같이 가상화하는 솔루션을 보유하고 있다. 고가의 라이다 스캐너 장비 등을 도입할 필요 없이 높은 정확도로 디지털트윈을 구축할 수 있다. 큐픽스가 제공하는 3D 가상 투어 시각 자료는 건물 안을 360도 카메라로 찍거나 일반 DSLR[8] 카메라에 파노라마 전용 삼각대를 설치해 이동하면서 촬영한 여러 장의 실내 사진을 합성해서 만들어진다. 사진들을 큐픽스가 운영하는 클라우드 서버에 올리면 자체 개발한 사진측량 기술과 3D 영상처리 기술 등을 활용해 실제 촬영한 공간과 거의 똑같은 가상공간이 만들어진다. 사용자는 이렇게 만들어진 가상공간을 둘러보며 실제 공간의 구석구석을 확인할 수 있는 것이다. 네이버 지도의 거리뷰를 떠올리면 쉽게 이해가 될 것이다. 이 방식으로 구현된 공간 내부를 둘러본다고 생각하면 된다.

큐픽스는 미국 실리콘밸리의 매터포트(Matterport)와 경쟁하고 있는데, 품질 대비 빠르고 가격이 저렴하다는 장점이 있다. 매터포트의 서비스는 최소 4,500 달러에 달하는 고가의 전용 3D 스캐너를 구매해야 하고, 사진 1장을 촬영하는 데 걸리는 시간이 일반 360도 카메라나 DSLR 카메라를 쓸 때보다 오래 걸린다. 하지만 큐픽스는 40~50만 원대 일반 360도 카메라를 이용해 누구나 촬영할 수 있다. 큐픽스가 자체 개발한 사진측량 기술 덕분에 화면의 품질 또한 높다.

로 넘어온 것이다. 시리즈 A는 우선주 투자가 대부분인 데 비해 시리즈 B부터는 벤처캐피탈들이 본격적으로 의결권을 챙기기 시작한다. 그리고 시리즈 C에 도달한 기업이라면 이미 자국 시장에서 상당 수준의 성공을 거뒀고, 해외로 눈을 돌리는 상황일 것이다. https://brunch.co.kr/@bassj/15 참조
8) DSLR(Digital Single-Lens Reflex) 카메라라는 디지털 사진을 촬영하는 기능을 가진 카메라로, 일반적으로 보통의 디지털 카메라보다 높은 화질과 이미지 선명도를 제공한다. https://blog.naver.com/jeremiahcooke/223100449383 참조

그림 7-32 큐픽스의 홈페이지 화면

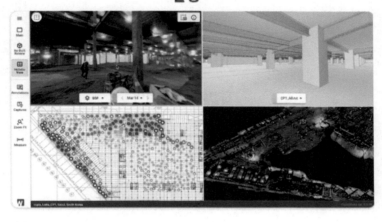

출처: 큐픽스 홈페이지(https://www.cupix.com/)

(4) 집닥

2015년에 설립한 집닥(대표 김성익)은 인테리어 견적 비교 중개 플랫폼인 '집 닥'을 운영하는 기업이다. 집닥은 인테리어 플랫폼 전문기업으로, 고객에게는 신 뢰할 수 있는 전문업체를 연결하고 인테리어 업체에게는 안정적으로 공사를 진 행할 수 있는 환경을 제공한다. 고객과 업체 간의 정보비대칭 문제와 국내 인테 리어 시장의 시공품질 불균형 문제를 해결하기 위해 자체 공사 데이터를 기반 으로 시공 표준을 만들어 가고 있으며, 고객의 고충 거리를 개선해 나가고 있 다. 또한, 고객이 인테리어의 시작부터 끝까지 안심하고 진행할 수 있도록 집닥 만의 차별화된 비교견적/매칭서비스, 집닥맨 현장관리서비스, 3년 A/S, 안심 예 치제 서비스를 제공하고 있다. 또한, 고객에게 공사 품질을 약속하고 만족도를 높이기 위해 직접 시공하는 집닥 플러스 서비스를 론칭하여 운영하고 있다.

그림 7-33 집닥의 홈페이지 화면

출처: 집닥 홈페이지(https://zipdoc.co.kr/)

(5) 하우스텝

2016년에 설립한 하우스텝(대표 이승헌)은 온라인 기반 인테리어 및 리모델링 개별 시공 플랫폼인 '하우스텝'을 운영하는 기업이다. 하우스텝은 인테리어를 각 개별시공(도배, 장판, 마루, 창호 등)으로 세분화하고 표준화하여 온라인에 기반한 판매를 하는 시공 플랫폼이다. 기존 인테리어 산업의 아날로그 운영 방식을 개선하고자 IT기술을 기반으로 견적부터 계약, 자재선택, 결제에 이르는 전 과정을 디지털화했다. 축적된 시공데이터를 기반으로, 주택 정보와 자재 등을 입력하면 견적이 자동 산출되는 표준화된 견적시스템을 구축했다. 이를 통해 인테리어 업계의 고질적 문제인 업체별 견적차이를 해결했을 뿐만 아니라, 상담·실측 등에 따른 운영관리 비용을 최소화해 업계 내 가격경쟁력을 확보했다. 디자인과 서비스 또한 데이터와 IT기술을 기반으로 표준화시켜 소비자 불안요소를 제거해 나가고 있다. 최근 사업자용 자재도매 서비스인 '반장창고'를 통해 B2B 유통까지 사업영역을 넓히며 전체 산업 밸류체인의 디지털 전환을 함께 꾀하고 있다.

그림 7-34 하우스텝의 홈페이지 화면

출처: 하우스텝 홈페이지(https://www.houstep.co.kr/)

5) 데이터 & 밸류에이션(Data & Valuation)

데이터 & 밸류에이션(Data & Valuation)은 빅데이터와 AI를 활용하여 부동산 데이터 분석 및 솔루션 개발, 전자계약, 정보 스크래핑 기술 등을 제공하는 프롭테크 영역이다. 데이터 & 밸류에이션 영역에 해당하는 프롭테크 서비스(또는 기업)는 [표 7-5]와 같다.

표 7-5 데이터 & 밸류에이션 영역의 프롭테크 서비스

서비스명(기업명)	사업모델
① 리치고 (데이터노우즈)	실시간 호가 분석과 부동산 2년 후 미래 가격, 각종 투자에 도움을 주는 빅데이터 분석자료와 차트를 앱에서 제공. 최근 중개 서비스 시작. 아파트를 넘어 토지와 건물, 경매까지 서비스 범위를 확장
② 빅밸류	부동산 빅데이터 시스템과 인공지능 알고리즘을 적용하여 국내 최초 비정형주택에 관한 자동평가시세(빌라시세닷컴), 신규 점포 개발·AI 매출 예측 솔루션(AI 로빅), 부동산 개발 타당성 검토(AI Developer), 토지·건축물 매입 시가 산정 솔루션(V-Advisor) 서비스 제공

③ 밸류맵	자체 개발한 빅데이터 분석체계, 인공지능 가치평가 기술 등을 활용하여 누구나 쉽게 토지·건물을 거래할 수 있는 서비스 제공. 설계하고 싶은 토지를 검색하면 실시간으로 AI 건축설계 서비스 제공(최대 10개)
④ 부동산의신 (이도플래닝)	라이프스타일 맞춤형 아파트 추천 서비스 제공을 중심으로 교통, 상권, 학군, 주변시설 등 임장을 하거나 살아보지 않으면 모르는 주거환경 데이터를 확보하여 AI기반 알고리즘을 통해 객관적인 정보와 수치를 제공
⑤ 랜드북 (스페이스워크)	중소형 규모 토지의 투자자를 주 대상으로 조건에 맞는 토지를 찾아주는 매물 서비스와 사업성을 예측하는 분석 서비스를 제공

(1) 리치고

2019년에 설립한 데이터노우즈(대표 김기원)는 부동산 시세분석 서비스 기반 자산관리 플랫폼인 '리치고'를 운영하고 있다. 리치고는 실시간 호가 분석과 부동산 2년 후 미래가격, 각종 투자에 도움을 주는 빅데이터 분석 자료와 차트를 앱에서 제공한다. 최근 중개서비스를 시작하고, 아파트를 넘어 토지와 건물, 경매까지 서비스 범위를 확장하고 있다. [그림 7-35]는 리치고의 홈페이지 화면이다. 맨 왼쪽 메뉴 단은 통합검색, 아파트, 경매, 토지건물, 매물, 찾아줘, 마이 항목으로 구성되어 있다. '통합검색'은 검색창에 동 이름을 입력하면 아파트를 포함한 그 지역의 부동산 리스트가 검색된다. 해당 부동산을 클릭하면 단지정보, 매물, 최근 실거래가, 주변 환경 등의 정보를 얻을 수 있다. '아파트' 항목을 클릭하면 해당 지역의 아파트 물량의 기본 정보, 가격증감, 매물증감, 거래량, 입주물량, 미분양 등의 정보를 검색할 수 있다. '경매' 항목을 클릭하면 해당 지역의 경매 물건 리스트를 볼 수 있고, 리스트에서 특정 물건을 클릭하면 보다 상세한 경매정보를 확인할 수 있다. '토지건물' 항목을 클릭하면 해당 지역의 상가, 토지 등에 대한 정보를 얻을 수 있다. '매물' 항목은 매물을 등록하면 중개사를 연결해 주는 서비스이다. '찾아줘' 항목은 나에게 맞는 거주할 아파트, 투자할 아파트를 찾아주는 서비스이다.

그림 7-35 리치고의 홈페이지 화면

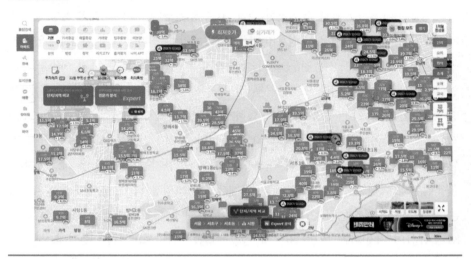

출처: 리치고 홈페이지(https://m.richgo.ai/pc)

(2) 빅밸류

2015년에 설립한 빅밸류(공동 대표 김진경·구름)은 빅데이터, AI 기반 부동산 및 공간 데이터 솔루션을 제공하는 기업이다. 공간데이터 기반 AI를 활용해 금융, 유통, 헬스케어, 건설 등 다양한 산업군에서 활용할 수 있는 공간데이터 및 공간 AI 솔루션을 제공하고 있다. 주요 사업으로는 AI LOBIG, AI Developer, V-Advisor, Villasise.com 등이 있다. 'AI LOBIG'은 공간 빅데이터를 기반으로 신규 점포를 개발하고 이전할 지역을 추천해 주는 서비스이다. 가맹점의 판매시점정보관리(POS) 데이터를 인공지능(AI)으로 분석하여 매출 부진 가맹점을 발굴해 마케팅 방안을 컨설팅 해준다. AI LOBIG이 제공하는 데이터는 거주 인구(연령, 성별, 자산/소득, 거주환경, 소비성향), 직장 인구(기업 규모, 업종/형태, 소득수준, 인근환경, 교통환경), 접근성(도로, 경사도, 대중교통, 거리), 경쟁자(매장규모, 개폐업, 위치, 경쟁강도) 등이다. 'AI Developer'는 사업 적정 부지를 탐색하고 개발 타당성 및 수익성을 검토하는 솔루션이다. 주소 입력만으로 다양한 개발사업의 수요 분석, 분양가 예측, 비용 분석을 제공하며, 인허가 난이도를 분석하여 객관적인 사업성 지표를 제공한다. AI Developer가 제공하는 데이터는 토지(지목, 소유구분, 지형고저, 지형형상, 도로접면), 비용정보(단지조성공사비, 건축공사비 단가, 부대비용 적용비율), 분양가(AI 추정 분양 수익, AI 추정 분양가, 시세 및 분양 현황, 전출입 지역), 사업비(개략 사업성, 추정 사업비, 지목별 매입비, 필지별 토지 매입가), 인허가(인허가지표, 계획인구, 생활권, 용도지역) 등이다. 'V-Advisor'는 토지·건축물 매입 시가 산정 솔루션이다. 토지 기본 정보(지목·토지면적·공시 지가·토지이용현황 등)와 건축물 기본 정보(표제부·인허가상 건물 정보·대지면적·건축면적·연면적 등)를 한 눈에 확인할 수 있고 AI로 분석한 토지·건축물 시가 추정까지 가능하다. 'Villasise.com'는 국내 최초로 선보인 인공지능시세 산정 시스템이다. 금융위원회 혁신금융서비스로 지정, 규제샌드박스(일정기간 규제 면제 또는 유예하는 제도) 통한 은행업감독규정 개정으로 금융권에서 활발하게 사용하고 있다. KB부동산이 제공하지 않는 50세대 미만 나홀로 아파트, 연립·다세대, 도시형 생활주택은 물론, 거래가 없던 신축 건물의 시세를 매월 업데이트해 조회할 수 있다.

그림 7-36 **빅밸류의 홈페이지 화면**

출처: 빅밸류 홈페이지(https://bigvalue.co.kr/)

(3) 밸류맵

2015년에 설립한 밸류맵(대표 김범진)은 토지건물 정보 제공 및 컨설팅 플랫폼인 '밸류맵'을 운영하고 있다. 호갱노노가 아파트를 대상으로 하는 서비스라면 밸류맵은 토지나 단독주택, 상업용 건물, 공장 등을 대상으로 하는 서비스이다. 밸류맵은 정보 비대칭이 가장 심한 토지시장에서 탄생한 국내 최초의 토지건물 전문 프롭테크이다. 2017년 이후로 줄곧 토지시장의 나침반이 되어 국내 1위 토지건물 정보 플랫폼 서비스로 성장하였다. 밸류맵은 믿을 수 있는 온라인 거래 시장 형성을 위해 혁신을 거듭했다. 최초의 토지 실거래가 서비스, 최초의 실중개사례 서비스, 검색 트렌드, 최초의 AI가설계 서비스, 혁신적인 매물서비스 등 밸류맵을 통해 매물정보는 보다 투명해지고, 중개는 보다 쉬워지고 있다. 밸류맵은 독보적인 빅데이터 처리능력에 기반한 강력한 자동가치평가(AVM, Automatic Valuation Model) 기술로 보다 쉽고, 믿을수 있는 토지건물 거래 플랫폼으로 성장하고 있다. [그림 7-37]은 밸류맵의 홈페이지 화면이다. 화면 맨 왼쪽 상단에는 검색창이 있다. 검색창에 주소를 입력하면 해당 지역의 모든 부동산에 대한 정보가 지도에 표시된다. 검색창 하단에는 '실거래', '경매', '매물' 항

그림 7-37 밸류맵의 홈페이지 화면

출처: 밸류맵 홈페이지(https://www.valueupmap.com/)

목이 있는데 해당 항목을 클릭하면 관련 내용이 지도에 표시된다. 예를 들어 해당지역의 경매 물건만 보고 싶다면 '실거래'와 '매물' 항목을 비활성화해 둔 상태에서 '경매' 항목을 클릭하면 된다. 화면 상단에는 '건축설계', '사업성검토', '스토어' 항목이 있다. '건축설계' 항목은 설계하고 싶은 토지를 주소창에서 검색하면 실시간으로 최대 10개의 AI 건축설계를 만들어 주는 서비스를 제공한다. '사업성검토' 항목은 저렴한 비용으로 최고의 전문가들이 투입되어 입지분석·수지분석·건축계획을 보고서를 제작해 준다.

(4) 부동산의신(이도플래닝)

2010년에 설립한 이도플래닝(대표 정성은)은 온/오프라인 마케팅 솔루션 제공 및 라이프스타일 기반 아파트 매칭 플랫폼인 '부동산의신' 등을 운영하는 기업이다. '부동산의신'은 라이프스타일 맞춤형 아파트 추천 서비스를 중심으로 교통, 상권, 학군, 주변시설 등 임장을 하거나 살아보지 않으면 모르는 주거환경 데이터를 확보하여 AI기반 알고리즘을 통해 객관적인 정보와 수치를 제공한다. 전국 5만개 이상 아파트 단지에 대한 정보를 수집하여 개인에게 자연어 리포트를 제공할 뿐만 아니라 아파트 비교/분석 리포트를 통해 공인중개사의 비즈니

그림 7-38 부동산의신의 홈페이지 화면

출처: 부동산의 신 홈페이지(https://www.landmaster.co.kr/)

스를 전문적으로 지원한다. 부동산 데이터 수집/가공/제공을 통해 개인과 공인 중개사가 상생할 수 있는 혁신적인 프롭테크 솔루션을 제시한다. [그림 7-38]은 부동산의신의 홈페이지 화면이다. 위에 있는 메뉴 중 '라이프스타일 측정 후 아파트 추천받기'를 클릭하면 '평소에 새롭고 남다른 일을 해보고 싶다' 등 총 33개의 5점 척도 설문 항목에 답을 하면 자신의 라이프스타일에 맞는 최적의 아파트를 추천해준다.

(5) 랜드북(스페이스워크)

2016년에 설립한 스페이스워크(대표 조성현)는 인공지능 및 빅데이터 기술 기반의 '랜드북' 서비스를 운영하는 프롭테크 기업이다. 스페이스워크의 메인 제품인 '랜드북'은 토지의 물리적 환경, 건축 법규, 부동산 시세 등을 고려하여 최적화된 부동산 개발계획 안을 도출하고 사업성을 평가한다. LH공사, SH공사, 경기도시공사 등 공공기관과 NH농협은행, 우리은행 등 금융기관이 스페이스워크의 '랜드북' 서비스를 이용하고 있다. 2016년 설립 이후 누적 100억 원 이상의 투자를 유치하였다.

우리가 특정 토지를 개발하려면 많은 정보들을 알아야 한다. 해당 토지의 시세는 어떠한지, 해당 토지에 어떤 건물을 몇 층까지 지을 수 있는지, 사업성은 있는 것인지, 대출은 어느 정도 가능한지 등을 알아야 한다. 이런 일은 상당한 시간과 전문성을 필요로 하기 때문에 보통 부동산 컨설팅 업체에게 의뢰한다. 하지만 랜드북을 이용하면 컨설팅 업체에 맡기지 않고도 본인이 직접 이런 정보를 확인할 수 있다. 기본적인 정보는 무료로 제공한다. 보다 더 정확한 분석을 하고자 하는 경우에는 유료로 해당 서비스를 이용하면 된다.

랜드북은 AI가 해당 토지의 형태와 용도, 용적률,9) 건폐율10) 등의 조건과 제약 사항 등을 전부 파악해 자동으로 신축 건물 도면을 작성한다. 또 주변 분양가, 임대료 등 시세를 고려해 건물에서 얻을 수 있는 수익도 예측한다. 이뿐

---

9) 용적률은 대지 면적에 대한 건축물의 연면적 비율(연면적은 건물 각층의 바닥면적을 합친 면적)을 말한다. 연면적은 지하 부분을 제외한 지상 부분 건축물을 뜻한다. 건축법이 정한 기준 범위에서 각 지방자치단체가 조례로 세부 기준을 정한다. 같은 면적의 대지에 용적률이 높으면 건물이 높다는 의미다. 용적률은 건폐율과 함께 건축물의 높이를 규제하는 제도로 활용된다. 네이버 지식백과 참조.
10) 건폐율이란 대지면적에 대한 건축면적의 비율이다. 이때 적용되는 건축면적은 1층 부분의 면적이다.

아니라 중·소규모 토지·건물 개발에 필요한 사업성 분석 보고서도 만든다. 이미 다수의 건축설계사무소 등에서 소형주택·상업시설·오피스텔 개발 사업성 검토 서비스를 활용 중이다.

건물 개발에 필요한 토지 매입비와 건축비를 산정할 수 있고, 개발 후 원하는 목표 수익률을 입력하면 총 수익금도 확인할 수 있다. 인근에 있는 거래 사례를 자동으로 분석해 토지의 대략적인 가치도 매겨서 알려준다. 주변 거래 사례들의 공시지가 평균 배율을 적용하는 방식이다. 서울 소형 필지의 단독주택이나 상가의 토지 가격을 부를 때 참고할 수 있다.

예를 들어 [그림 7-39]와 같이 서울시 강남구 논현역 인근의 필지를 임의로 찍어서 알아본다고 하자. 홈페이지에서 좌측 상단에 주소를 입력하면 해당 필지의 토지면적과 지목, 용도지역부터 시작해 연면적, 주요 용도, 규모, 노후 정도, 층별 현황 등을 한눈에 확인할 수 있다. 하지만 랜드북의 진면목은 바로 '도면'이다. 인공지능이 필지의 법적 규제·제약 사항을 파악해 자동으로 건물 도면을 그리고 그에 맞는 예상 수익률까지 계산해 준다. 토지 매입비나 건축비 등을

그림 7-39 서울시 강남구 논현역 인근을 검색한 랜드북 화면

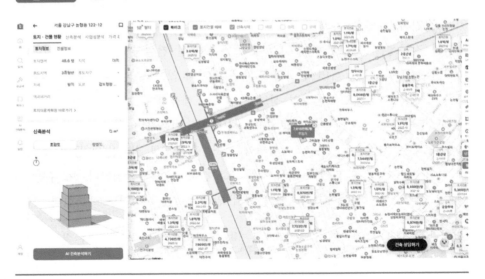

출처: 랜드북 홈페이지(https://www.landbook.net/)

개별적으로 조정해 시뮬레이션할 수도 있다. 최근에는 인근 건물과 필지를 합쳐 재건축하는 '합지형 재건축' 시나리오 서비스도 함께 제공하고 있다. 이 서비스를 이용하면 어떤 필지와 합쳐서 개발해야 수익률이 극대화되는지를 파악할 수 있다. 이외에도 해당 필지 주변 거래 사례들을 뽑아 추정 가격도 알려준다.[11]

6) 블록체인 & 핀테크(Block Chain & Fintech)

블록체인 & 핀테크(Block Chain & Fintech)는 P2P 금융연계, 부동산 PF대출, 소액 부동산 투자 상품 제공, 블록체인 기반 부동산 수익증권 거래 등의 서비스를 제공하는 프롭테크 영역이다. 블록체인 & 핀테크 영역에 해당하는 프롭테크 서비스(또는 기업)는 [표 7-6]과 같다.

표 7-6 블록체인 & 핀테크 영역의 프롭테크 서비스

서비스명(기업명)	사업모델
① 카사(카사코리아)	블록체인 기술을 활용한 한국 최초의 부동산 디지털 수익증권 거래소이며, 2019년 혁신금융 서비스로 지정되어 국내에서는 최초로 디지털 부동산의 수익증권 공모상장에 성공. 2023년 3월 대신파이낸셜 그룹이 인수(약 150억 원).
② 아지트(아콘랩스)	블록체인 기술을 활용해 부동산 계약, 이사, 사물인터넷, 인테리어, 클리링 등 프롭테크 기업들과의 파트너십을 통해 포인트 연동 서비스를 구축. 아지트는 국내 암호화폐 거래소인 빗썸에 상장되었음('22.12).
③ 담비(베스트핀)	다양한 금융사의 대출 상품 금리와 한도를 손쉽게 비교하고 대출 실행까지 원스톱으로 지원. 내년 초 주택담보대출 대환(기존 대출보다 더 좋은 조건으로 신규 대출을 받아 상환하는 것) 서비스 제공 예정.
④ 리파인	2000년대 초반에 한국감정원에서 부동산벤처로 기획하여 설립한 회사인데 빅데이터 분석 솔루션 기술을 접목하여 부동산, 금융 및 리스크 관리에 대한 제반 서비스를 제공
⑤ 뱅크몰	그 동안 신용대출 비교에만 집중되어 전문화 된 담보대출 비교 서비스가 부족한 플랫폼 시장에서, 뱅크몰은 지난 10년 간 담보대출 비교 서비스를 제공하였던 노하우를 가지고 전문화된 담보대출 비교 및 대환대출 등의 서비스를 시장에 제공

---

11) 이상빈(2020), 99-100쪽 참조.

(1) 카사(카사코리아)

2018년에 설립한 카사코리아(대표 홍재근)는 블록체인 기반 부동산 수익증권 투자 및 거래 플랫폼인 '카사(kasa)'를 운영하는 기업이다. '카사'는 한국 최초의 부동산 디지털 수익증권 거래소이다. 2019년 혁신금융서비스로 지정되어 국내에서는 최초로 디지털 부동산의 수익증권 공모상장에 성공했다. 상업용 부동산을 기초로 디지털 수익증권인 댑스(DABS)를 발행하여 투자자가 댑스를 거래하는 구조이다. 댑스는 블록체인 기반의 분산원장 기술로 디지털화되어 카사 거래소에서 유통되며 분기마다 임대수익에 기반 하여 댑스 투자자에게 비율에 따라 지급한다.

카사가 인가받을 당시에는 전자증권법(모든 디지털증서는 예탁원에 등록하는 것이 의무사항임) 시행 전이라 타사와는 달리 예탁원에 수익증권을 등록하지 않았다. 당시 금융위, 예결원, 금감원, 금융결제원, 금융보안원, 증권금융, 한국거래소 등 10개 기관으로부터 6개월간 운영관련 모의테스트를 받았고 안정성을 인정받아 서비스 인가를 받았다. 댑스의 발행 및 유통과 관련해서는 자본시장법에 준하는 모든 공시 의무를 수행하고, 댑스 발행관련 증권신고서, 연1회 정기부동산 감정평가결과를 공시하는 등 제도권 내의 금융서비스로 자리매김하였다. 현재 부동산 수익증권 플랫폼으로서 샌드박스로 지정된 기업은 총 4개인데 카사는 2019년에 최초로 샌드박스로 지정됐고 2020년말에는 최초 공모상장에 성공했다.

카사의 댑스 비즈니스는 부동산 시장 내에 친숙한 유동화 방식인 자산유동화증권(ABS)을 디지털화한 개념이다. 게다가 공모 상장 이후 댑스의 거래방식도 증권사의 주식거래시스템(MTS)과 유사한 시스템으로 개발하여 일반 개인 투자자들도 쉽게 투자하고 거래 할 수 있어 생소한 금융상품임에도 빠르게 인지도를 높일 수 있었다. 2020년 12월에는 첫 자산인 '역삼런던빌'(공모액 102억 원)을 상장해 2021년 6월 2번째 배당을 발표했으며, 7월에는 2호 자산인 '서초지웰타워'(공모액 40억 원)의 공모에 성공했다.

그림 7-40 카사의 홈페이지 화면

출처: 카사 홈페이지(https://brand.kasa.co.kr/)

자산매각은 요건에 부합 시 수익자 총회 개최를 거쳐 진행하고 청산 이익을 투자자에게 배분한다. 현재 2개 자산이 매각 완료되었다. 역삼 한국기술센터는 2022년 5월에 공모금액 84.5억 원 대비 93억 원에 매각하였다. 역삼 런던빌은 2022년 6월에 공모금액 101.8억 대비 117억 원에 매각하였다. 현재 상장 중인 자산은 서초 지웰타워, 여의도 익스콘벤처타워, 중구 부티크호텔 르릿, 천안 TE물류센터, 압구정커머시빌딩 등 5개이다(2024년 1월 기준).

그러나 최근 수익률이 높게 예상되는 대상 부동산 물건을 찾는 데 어려움을 겪어 왔으며, 이와 함께 대상 부동산 인수 자금을 유치하는 데도 경기 영향을 받아왔다. 이런 상황에서 대신파이낸셜그룹은 2023년 3월 카사를 약 150억 원에 인수하였다. 이를 계기로 대신파이낸셜그룹의 우량 부동산 선별 능력과 카사의 플랫폼 경쟁력이 시너지를 낼 수 있을 것으로 기대한다.

(2) 아지트(아콘랩스)

2021년에 설립한 아콘랩스(대표 박성민)는 블록체인 기술을 활용하여 파편화된 부동산/주거 생태계에 소비자 리워드를 제공하는 포인트 리워드 시스템인

'아지트(azit)' 플랫폼을 운영하는 프롭테크 기업이다. '아지트'는 블록체인 기반 부동산/주거 서비스 포인트 통합 플랫폼으로, 부동산/ 주거/ IoT 서비스 플랫폼 업체들에게 포인트 사용처 확보 및 신규 고객 유치 가능한 유저풀 제공, 고객들에게는 사용처 제약 없이 다양한 서비스 플랫폼에서 포인트를 현금화하여 사용 가능한 서비스를 제공한다.

그림 7-41 azit의 홈페이지 초기 화면

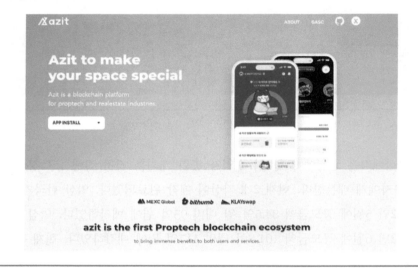

출처: azit 홈페이지(https://www.azit.partners/)

(3) 담비(베스트빈)

2021년에 설립한 베스트빈(대표 주은영)은 온라인 주택담보대출 비교 플랫폼인 '담비'를 운영하는 프롭테크 기업이다. '담비'는 대출상품 판매대리 중개서비스로 은행, 보험회사, 저축은행 등의 부동산 담보대출, 전세자금대출, 신용대출, 사업자 담보대출 상품 등을 비교한 후에 최적의 상품을 신청하는 서비스이다. 16년간 KB국민은행 오프라인 대출 1위 판매중개법인의 운영 노하우를 바탕으로 온라인 담보대출 중개시장으로 진출하였으며, 금융기관 방문 없이 플랫폼 내에서 원스톱으로 담보대출을 비교·신청할 수 있을 뿐만 아니라 필요시 각 금융사 소속의 대출상담사나 금융사 직원이 찾아가는 서비스도 안내한다. 담보대출 판매대리 중개서비스를 시작으로 전국 부동산중개업소와의 제휴 및 관련 프롭테크 서비스와도 제휴하여 서비스를 연동한다.

그림 7-42 담비의 홈페이지 화면

출처: 담비 홈페이지(https://www.dambee.com/)

(4) 리파인

리파인(대표 이창섭)은 2002년에 인터넷 혁명 등 금융환경 변화에 부응하여 부동산, 금융 및 리스크 관리에 대한 제반 서비스를 제공하고자 공기업인 한국감정원에서 부동산벤처로 기획하여 설립한 회사이다.

리파인은 국내 최고의 권리조사와 전문회사로서 전세대출, 주택담보대출, 전세보증금 반환보증 등의 금융상품에 권리조사업무를 접목하여 부동산 금융관련 비즈니스모델을 국내에서 최초로 창출하고 관련 서비스를 제공한다. 특히 제1금융권이 꺼리던 전세금 대출에 필수적인 권리조사를 자동화함으로써 제1금융권-권리보험사-리파인이 참여하는 전세금 대출 비즈니스 모델을 구축했다. 금융기관이 고객의 전세금 대출을 처리하기 전에 보증보험사와 권리보험사에 권

그림 7-43 **리파인의 홈페이지 화면**

출처: 리파인 홈페이지(http://www.refine.co.kr/)

리조사를 의뢰하고 리파인은 보증보험사나 권리보험사로부터 이를 의뢰 받아 수행하는데, 방대한 권리조사를 신속 정확하게 처리하여 전세금 대출 시장의 안정적 성장에 기여한다. 리파인은 전세금 대출에 필요한 데이터를 체계적이면서 정확하게 제공함으로써 제1금융권의 전세금 대출을 가능하게 하고, 전세금 대출에 대한 이자비용을 절감하여 궁극적으로는 서민주거 비용과 리스크를 낮추는 역할을 하고 있다.

호재도 잇따랐다. 2021년 8월부터 임대사업자는 의무적으로 임대보증금 반환을 위하여 임대보증금 보증에 가입해야 한다. 2020년 기준으로 가입된 161만호의 임대 주택이 거대한 잠재 시장이다. 또한, 코로나19의 여파로 금융시장이 비대면 업무를 시작한 것도 리파인의 성장요인으로 꼽힌다. 전세대출 권리조사 건수는 2018년 대비 기준으로 2020년에 32.%로 급성장했고 전세거래 수 대비 비중은 25.3%를 넘겼다. 전세보증금 반환보증 가입률도 2018년을 기준으로 하여 8.2%, 2019년에는 13.3%로 가장 두드러진 성장세를 보였다. 2018년에는 카카오 페이에 전세보증 반환판매지원을 시작하고, 2020년 말에는 네이버 파이낸셜과 판매지원계약을 맺음으로써 가파르게 성장하였다.

리파인은 안정적인 성장세를 보이고 있으며, 2022년말 기준으로 매출액은 550억 원, 영업이익은 180억 원이다. 2023년 3분기 누적 매출액은 전년 동기대비 15.7% 증가한 482억 원, 영업이익은 13.4% 늘어난 165억 원을 달성했다.

(5) 뱅크몰

2013년에 설립한 뱅크몰(대표 이종훈)은 금리비교 플랫폼 '뱅크몰'을 운영하는 기업이다. 그동안 신용대출 비교에만 집중되어 전문화된 담보대출 비교 서비스가 부족한 플랫폼 시장에서, 뱅크몰은 지난 10년 간 담보대출 비교 서비스를 제공하였던 노하우를 가지고 전문화된 담보대출 비교 서비스를 시장에 제공하고 있다. 그간 어려운 부동산 규제와 대출 용어들로 인해 접근하기 어려웠던 담보대출에 대한 고민을 뱅크몰의 핀테크 혁신을 통해 쉽게 해결할 수 있다. 뱅크몰은 내 집 마련의 꿈에 더 이상 담보대출이 걸림돌이 아닌 도우미가 되는 세상을 지향하고 있다. 주요 서비스는 담보대출 비교 서비스, 대환대출 서비스, 내 부동산 관리 서비스가 있다. '담보대출 비교 서비스'는 소비자 각각 개인에 맞는

그림 7-44 **뱅크몰의 홈페이지 화면**

출처: 뱅크몰 홈페이지(https://naver.bank-mall.co.kr/)

담보대출 상품의 조건을 금융 회사별로 비교 및 신청까지 제공하는 서비스이다. '대환대출 서비스'는 담보대출을 이용 중인 소비자의 대출조건과 시장금리를 비교하여 유불리를 진단하는 서비스이다. '내 부동산 관리 서비스'는 구매하거나 구매의향이 있는 부동산의 시세와 실거래가, 주변 단지의 시세를 한 번에 비교하고 관리하는 서비스이다. [그림 7-44]는 뱅크몰의 홈페이지 화면이다. 홈페이지 상단에는 대출비교, 서비스, 계산기, 뱅크몰플러스 등의 항목이 있다. '대출비교' 항목에서는 주택담보대출, 대환대출, 신용대출, 자동차담보대출, 개인회생자대출 등을 비교할 수 있다. '서비스' 항목에서는 신용점수와 부동산 시세를 확인할 수 있다. '계산기'에서는 대출 상환금과 이자, 세금 등을 계산해 준다.

지금까지 소개한 국내 프롭테크 유형별 주요 서비스(기업)에 대한 설립년도, 대표자, 사업모델에 대해서는 별첨으로 정리하였으니 참조하기 바란다. 이번 장에서는 국내 프롭테크의 현황과 투자 동향을 살펴보고, 한국프롭테크포럼에서 제시한 프롭테크 유형 분류 기준에 따라 주요 6대 프롭테크 영역별 대표적 서비스를 소개하였다. 국내 프롭테크 시장은 지난 몇 년동안 저금리와 부동산 시장의 활황으로 호조세를 보였다. 그러나 최근 시장 상황이 급변하면서 투자 유치에 어려움을 겪고 있다. 아직 꽃도 제대로 피지 못한 상태에서 된서리를 맞고 있는 셈이다. 다음 장에서는 이런 위기 상황에서 향후 국내 프롭테크의 전망을 살펴보고 프롭테크 발전을 위한 제언을 하고자 한다.

별첨 국내 프롭테크 유형별 주요 서비스 현황

프롭테크 유형	서비스명 (기업명)	설립 년도	대표자	사업모델
부동산 마케팅 플랫폼	KB부동산	2001	이재근	클라우드 시스템을 기반. 고객이 무료로 이용할 수 있는 개방형 플랫폼 제공(부동산시세 등). 최근 집봐줌(전세 안전진단, 등기변동 알림) 서비스 제공.
	부동산114	1999	김희방	HDC그룹의 부동산 정보분석 자회사. 부동산 데이터베이스를 구축하여 주거용에서 상업용까지 각종 부동산 정보 제공. 직거래 서비스 제공
	알스퀘어	2009	이존우	국내외 30만 사업용 부동산을 전수 조사해 구축한 데이터베이스를 기반 오피스 임대차, 매입매각, 인테리어·리모델링, 알스퀘어파인드 등의 서비스 제공
	직방	2010	안성우	아파트, 원룸, 오피스텔, 빌라 등 부동산 거래 플랫폼에서 최근에는 주거관리 영역 및 메타버스 가상 오피스(SOMA)로 확장. 기업가치 2조5천억 원.
	호갱노노	2015	심상민	15종 이상의 공공데이터를 아파트 정보 플랫폼서비스 제공(아파트 단지 정고, 지역정보, 내집 내놓기 등). 2018년 직방이 인수(230억 원). 기업가치 7,000억 원
부동산 관리 서비스	아파트너	2017	유광연	아파트 커뮤니티 플랫폼 서비스 제공(입주민 생활 편의 서비스, 관리자 스마트워크 시스템 등
	어반 플레이	2013	홍주석	도시의 하드웨어(공간)에서 소프트웨어(콘텐츠)가 실행되도록 하는 동네/공간 운영시스템 제공(공실 상가, 빈집, 폐공장, 노후 중소형 건물 등 대상
	이지램스 (제온스)	2014	김인섭	클라우드 기반 부동산 임대·자산 관리 통합 서비스 제공(계약관리, 임대료·관리비 청구, 세금계산서 발행, 세무신고, 출입통제, 주차관리 등)
	홈체크	2017	이길원	입주자가 알지 못하는 하자, 살면서 문제가 될 만한 누수, 단열 등을 사전 점검하는 서비스 제공
	유니언 플레이스	2017	이창호	공유 주거 시설, 호텔, 공유오피스, 헬스클럽, 레스토랑, 카페 등 '유니언타운' 직접 개발·운영(현재 5개). 도시의 하드웨어(공간)와 소프트웨어(문화)를 융합 추구.
공유 서비스	가치공간	2018	김성현	국내 1위의 팝업 스토어 공유 플랫폼. 공간 소유자에게는 유휴공간의 재발견, 브랜드에게는 홍보의 장, 소비자에게는 새로운 경험 제공
	다락 (세컨신드롬)	2016	홍우태	쾌적한 보관 환경 및 전문 보안 시스템을 갖춘 도심형 보관 편의 서비스(셀프스토리지). 사물인터넷(IoT) 기술을 접목한 무인 운영시스템. 다락이사 출시('21)

	모두의주차장 (모두컴퍼니)	2013	김동현	공영, 민영 등 주차장 정보 및 주차공간 공유, 모바일 주차 결제 서비스를 제공하는 온라인 주차 플랫폼. IoT 활용 스마트 파킹 사업 추진 예정. 2021년 12월 카세어링 플랫폼 쏘카가 인수(200억 원 이상).
	스파크플러스	2016	목진건	대한민국 토종 공유 오피스 업체로 합리적인 공간과 실용적인 서비스를 제공. SK스퀘어 계열사. 지난해 국내 공유오피스 최초로 흑자 전환(총 31개점)
	홈즈컴퍼니	2015	이태현	국내에서 처음 코리빙(공유 주거) 서비스를 시작해 홈즈스튜디오, 생활숙박시설 홈즈스테이, 기업형 부동산 중개법인 미스터홈즈 등을 운영
데코 & 인테리어	오늘의집 (버킷플레이스)	2014	이승재	온라인 집들이 콘텐츠부터 스토어, 전문가 시공 서비스 등 인테리어에 필요한 모든 서비스 제공. 앱 다운로드 2,500만 이상, 월 거래액 1,800억 원, 기업가치 2조 원.
	어반베이스	2014	하진우	2D 건축 도면을 수초 만에 3D 공간으로 자동 모델링하는 특허 기술 및 VR/AR 기술 기반 부동산의 내부 공간을 시각화해서 보여주는 서비스 제공. 국내 아파트 97% 3D로 재현. 그러나 추가 투자 유치실패로 2024년 1월 법정관리신청. 법정관리 진행하면서 기업 매각 추진.
	큐픽스	2015	배석훈	360도 비디오를 이용하여 인간이 만든 인공 구조물(Built World)의 3D 디지털 트윈을 생성하는 서비스를 제공. 기업가치 1,300억 원
	집닥	2015	김석익	인테리어 중개 플랫폼 전문기업으로 고객에게 신뢰할 수 있는 전문업체 연결. 주거유형, 지역정보 등의 최소한의 정보를 입력하면 인테리어 비교 견적 진행. 최근 채팅 서비스 기능 추가로 소비자는 매칭된 인테리어 업체와 실시간 상당 가능.
	하우스텝	2016	이승현	인테리어를 각 개별시공(도배, 장판, 마루, 창호 등)으로 세분화하고 디지털화하여 온라인 기반으로 판매하는 인테리어 시공 플랫폼.
데이터 & 밸류에이션	리치고 (데이터노우즈)	2019	김기원	실시간 호가 분석과 부동산 2년 후 미래 가격, 각종 투자에 도움을 주는 빅데이터 분석자료와 차트를 앱에서 제공. 최근 중개 서비스 시작. 아파트를 넘어 토지와 건물, 경매까지 서비스 범위를 확장
	빅밸류	2015	김진경 구름	부동산 빅데이터 시스템과 인공지능 알고리즘을 적용하여 국내 최초 비정형주택에 관한 자동평가 시세(빌라시세닷컴), 신규 점포 개발·AI 매출 예측 솔루션(AI 로빅), 부동산 개발 타당성 검토(AI Developer), 토지·건축물 매입 시가 산정 솔루션(V-Advisor) 서비스 제공

밸류맵	2015	김범진	자체 개발한 빅데이터 분석체계, 인공지능 가치평가 기술 등을 활용하여 누구나 쉽게 토지·건물을 거래할 수 있는 서비스 제공. 설계하고 싶은 토지를 검색하면 실시간으로 AI 건축설계 서비스 제공(최대 10개)
부동산의신(이도플래닝)	2010	정성은	라이프스타일 맞춤형 아파트 추천 서비스 제공을 중심으로 교통, 상권, 학군, 주변시설 등 임장을 하거나 살아보지 않으면 모르는 주거환경 데이터를 확보하여 AI기반 알고리즘을 통해 객관적인 정보와 수치를 제공
랜드북(스페이스워크)	2016	조성현	중소형 규모 토지의 투자자를 주 대상으로 조건에 맞는 토지를 찾아주는 매물 서비스와 사업성을 예측하는 분석 서비스를 제공
카사(카사코리아)	2018	홍재근	블록체인 기술을 활용한 한국 최초의 부동산 디지털 수익증권 거래소이며, 2019년 혁신금융 서비스로 지정되어 국내에서는 최초로 디지털 부동산의 수익증권 공모상장에 성공. 2023년 3월 대신파이낸셜 그룹이 인수(약 150억 원)
아지트(아콘랩스)	2021	박성민	블록체인 기술을 활용해 부동산 계약, 이사, 사물인터넷, 인테리어, 클리닝 등 프롭테크 기업들과의 파트너십을 통해 포인트 연동 서비스를 구축. 아지트는 국내 암호화폐 거래소인 빗썸에 성장되었음('22.12)
담비(베스티핀)	2021	주은영	다양한 금융사의 대출 상품 금리와 한도를 손쉽게 비교하고 대출 실행까지 원스톱으로 지원. 내년 초 주택담보대출 대환(기존 대출보다 더 좋은 조건으로 신규 대출을 받아 상환하는 것) 서비스 제공예정.
리파인	2002	이창섭	2000년대 초반에 한국감정원에서 부동산벤처로 기획하여 설립한 회사인데 빅데이터 분석 솔루션 기술을 접목하여 부동산, 금융 및 리스크 관리에 대한 제반 서비스를 제공
뱅크몰	2013	이종훈	그 동안 신용대출 비교에만 집중되어 전문화 된 담보대출 비교 서비스가 부족한 플랫폼 시장에서, 뱅크몰은 지난 10년 간 담보대출 비교 서비스를 제공하였던 노하우를 가지고 전문화된 담보대출 비교 및 대환대출 등의 서비스를 시장에 제공

(블록체인 & 핀테크)

08

맺음말(프롭테크의 전망)

8 맺음말(프롭테크의 전망)

최근 전 세계적으로 고금리, 고물가 여파로 부동산 경기가 침체기에 접어들면서 프롭테크 기업들도 같이 고전하고 있다. 그러나 전반적으로 보면 프롭테크는 부동산산업이 반드시 거쳐 갈 수밖에 없는 트렌드이다. 거기서 끝까지 살아남은 기업은 기존 부동산산업의 패러다임을 바꾸고 시장의 강자로 등극할 것이다. 이번 장에서는 프롭테크 업계가 향후 어떻게 전개될 지를 살펴하고 프롭테크 업계가 발전하기 위해서는 무엇을 해야 하는지에 대해 의견을 개진하고자 한다.

1 프롭테크 업계, 위기에 봉착하다!

4차 산업혁명 시대에 접어들면서 부동산업계도 첨단 ICT 기술을 접목한 프롭테크가 등장하였다. 그동안 가장 보수적이면서 ICT와는 가장 거리가 멀게만 느껴졌던 부동산업계에서 프롭테크의 등장은 많은 사람들에게 이제 '부동산도 패러다임이 변하고 있구나!'하는 인식을 심어주기에 충분했다. 그러나 최근 부동산 시장에서 주목을 받았던 글로벌 프롭테크 기업들이 잇달아 백기를 들면서 프롭테크 기업에 대한 회의론이 일어나기 시작했다.

미국의 대표적인 프롭테크 기업인 질로우는 매입한 주택을 리모델링한 후 매입가보다 비싸게 파는 '아이바잉(i-buying)' 사업을 포기했다. 자체 개발한 부동산가치평가 알고리즘이 예측에 실패했기 때문이다. 이로 인해 25% 직원을 감축하고 총 5억 4천만 달러 이상의 손실을 봤다. 특히 미국 최대 프롭테크 유망

주였던 카테라와 위워크의 잇따른 파산은 많은 사람들에게 큰 충격을 주었다. 카테라는 모듈러 주택 업체로, 소프트뱅크로부터 2조2천억 원의 투자를 받고 한때 기업가치가 1조 원이 넘는 유니콘으로 평가받았다. 위워크는 공유오피스 업체로, 한때 기업가치가 무려 470억 달러(55조 7천 514억 원)로 평가받기도 했다.[1]

국내에서도 프롭테크는 그동안 부동산 시장이 앉고 있던 정보의 비대칭성, 비싼 거래비용, 비효율성 등 고질적인 문제를 시원하게 해결할 것으로 기대를 모았다. 그러나 국내 프롭테크 기업들의 성장세는 기대에 미치지 못한 것으로 평가를 받고 있다. 그나마 오프라인에서 부동산 사업기반을 갖고 있는 프롭테크 기업은 형편이 나은 편이다. 오프라인 기반 없이 온라인 기반으로 기술 중심의 사업 아이템만을 가진 프롭테크 기업은 심각한 고민에 빠져 있다.

최근 들어 프롭테크 기업에 대한 회의론은 경기침체와 고금리 이후 위기론으로 확산하고 있다. 실제 국내 프롭테크 투자 규모 추이를 보면 이를 반증한다. 2021년에 2조 6,943억 원으로 사상 최대치를 기록했던 국내 프롭테크 투자 규모는 2022년 들어 경기침체 영향으로 1조 원 규모로 전년 대비 절반 이후 수준으로 감소했다. 최근에는 상황이 더 심각하다. 2023년 상반기 투자규모는 1,307억 원에 그쳤다. 문제는 당분간 상황이 호전될 기미가 잘 안 보인다는 것이다. 상당수 프롭테크 기업들은 추가 투자를 받지 못하면 버티기 어려울 정도로 심각한 자금난에 직면해 있다. 그러나 투자 받을 길은 갈수록 좁아지고 있다. 이제 프롭테크 기업들은 생존을 위한 새로운 전략을 모색해야 한다. 더 이상 외부 투자에만 의존할 수 있는 상황이 아니기 때문이다.

2 위기의 프롭테크, 앞으로가 더 문제다!

생존에 직면한 많은 국내 프롭테크 기업들은 2023년부터 많은 어려움을 겪고 있다. 생존이 절실하다 보니 그동안 추구했던 혁신과 성장은 뒷전으로 밀리

---

1) 아이뉴스24, 2021.12.18., "프롭테크업계, 부동산 시장 불확실성에 백기…잇단 철수·파산" https://www.inews24.com/view/1433569

고 있다. 심각한 문제다. 프롭테크 기업은 부동산 시장이 상승기일 때 가장 주목받는다. 그리고 저금리로 시장에 자금이 풍부할 때 투자 규모도 증가한다. 우리나라보다 10년 앞서 프롭테크가 도입된 미국과 유럽의 프롭테크 기업들은 이러한 혜택을 충분히 누렸다. 사업성이 문제였지 자금이 문제 되지 않았다. 그런데 미국과 유럽보다 훨씬 늦게 시작한 국내 프롭테크 기업은 부동산 상승기와 저금리의 혜택을 몇 년 누리지도 못하고, 오히려 부동산 침체와 고금리라는 정반대 상황에 직면한 것이다.

스타트업은 일정기간 동안 지속적인 투자를 받아야 생존할 수 있다. 최소 5년 내지 10년 동안 이러한 과정이 필요하다. 이 기간 동안 충분한 기술개발과 사전 테스트를 통해 시장에 나와야 기존 업체와 경쟁할 수 있기 때문이다. 그런데 국내 프롭테크 기업들은 한참 기술 개발을 해야 하는 단계에서 자금줄이 끊긴 것이다. 어떻게 해야 하는가? 난감하기 짝이 없다.

2022년 전에 자금을 많이 유치한 기업들도 문제. 기업가치를 너무 높게 평가받아 오히려 그로 인해 자금조달이 어려워질 수 있기 때문이다. 기업공개를 목전에 둔 기업은 더 난감하다. 이런 상황에서 프롭테크 업계에서는 더 많은 해고, 축소 및 합병이 일어날 가능성이 크다.[2]

위기를 맞은 프롭테크 기업은 생존을 위해 어떻게 하고 있나? 이데일리가 2022년도 프롭테크 매출 기준 상위 1~10위까지 기업을 살펴본 결과는 엇갈린 생존 전략을 보이고 있다.[3] 하나는 사업 확장으로 위기를 정면 돌파하는 쪽이고, 다른 하나는 버티는 쪽이다. 알스퀘어, 패스트파이브, 직방은 정면 돌파하는 쪽을 선택한 것으로 보인다. 프롭테크 업계에서 매출 1위인 알스퀘어는 매출 1,840억 원으로 전년(972억 원) 대비 2배 가까이 커졌지만 영업이익은 오히려 손실로 돌아섰다. 자체 보유하고 있는 상업용 부동산 빅데이터를 활용하여 오피스 중개업, 빅데이터 판매업 등으로 사업을 확장했기 때문이다. 업계 매출 3위인 패스트파이브도 매출은 1,186억 원으로 전년(830억 원) 대비 크게 성장했다.

---

2) 한국경제, 2023.4.25., "위기의 프롭테크 기업, 하반기가 더 문제인 이유" https://www.hankyung.com/realestate/article/202304249297Q

3) 이데일리, 2023.6.26. "시장 침체기 프롭테크, '사업 확장하거나 vs. 버티거나'" https://www.edaily.co.kr/news/read?newsId=03312806635645656&mediaCodeNo=257&OutLnkChk=Y

그러나 오히려 영업손실은 38억 원에서 93억 원으로 커졌다. 신규 지점을 계속 확장했기 때문이다. 업계 매출 4위인 직방 역시 매출 882억 원을 기록하며 전년(558억 원) 대비 큰 폭으로 성장했다. 하지만 같은 기간 영업손실 폭은 82억 원에서 370억 원으로 폭증했다. 삼성SDS 홈IoT(사물인터넷) 부문 인수 및 가상현실(VR)을 이용한 모델하우스 체험, 부동산 연관 데이터를 유료로 서비스하는 직방 레드(RED) 출시 등 사업 확장 때문인 것으로 풀이된다.

반면, 사업 확장보다는 버티는 쪽을 택한 기업도 있다. 다방이 그러하다. 다방은 직방과 유사한 사업 모델로 시작했지만 부동산 침체기에서 영업수익이 흑자로 전환했다. 다방은 사업 확장 전략을 택하는 대신 기존에 해오던 매물 소개 등의 사업을 유지하면서 비용을 절감하는 전략을 택했다. 이 사업은 시장이 침체하면 직격탄을 맞아 수익이 감소할 수밖에 없어 매출은 230억 원으로 전년(246억 원) 대비 감소했다. 그러나 영업이익은 흑자를 이뤘다. 내실을 택한 덕이다.

향후 기존 프롭테크 업체의 승패는 자금력의 차이에서 갈릴 가능성이 크다. 자금력이 있는 기업이라면 당장은 수익이 나지 않더라도 꾸준히 투자를 해서 경쟁력 있는 서비스를 완성시키는 것이 나은 전략이다. 반면, 자금력이 풍부하지 않는 기업은 무리한 투자보다는 내실을 기해 실탄을 아끼는 것이 현명한 전략이다. 어떤 길을 선택하든 암흑기를 잘 버티고 끝까지 살아남는 자가 프롭테크 업계에서 승자가 될 것이다. 이도 저도 아닌 기업은 합종연횡을 통해 자구책을 마련해야 한다. 그렇지 않으면 결국 시장에서 도태될 것이다.

3 프롭테크 활성화를 위한 제언

프롭테크는 4차 산업혁명의 핵심 ICT 기술인 인공지능, 빅데이터, 클라우드, 블록체인 등을 활용해 온라인으로 다양한 부동산 서비스를 제공하고 있다. 초기에는 웹이나 앱으로 단순 부동산 정보 제공, 부동산거래 중개 역할만 했으나, 이제는 중개 및 임대, 부동산 관리, 부동산 개발, 투자 및 자금조달 등 부동산 밸류 체인 전반으로 서비스를 확대하고 있다.

디지털과 거리가 먼 아날로그의 최고봉인 부동산업계에서 프롭테크가 성장

한 배경은 무엇일까? 여러 각도에서 분석이 가능하겠으나, 저자는 '**부동산 성장기**', '**저금리**', '**기술력**'이 동시에 발생한 당시의 시장상황을 꼽고자 한다. 오늘날과 같은 부동산 침체와 고금금가 지속되는 상황에서는 프롭테크가 태동하기 어렵다. 또한 부동산 성장기와 저금리 시대라 할지라도 4차 산업혁명을 주도하는 핵심 ICT 기술력이 없었더라면 프롭테크가 태동하지 못했을 것이다. 이 세 박자가 맞아 떨어져서 프롭테크가 태동할 수 있었다. 프롭테크가 태동하기 시작한 시점부터 10년 동안은 황금기였다. 이 기간 동안 글로벌 프롭테크 투자액은 2011년 약 6억 달러에서 2021년 204억 달러로 10년간 무려 34배 급성장했다.[4] 이때 태동한 프롭테크 기업들은 충분한 자금을 공급받을 수 있었다.

하지만 상황이 반전되었다. 부동산 침체와 고금리로 허덕이고 있다. 황금기가 끝나고 암흑기가 도래한 것이다. 암흑기 동안 프롭테크는 그대로 주저 않을 것인가? 그렇지 않다고 본다. 왜냐하면 프롭테크가 태동한 또 하나의 배경인 4차 산업혁명의 핵심 기술력은 건재하기 때문이다. 아무리 부동산 산업이 로테크(low-tech) 영역이라고 할지라도 4차 산업혁명의 거대한 물결 속에서는 예외가 될 수 없다. 시기의 문제이지 언젠가는 부동산산업의 전반에 핵심 기술력이 접목되어 디지털화가 이루어질 것이다. 따라서 누군가는 반드시 그 역할을 수행할 것으로 본다.

그렇다면 현재의 상황에서 무엇을 해야 할까? 이에 대해 몇 가지 제안을 하면서 마무리를 하고자 한다.

첫째, 부동산 본업을 이해하고 있는 사람이 프롭테크를 주도해야 한다. 지금까지 프롭테크 창업자들의 면면을 보면 부동산을 본업으로 했던 사람보다는 대학이나 기업에서 해당 기술을 개발하거나 습득한 사람이 다수를 차지한다. 자금력이 풍부했던 황금기에는 기술력 주도로 시장을 이끌어 가는 것이 가능했지만 암흑기에는 기술력보다는 본업에 대한 이해력을 갖춘 사람이 시장을 주도하는 것이 생존 가능성을 높인다.

둘째, 온라인 사업에만 의존하지 말고 오프라인 사업과 병행해야 한다. 어려

---

4) 한국프롭테크포럼(2023), "Korea Proptech Startup overview 2023", 15쪽 참조.

운 시기에 그나마 버티는 프롭테크 기업들을 보면 온라인 서비스만 하는 것이 아니라 오프라인 서비스도 동시에 제공하는 경우가 많다. 이들은 오프라인 사업을 통해 자금력을 확보하면서 현재의 어려운 상황을 극복하고 있다. 반면 온라인에만 기반을 둔 프롭테크 기업들은 시간이 지날수록 어려움이 더 커지고 있다. 만약 오프라인 사업 기반이 없는 프롭테크 기업이라면 지금이라도 오프라인 기반을 가지고 있는 전통적인 부동산업을 영위하는 기업들과 과감하게 제휴하거나 합병을 모색할 필요가 있다.

　　셋째, 민간에만 맡기지 말고 정부의 적극적인 정책 유도가 필요하다. 부동산산업은 대표적인 규제산업이다. 정부의 입김 없이는 잘 안 움직이는 것이 부동산업계의 속성이다. 인허가 받을 때 도움이 되지 않으면 웬만해서는 새로운 기술을 도입하지 않는다. 반대로 인허가 받을 때 조금이라도 도움이 된다면 주저 없이 도입한다. 선진국에서는 이러한 부동산업계의 속성을 이해하고 적극적인 규제정책을 펼친다. 영국은 2008년부터 건물 에너지 인증제도를 도입해 최소 기준 등급 이상을 받지 못하면 임대를 제한하고 있다. 미국의 뉴욕시는 2024년부터 건물에 온실가스 배출을 제한하며, 기준을 지키지 않는 빌딩에는 징벌세를 부과한다. 이외에 싱가포르는 기존 건물에 에너지 절감 시스템을 도입할 경우 소유주뿐만 아니라 임차인, 건축가, 시공업체, 엔지니어에게도 보조금을 지급한다.5) 따라서 우리나라에서도 프롭테크 활성화를 위해서는 이를 유도하기 위한 정부의 적극적인 규제정책이 필요하다. 예를 들어 프롭테크 기술을 도입하여 신축하는 경우 용적률을 늘려준다거나, 프롭테크 기술을 사용하여 건물을 관리하는 경우 세제 혜택을 주는 것이다.

　　지금까지 부동산 프롭테크에 대한 전반적인 내용을 살펴보고 향후 전망과 발전을 위한 제안을 해 보았다. 현재 프롭테크 업계에는 위기와 기회가 공존한다. 저자는 앞으로도 극복해야 할 난제가 많지만 프롭테크가 대세이며, 누군가는 반드시 성공을 거둘 것이라는 것을 확신한다. 그리고 이를 계기로 부동산산

---

5) 문상덕, 2022, "건물부문의 탄소배출량 절감을 위한 ESG의 활용방안과 발전방향", 자원·환경경제연구, 제31권 제4호, 한국자원경제학회, 820쪽.

업의 패러다임도 바뀔 것이라는 것을 확신하다. 아무쪼록 이 책을 통해서 긍정적인 메시지가 전달되고 프롭테크 발전에 조금이나마 도움이 되기를 기대하면서 마무리를 짓는다.

참고문헌

[논문/보고서/서적]

강원철·고성수(2015), "기업부동산이 기업 가치에 미치는 영향", 상업교육연구, vol.29, no1, 한국상업교육학회, 191-214쪽.

과학기술정보통신부(2022), 『2021년 O2O서비스 산업 시장 조사 결과보고서』.

금융투자협회(2022), "2022 주요국 가계 금융자산 비교"

김대용(2013), "우리나라 부동산정책 변화에 대한 검토 및 시사점", 주택금융월보, 한국주택금융공사, 4-19쪽.

김석준(2019), 『문과생을 위한 ICT 이야기』, 커뮤니케이션북스.

김성환(2019), "프롭테크와 부동산서비스의 발전", 국토, 통권455호, 국토연구원, 11-20쪽.

김승희 외(2017), 『부동산학개론』, 이루.

김형주(2016), "인공지능과 인간지능 개념에 대한 철학적 분석시도", 철학탐구, 제43집, 중앙대학교 중앙철학연구소, 161-190쪽.

대신증권(2020), "프롭테크(Prop+Tech) 4.0 시대: 부동산산업, 새 옷을 입다"

로봇산업진흥원(2022.7), "로보틱스 4.0과 일본의 대응전략". 로봇산업 정책동향.

문상덕(2022), "건물부문의 탄소배출량 절감을 위한 ESG의 활용방안과 발전방향", 자원환경경제연구, 제31권 제4호, 한국자원경제학회, 801-824쪽.

박성수(2018), "프롭테크(PropTech)로 진화하는 부동산서비스", KB 지식비타민, 18-13호, KB금융지주 경영연구소.

박용원(2022), "외국 프롭테크 활용실태와 감정평가업계에의 시사점: 미국, 일본을 중심으로", 연구보고서, 2022-09, 한국부동산연구원.

송경희·이인혁(2009), "부동산 정책의 방향과 대응방안", 금융연구시리즈, 11호, 하나금융경영연구소.

엄위섭 외(2013), "지능형 로봇의 발전 동향", 항공우주산업기술동향, 11권1호, 150-160쪽.

윤형미·이석민(2021), "스마트도시를 위한 사이버물리시스템 구축 및 활용", 2021년 한국산학기술학회 학술발표논문집, 946-948쪽.

이상빈(2021), 『부동산의 미래: 프롭테크』, 샘앤파커스.

이상영(2020), "프롭테크 유형 분류와 발전 전망", 동향과 전망, 통권110호, 한국사회과학연구회, 191-224쪽.

이윤상(2013), "부동산정책 변화과정과 향후 과제", 토지연구, 제14권 제2호, 한국토지공사, 63–86쪽.

이윤희(2016), "O2O서비스–생활서비스의 새로운 패러다임", KISTI 마켓 리포트.

이현석(2016), "부동산, 융복합 산업으로의 육성방향", 월간국토, 2016년 6월호, 국토연구원, 12–18쪽.

이현석(2019), "4차 산업혁명과 부동산산업 변화", 부동산포커스, 제115호, 한국부동산원, 156–165쪽.

이현준 · 신성윤 · 윤영식(2021), "프롭테크 기술을 가치평가 분야에 적용한 빅밸류의 비즈니스 모델에 대한 사례연구", Korea Business Review 25(2), 한국경영학회, 106~133쪽.

통계청, 한국통계월보(2023년 7월).

한국프롭테크포럼(2023), 『2023 PROPTECH LIST BOOK』, 2023.

한국프롭테크포럼(2023), "Korea Proptech Startup overview 2023"

허윤경 · 김성환(2019), "프롭테크 기업, 부동산 산업의 새로운 미래", 건설이슈포커스, 한국건설산업연구원.

Baum, A.(2017), 『PropTech 3.0: the future of real estate』, University of Oxford Research.

Down Town Alliance(2021), "Lower Manhattan Real Estate Year in Review 2020".

MacCarthy(2007), J., "What is artificial Intelligence? (Online)".

[인터넷 자료]

네이버 블러그, "정보통신기술이란 추천 다양한 정보들" https://blog.naver.com/itoeyqo145/223134164245

네이버 블러그, "정보의 중요성, 가치 및 한계점" https://m.blog.naver.com/PostView.naver?isHttpsRedirect=true&blogId=lszeelee&logNo=110068819772

네이버 블러그, "약인공지능 vs. 강인공지능 vs. 초인공지능(초지능) 비교" https://blog.naver.com/1strider/222977113173

네이버 블러그, "인공지능 · 머신러닝 · 딥러닝 차이점은?" https://www.codestates.com/blog/content/머신러닝–딥러닝개념

네이버 블러그, "[인공지능] 지도학습 · 비지도학습 · 강화학습" https://ebbnflow.tistory.com/165

네이버 블러그, "빅데이터 분산 처리 기술" https://velog.io/@baeyuna97/빅데이터-분산-
　　　처리-기술-uborbmmy

네이버 블로그, 2023.5.15., "국내 산업용 로봇의 역사(1)-늦은 출발과 최초의 독자 로봇"
　　　https://blog.naver.com/moons4ir/223102455526

네이버 블로그, 2023.5.17., "국내 산업용 로봇의 역사(2)-발전 그러나 몰아치는 찬바람"
　　　https://blog.naver.com/moons4ir/223103949005

라이브러리 브랜드, "정보의 중요성과 관련된 명언". https://creativestudio.kr/496

북저널리즘, "부동산개발의 시작과 끝 '시행사'". https://www.bookjournalism.com/@knin21/
　　　1135

써니퍼니의 부동산 이야기, "시행사 vs. 시공사". https://justdim.tistory.com/1015

코너스톤, "시행업계, 부동산 개발사업의 플레이어들". http://cnstproperty.com/posts/?q=
　　　YToxOntzOjEyOiJrZXl3b3JkX3R5cGUiO3M6MzoiYWxsIjt9&bmode=view&idx=129
　　　48752&t=board

aws, 홈페이지. https://aws.amazon.com/ko/what-is/5g/

[보도기사]

아이뉴스24, 2021.12.18., "프롭테크업계, 부동산 시장 불확실성에 백기 … 잇단 철수·파
　　　산". https://www.inews24.com/view/1433569

이데일리, 2023.6.26., "시장 침체기 프롭테크, '사업 확장하거나 vs. 버티거나'. https://
　　　www.edaily.co.kr/news/read?newsId=03312806635645656&mediaCodeNo=257&O
　　　utLnkChk=Y

한국경제, 2023.4.25., "위기의 프롭테크 기업, 하반기가 더 문제인 이유". https://www.han
　　　kyung.com/realestate/article/202304249297Q

찾아보기

국문색인

ㅈ

영문색인

A

B

C

저자약력

문상덕(msd1008@naver.com)

[학력]
연세대학교 응용통계학과 통계학사
서울대학교 대학원 경제학과 경제학석사, 박사
국립공주대학교 대학원 동양학과 동양학박사

[경력]
kt estate(ICT부동산, 부동산개발, 자산관리) 상무
KT(B2B사업, 무선사업, 사업기획) 팀장
KTF(정책개발, 대외전략) 팀장
KT(경영분석, 기획조정, 통신경제연구) 전임연구원
(현) 동국대학교 행정대학원 부동산학과 대우교수(부동산경영론, 프롭테크,
   상권분석론, 부동산투자론)
(현) 한국철도공사, 용인시산업진흥원, 서울신용보증재단 등 다수의 공공기관에서
   평가위원·자문위원 위촉
   경영지도사
   공인중개사

[최근 연구 논문]
건물부문의 탄소배출량 절감을 위한 ESG의 활용방안과 발전방향, 자원환경경제
   연구(제31권 제4호), 2022.
사주의 선천적 적성과 직업만족도와의 인과성 분석, 동방문화와 사상(제14집),
   2023.
자연과 시공간에 대한 동서양의 관점과 의미, 국립공주대학교 동양학연구소 학
   술대회, 2023.

부동산 프롭테크

2024년 2월 20일 초판 인쇄
2024년 2월 25일 초판 1쇄 발행

저 자 문　　상　　덕

발행인 배　　효　　선

발행처 도서출판 法 文 社

주 소 10881 경기도 파주시 회동길 37-29
등 록 1957년 12월 12일 / 제2-76호 (윤)
전 화 (031)955-6500~6 FAX (031)955-6525
E-mail (영업) bms@bobmunsa.co.kr
　　　　(편집) edit66@bobmunsa.co.kr
홈페이지 http://www.bobmunsa.co.kr

조 판 광　　진　　　　사

정가 26,000원　　　　ISBN 978-89-18-91472-5